文
景
───
Horizon

NOT ALL DEAD
WHITE MEN

红药丸与厌女症

［美］多娜·扎克伯格—著

孟熙元—译

上海人民出版社

CONTENT
目 录

导　言

2016 年底，白人民族主义团体 Identity Evropa 的海报开始在美国的大学校园中出现。这些海报的特征是雕塑的黑白照片，其中大部分要么是古代的，例如贝尔韦德尔的阿波罗（Apollo Belvedere），要么就是显而易见的古典化风格，例如尼古拉·库斯图（Nicolas Coustou）1696 年的恺撒像。[1] 这些图片上所加的是平平无奇、看似无害的标语，诸如"保护我们的遗产"以及"我们的未来属于我们"。这些海报引发了一波愤怒的浪潮，并且被迅速撤掉，尽管它们在将近一年的时间里仍然在 Identity Evropa 网站上以"史诗海报"为标题出售。

这样用古典形象来推动白人民族主义的宣传绝非个案。事实上，Identity Evropa 的海报之所以不寻常，并非因为他们所描绘的事物，而是出于他们以实体形式存在。在更加触不可及的网络世界里，和 Identity Evropa 观念一致的极右团体愈发频繁地使用能让人联想到古希腊罗马的工艺品、文本及历史人物，来为他们极端保守思想中完美的白人男性气概增加文化上的支持。

　　这些网络群体拥有许多名字——另类右翼（the Alt-Right）、男性空间（the manosphere）、男行其是（Men Going Their Own Way）、泡学家（pickup artist）——并且存在于以名为红药丸的巨型保护伞之下。这一群男性因为他们对女性、移民、有色人种以及自由派精英心怀同样的愤恨而联结起来。"红药丸"这一名字取自电影《黑客帝国》（The Matrix），并包含了这样一种理念，认为社会对男性不公——尤其是异性恋的白人男性，而且专为偏向女性而设计。"红药丸"最初在分版"红药丸"（r/theredpill），一个在社交平台 Reddit 上专门致力于讨论红药丸概念的论坛上安家落户。而它的影响和触及范围，远远超出这个大本营。"红药丸"群体中的男性——无论在 Reddit 上还是其他地方——分享文章、表情包和新闻事件来激怒彼此，然后，这种怒火时不时发泄在被称为网暴的事件中：一系列为引发关注而实施的对不幸者的电子凌虐。

　　"红药丸"社区同社交媒体有着一种奇怪而尴尬的关联：其成员普遍展现出一种对所有主流社交平台的蔑视，但他们同时又把这些平台当作交流的主要模式，并在有成员在社交网站上被禁时强烈抗议。詹姆斯·"鲁瓦西"·魏德曼（James "Roissy" Weidmann），著名博客 Chateau Heartiste 的作者，把 Twitter 称作"逼特"（Twatter），还有男性空间社区中著名的博客"王者归来"（Return of Kings）频繁发布文章，声称 Twitter 对米洛·扬诺普洛斯（Milo Yiannopoulos）等保守人士的审查，将导致它最终破产。这一群体中的许多人同时存在于 Twitter 和 Gab 上，后者是限制稍松的 Twitter 复制品，而群体中的部分派别从 Reddit 这一几乎没有监管的新闻聚合端上转移到它限制更少的竞品 Voat 上。马克·扎克伯格（Mark Zuckerberg），Facebook 的创建者（同时也是我的长兄），时常被他们嘲笑成"马克·呃克伯格"或者"绿帽扎克"这类基于 cuck 一词的头衔，这是一种从绿帽侠（cuckold）一词衍生出来，在"红药丸"之中尤为常用的侮辱性称呼。

我明白和社交媒体有着矛盾关系是怎样一种感受。我在 2012 年搬到硅谷，当时我的丈夫也刚接受了一家日后并购到 Google 的社交媒体营销公司的工作。我的三个兄弟姐妹都在社交媒体工作过，我交际圈中的大部分人也是一样。因为我认识许多在科技企业工作的人，我听闻了大量关于科技的力量何以改变世界并构建起共同体的讨论。然而随着享有共同兴趣的人相互联系起来，被强化的共同体就会不可避免地包括共享愤恨和偏见的团体。这本书中研究的共同体就是完美的例证。社交媒体带来了前所未有的信息民主化，但它也为那些持有反女性主义观念的男性创造了机会，来向更多的人传播他们的观点——同时也散播阴谋论、谎言，以及假消息。社交媒体已经把厌女症抬到了暴力和恶意的新高度上。

今天，任何一个不想成为数字隐士的人，都一定会在网上遇到这种男性。对那些早已有准备并能够认出他们攻击目标时所使用的策略——其中就包括怎样运用希腊罗马古典来增进他们的可信性——的人来说，这种难以避免的遭遇不会特别痛苦和震惊。

"红药丸"社区对古希腊罗马的迷恋，绝非独一无二。长期以来，政治和社会运动一直出于他们自己的利益来援引古代世界的历史、文学以及神话。借用这些文化的象征，可以有力地宣称自己是西方文化和文明的继承者，正如纳粹在 20 世纪 40 年代中所做的一样。[2] "红药丸"中的男性已经将这一策略移植到了数字时代。他们将古代世界转化成一套表情包：古代雕塑或者纪念碑的图像成了可以不断复制并任意捏造，投映他们的意识形态并将之推向世界的捷径。

古典学并非这些男性用以合理化自身观点的唯一探究领域。他们同样对英国、德国，以及俄国的历史特别感兴趣，尤其是中世纪阶段，还撰写和引用关于进化心理学、哲学、生物学，以及经济学的文章。无论如何，希腊罗马古典对他们来说有着文化上的特殊重要性。他们时常提及马可·奥勒留以及奥维德这些作家，来尝试巩固这样的概念：白人男性是智识权威的捍卫者，尤其是当他们认为这一权威遭到女性和有色人种的挑战。他们声称，古代世界以及由此延伸的对古代世界的研究正遭受来自美国课堂中"政治正确"和"社会正义战士"的冲击。随着高校开始将部分"死白男"移出文学正统之列，并以尚未过世、非白人、非男性的作家取而代之，"红药丸"中活着的白人男性已经自命为西方文明中文化遗产的守卫者和保护者。

"红药丸"对古典学的涉猎是值得关注的，哪怕这件事只是几个键盘侠为几十万网络引战读者写作这样简单。这些男性，不管他们数量多少，在网上关于性和性别的讨论上总是不成比例地过于响亮，而我们有必要探讨，他们何以运用古典来建构起自身的权威。然而不幸的是，极右对古典学的滥用远远超出了少数的网络刊物和论坛分版的范畴。

特朗普 2016 年当选总统，这增强了这些在线群体的力量，让他们甚至更敢于公开宣扬自己的意识形态。正如一个"男性空间"思想领袖所写的，"他［在任上］的出现自动地使那些先前被贴上性别主义和厌女标签的男性行为合理化了"——然而，更让人担忧的是，这将少数持有类似观点的人放到了总统身边的实权位置。[3]前白宫首席战略分析师及更早前极右网站 Breitbart News（曾被称为"另类右翼大本营"并因此闻名）的执行主席史蒂夫·班农（Steve Bannon），就是古典学的爱好者；一个和班农一起共事过的电视编剧——写过嘻哈版本的莎士比亚《科里奥拉努斯》（*Coriolanus*）——回忆道："他总是引用［马可·］奥勒留。"[4]此外，迈克尔·安东（Michael Anton），特朗普班底中的一名国家安全官员，大选期间曾在《克莱蒙特评论》（*The Claremont Review*）以及其他网站上用假名 Publius Decius Mus 写作，这个名字来源于一位公元前 4 世纪的罗马执政官。[5]这些文章会以给特朗普主义提供智识基础作结，安东在他的文章《93 号航班选举》中将此主义定义为"保卫边境、经济民族主义，以及美国优先的外交政策"。[6]那些经常看"红药丸"消息板的人将这两个人拥戴为英雄。

说"红药丸"圈子中的男性正在制定国家政策，这完全是夸大其词。然而，在某种程度上，他们似乎**相信**他们正在对政策施加影响，而这一信念给了他们力量。他们的数量也在膨胀：写作这本书时，"红药丸"（r/theredpill）分版已经有了超过 23 万人的关注，从 2016 年初的 13.8 万人一路增长。这一正在膨胀的圈子中的成员比以往更为自信地认为他们性别及种族基础的政策在科学性和西方传统两个方面都是合理的，他们同样相信，特朗普治

5

下身居高位的要员也会赞成他们。

　　本书是关于"红药丸"中的男性怎样用古希腊罗马的文献和
历史来推进他们父权主义和白人至上思想的。我的目标是揭露这
种使用的机制：展现古典何以构成"红药丸"的世界观，以及这
些人怎样用希腊罗马武装他们自己的政见宣传。任何一个对古典
学或者社会正义有兴趣的人都不应当忽视这一趋势。它有可能在
重塑古希腊罗马在 21 世纪的含义的同时，也助长有关性别及种族
的危险、歧视性的观点。

　　基于两大原因，我决定主要关注"红药丸"圈子中的性别政
治而非种族政治。首先，性别政治在"红药丸"中通常更为一致，
在监管年轻女性（尤其是年轻白人女性）的性特性和生育上，他
们共享着同样的兴趣，而彻底的白人至上主义就是这一圈子中更
为火热的一个议题。[7]其次，用古代世界来理解性别与性是双向的：
"男性空间"中的男性认为他们自己的厌女主义在古代文献中得以
反映、被理论化和赞颂。白人至上主义更难回溯到古代世界，正
如许多学者已经展现的，古代世界并没有关于生物性种族的有意
义概念。[8]然而，尽管白人并非古代世界有意义的概念，这种概念
上的缺失并不妨碍"另类右翼"利用古希腊罗马来为他们自己编
造出一个历时、连贯的"白人"身份，以及"欧洲"或者"西方"
文明的连贯性。然而，正如"男性空间"对男性气概所做的那样，
这确实阻止了他们用古代文献帮助自己把白人身份理论化，而由
此，他们关于古代种族的讨论必定是更为肤浅的。[9]

　　本书写给那些对古典学有兴趣却未曾广泛涉猎的人。因此，

这里并不包含关于古希腊罗马女性生活的详尽社会史。我会在全书中讨论到古代文献并为历史人物提供背景，同时，在第四章中，我会提供古代世界中性暴力的基础背景。那些对古代世界中的女性感兴趣的读者，我在注释中提供了进一步阅读的建议。我同样不会像迈克尔·基梅尔（Michael Kimmel）等社会史学家那样关注美国男性气概受屈的历史。在美国，男性所面临的问题——"红药丸"圈子提到的证明我们生活在女性中心的社会之中的种种问题——有着深厚的历史根源；然而，"红药丸"代表着互联网时代美国男性气概一个全新的危险阶段。[10]

尽管我在本书中的关注点是"红药丸"圈子中对古典世界的应用，这一相对狭隘的主题能够提供一种途径，让我们在整体上深入理解"红药丸"圈子。在本书研究过程中，我花费了数年时间，在或大或小的"红药丸"网站上阅读文章、帖子，以及评论区，涉及从专业成就到个人健身再到关系建议等主题。我主要从"红药丸"阅读最多的网站以及影响最大的思想领袖之中选取例子——这些作者关注人数众多，而且文章的评论丰富。

本书第一章详细描述"红药丸"之中的若干派别，并解释为何古代世界对他们来说如此有吸引力。尽管这一运动明显缺少组织而且理论水平低下，我认为，对我们来说明智的做法是留意他们而非将他们当成无力而且边缘的运动。对那些因私人及职业通信而使用互联网和社交媒体的女性主义者而言，认真对待"红药丸"仍然是迫切的。只要一名女性在网上将自己界定成女性主义者，她就可能会发现自己身处一场风暴之中，收到"红药丸"网站的男性持续发来的侮辱性推文和邮件。理解他们的思想以及线上施加威胁的策略，能够减轻这种暴力的影响。

在第二章中，我将探讨"红药丸"网站上展现出的对古代斯多亚主义的迷恋，这些网站频繁地讨论斯多亚主义的理念和文献。这些作家尤其喜欢用斯多亚主义来为他们自己的信念辩解，论证女性和有色人种不仅和男性相比更容易愤怒和情绪化，在道德上也更为低等。我认为，"红药丸"之外斯多亚爱好者越发壮大的圈子，不应当简单忽视对这种哲学的应用；他们反而应当尝试理解，斯多亚主义信条何以帮助固化这种结构性的不正义。

第三章将考察"男性空间"中的一个特定派别：泡学家圈子。他们声称罗马诗人奥维德是第一个写作引诱手册的人。两千多年之前所写的《爱的技艺》是一部迷人而充满矛盾的作品，它往往因戏谑的语调和对性侵犯显而易见的辩护而困扰拉丁学者。将泡学家的建议和奥维德一道阅读将为我们提供关于古代和现代引诱方法的洞见：二者都依赖于女性边界是可穿透的以及女性的同意是可变通的这两个观点。

第三章关注当今世界"红药丸"性别政治的同时，第四章也即最后一章关注古代文献何以描绘了他们**梦寐以求**的性别政治：在他们的理想世界之中，男性和女性应该如何互动。这一完美的父权主义**严重地**以古代婚姻和家庭的模式来推崇女性在家庭之外没有决策权的世界。这一章同样将提到"红药丸"对虚假强奸指控的执迷，这是许多"红药丸"论坛中最流行的题目之一，也是他们论断我们生活在一个女性比男性享有更多特权的社会之中所用的终极证据。我将使用斐德拉和希波吕托斯的神话，一个产生严重后果的古代虚假指控案例，来展现"红药丸"使用的这一比喻实际上是用来误导的工具，因为在父权主义最为深重的古代世界之中同样存在对虚假指控的焦虑。这些男性不仅希望避免虚假指控发生，而且希望能够复元这样一个世界，其中女性对性行为的同意和古代世界一样，是一个可以忽略的问题。

正如安杰拉·内格尔（Angela Nagle）在 2017 年的《杀死所有普通人》一书中指出的，极右网络亚文化是由一种离经叛道的政见所驱动的。[11] 这一点可能尤其讽刺，古代希腊罗马古典有其可观而公认的文化资本，却被一场从根本上来说反文化的运动如此强烈地拥戴。"红药丸"中的男性用他们视野中理想的西方文明及其过去来批判我们自己的社会并鼓励变革，他们经常在修辞上将这一策略当成自然而然的，来理解古典世界在今天意味什么的方法。然而通过分析和解构"红药丸"这种对古代希腊罗马的热情，我希望能阐明一个不同视角，来展望一个古典世界在当今政治讨论中所能占据的女性主义的激进的空间。

随着古典学者们越发意识到另类右翼对古典世界的使用，有些人已经做出回应，提议我们应当着眼于指出这些使用有多不专业，以及它们所展现的古希腊和罗马的真正知识何其有限。[12] 但尽管"红药丸"对古典学的引用通常不准确、糊涂，或者缺乏细致性，上述做法同样可能是危险的。即使是最为基础的错误，同样能撬动整个古典世界来推进那些关于性别和种族的反动观点。由此，我不会花太多精力去更正"红药丸"古典学解读中的错误。我确实会偶尔指出最为明显的错误，从而避免巩固关于古代世界的错误认识，但识别这样的错误远非终点。通过关注"红药丸"

圈子对古代希腊罗马的错误见解，学者们也许会错过探讨古典挪用背后深层的意识形态目的的机会。

马可·奥勒留，"红药丸"圈子最爱的古代作家之一，一度写道："试图躲避别人的过错而非自己的过失是可笑的——放着可行的不做而去尝试不可能的。"（《沉思录》7.71）我们无法阻止这些男性使用以及滥用古代世界的历史和文学来支持父权主义和白人民族主义的议题。但揭示这一自我神化怎样运作，我们就能发展出反制其危险影响的策略。

第一章

武器与“男性空间”

也许在阅读这本书之前，你从未听闻“男性空间”或者“红药丸”。然而，如果你花些时间上网的话，也许你会知道那些构成极右、反女性主义线上团体的男性。这些男性正是那些向敢于发声的女性主义者发起集体攻击，发出死亡和强奸威胁的人。他们也是网上主流媒体文章评论区近于不堪入目的重要原因之一。他们相信，侵入女性主义者的空间正是他们自己的权利和责任。他们确信，性别偏见——鼓动歧视女性并固化性别刻板印象的态度和行动——的确是启蒙的一种形式，而他们是网上唯一一群有逻辑的人。由于这些人有些擅长情绪操纵的实战策略，在使人们信服他们的世界观确实具有理性基础这件事上，他们往往出人意料地成功。

这些在线群体联结起了大群“直男”（cisgender）——那些身份同他们先天性别一致的人，他们团结起来，共同相信有男性气概的“直男”遭到了我们女性化（“女性中心的”）社会的歧视，并必须相互支持。这些圈子中的一些自我报告调查表明，这些男性中超过四分之三是白人、异性恋、政治上保守、没有强烈的宗教信仰，并处于 18 到 35 岁之间。[1] 尽管其他国家中也有相似的男性运动，以及相似的极右民族主义团体，这些男性坚决地关注美国男性的问题。[2]

"红药丸"中主导性的异性恋白人男性相信他们需要彼此团结，而非将自己视作整个国家最富有和最强大的人口的一部分，因为白人男性霸权的理念是一种被维护的幻觉，由此保证他们继续遭受压迫。尽管他们承认世界上大部分最有权力的人都是男性——并且很愿意用这一点论证男性相比女性在智力上更为优越，而且生来更加适合统治和领导，他们相信，"男性特权的神话"展现的是一种"顶点谬论"（apex fallacy）：根据一小部分突出的成员来判断整体状况的倾向。正如自由派主张，黑人当选为总统并不意味着种族歧视不再是一个问题，这些男性认为，美国所有总司令都是男性的现实，不足以说明男性在我们的社会中并不处于相对弱势的地位。

他们主张美国男性身处不利处境的证据中的一部分是令人信服的。和女性相比，男性更容易成为暴力的受害者。百分之九十以上的监狱囚犯都是男性。在这个国家，以及世界上几乎每一个发达国家之中，男性的自杀率接近女性的三倍。在工作场所身故的绝大多数是男性。女性学生在小学、中学以及大学课堂上数量远远超过男性学生。以及，和男性不同，女性几乎不会错误地受到强奸指控，或者被迫对那些她们不拥有监护权的孩子提供抚养费。

如果"红药丸"消息板上的男性真的专注于寻找解决这些问题的措施，或是理解它们复杂成因的话，我就不会写这本书了。不幸的是，与其寻找答案，他们更喜欢"打倒文化叙事"。根据红药丸的理论，女性主义和进步主义的兴起，一方面是这些困扰男性的问题的成因，另一方面，在他们发起的"文化叙事"中，也是这些问题并没有被真正重视的原因。他们通过寻找替罪羊：美国大公司，白左，移民，以及最重要的，遭受他们线上和当面骚扰和凌虐的女性，来"打倒"这一叙事。"红药丸"社区似乎体现着一种卑鄙的大男子主义，专长于监狱精神问题的精神病学家泰瑞·屈珀斯（Terry Kupers）将之界定为"一系列助长男性主导、贬损女性、恐同以及肆意施暴的社会性退化的男性特质"。[3]

诚然，这种包罗万象的叙事概念，是他们建构自己身份的重点。"红药丸"中的许多男性，描述了发现世界对男性事实上何其不公的思想转变过程，往往被称为"吞下红药丸"——引自电影《黑客帝国》的著名场景，其中墨菲斯（劳伦斯·菲什伯恩饰演）给尼奥（基努·里维斯饰演）提供选择，或是幸福地一无所知，或是了解现实的真相。墨菲斯告诉尼奥："吃下蓝药丸——故事结束，你从床上醒来，相信你愿意相信的一切。吃下红药丸——你将留在这个乐园，我来告诉你兔子洞有多深。记住：我提供的只有真相。"[4]本书研究的男性论坛中最大的之一，是在Reddit上被称作"红药丸"（通常简写作 TRP）的群体。至此文写作时，"红药丸"版有超过 23 万名成员，"男权"版超过 16 万人，尽管基本可以推测很多人同时关注了两个分版。还有许多与之相关的版面，比如说"不要阴道权"版面，一个超过 16 万关注的社区，致力于通过瓦解"女性特权"来实现他们所谓的真正性别平等。

有人向我提议过，我也应当在这本书里针对"红药丸"一派创建我自己的术语，而不是使用那些他们用以界定自身身份而难于记录的缩写和词汇。[5] 这一策略显然有许多优点。鉴于他们内部的词汇既让人困惑又多种多样，这样做可能会让我更加清晰和系统化。这样同样可以规避风险，不致因接受他们的词汇而显得认同这些组织，或者替他们辩护——许多人以此理由坚称那些自命为"另类右翼"的组织反而应当被称为新纳粹或者是白人民族主义。尽管我在书后提供了一个词汇表来帮助读者厘清许多"红药丸"中流行的缩写，我选择主要使用他们内部认可的自我称谓，因为在这种情况下，内部术语凸显了这些人何以借由意识形态和社区来建构起他们自己的线上身份。[6] 成为"另类右翼"的一部分，在很大程度上关乎成为某一特定运动和特定时刻的一部分，就如它关乎自己同白人至上主义在哲学上的一致。[7] 通过他们自身使用的词汇来界定这些运动和事件，这是理解"红药丸"社区如何同如此多的男性产生共鸣的重要部分。

在这一章中，我将拟出"红药丸"社区及其各式各样分组的大纲。通过辨认这些内部流派各自尝试达成什么，以及他们怎样运作，能使我们更好地理解，为什么他们感到自己被迫处在古典传统继承者的位置上，以及为什么古代世界证实了他们最为珍视、深信不疑的理念之一：历史上所有女性共享着显著而难以改变的特质，这使得她们淫乱、奸诈而控制欲强。

红药丸的成分

尽管"键盘侠"在几十年里一直是互联网环境的重要部分,但现今存在的"红药丸"社区似乎在 2012 年前后实现了合流。它以一系列自觉关注男性议题的网站兴起,这里面就包括罗伯特·费舍尔(Robert Fisher),日后的一名共和党议员,在 2012 年创立的、名为"红药丸"(r/theredpill)的分版。[8]互联网上的性别偏见在那一时期早已存在了,但是"红药丸"代表了线上厌女的全新阶段。它的成员们不仅嘲弄和贬低女性,也同样相信,在我们的社会中,男性正遭受女性的压迫。早先的"红药丸"博客和论坛,包括现在已经废弃不用的网站"矛头"(The Spearhead),最初都是作为拥有同样观点的男性讨论男性当今在美国面临的问题的地方而出现的——错误的强奸指控、父亲的权利,以及婚恋市场上的不公。然而,在几年之内,这一群人就开始裂变成分庭抗礼的不同圈子。

由于男性主导着"红药丸"而且它一直扮演着没有女性的"安全区"角色,"男性空间"(manosphere)是用以形容这一社区的词汇之一,基于博客空间(blogosphere)的一个文字游戏。那些写作探讨数字文化的人从大致五年前开始使用这一称谓,来称呼这个仅由对女性主义的共同愤恨联系在一起的在线论坛、网站以及社交媒体账号组成的松散网络。在这些网站上写东西的一些男性将自己界定成"男性空间"的一部分,"男性空间"这一概念在知名博客"王者归来"(*Return of Kings*)上用得最广,但圈子里的其他人，则只会讽刺地用这一名称（尤其是带着引号一起用）。"男性空间"这一词汇囊括了下面描述的主要关注性与性别的若干小组，而我贯穿本书的关注点，也将是这些圈子里的男性。其他提到的团体，则更多地被人种和族群层面的关切驱使，由此"男性空间"这一词汇对他们并不适用，即使这些团体也声称反对女性主义而且高度约束女性，尤其是白人女性的行为。

"男权活动家"（men's rights activists，MRAs）这一概念有时会用来代指"男性空间"中的所有成员，但这种用法不是很准确。男权活动家仅仅是这一高度分裂的群体之中的一小部分，而后者的流派很有可能互相极端对立。保罗·伊拉姆（Paul Elam），一名六十岁的前药物滥用顾问同时也是这群人中最显眼的成员之一，根本不承认"男性空间"是一个真正存在的团体组织："这一特定的称呼，男性空间，只是间接描绘了一个互相联结的画面，享有共同的目标和身份。除了对女性主义的厌恶——任何一个能够辩证思考的人都会共享这一点，他们其实并没有什么真实存在的联系；没有普遍性，甚至没有共同点，这种匮乏体现在我们怎样自相残杀、各自为战上面，而且一直是这样。"[9]这一故意轻描淡写的"对女性主义的厌恶"的说法，掩盖了这种团结"男性空间"里几十万人的激烈反女性主义思想，不过伊拉姆对这群人彼此分裂的评价，无疑是准确的。

男权活动家们的基本目标，是清除那些在他们看来从根本上压迫男性的法律和社会规范。这就包括离婚、抚养子女以及监护法，在他们看来是断了命根的常规的男性割礼，以及延伸至对声称遭受性侵的女性的默认信任。由于扫除压迫性的社会规范同样是女性主义的一大关切，以及这些男性倾向于使用和其他"红药丸"小组相比不是那么煽动性的措辞，他们已经成为这一圈子中最主流的组成部分。实际上他们自己更推崇的并非评论者们通常用的贬损称谓"男权活动家"，而是"男权提倡者"（men's human rights advocates，MHRAs），并将自己视作人文主义者和平等主义者。他们的网上大本营是伊拉姆创办的网站"男性之音"（A Voice for Men）。伊拉姆多次的离婚经历和为一个生父不明的女儿支付的抚养费用，让他意识到父亲恐怕遭受着十分不公的待遇。新闻网站"声音"（Vox）曾写到他，"如果男权活动家中有个格洛丽亚·斯泰纳姆（Gloria Steinem）这样的核心领导人，那无疑就是保罗·伊拉姆"。[10]伊拉姆和斯泰纳姆之间的比照，也提示了女性主义和"男性主义"之间更大的相似性：和女性主义一样，"男性空间"中的男性指出了性别偏见的结构化模式，但他们对因果关系的解释和女性主义大不相同。举例来说，他们将监护法看作对男性压倒性的不公，因为我们身处女性为中心的社会之中；而女性主义者们则认为监护法反映了性别常规和生物基要主义的深层问题，它们迫使女性完成绝大部分的子女抚养义务。[11]

"男权运动"（MHRM）在"男性空间"中包容性最强。"男性空间"中的许多其他流派都是男性独占的空间，而"男权运动"则容纳任何愿意支持、提出和对抗厌男症的人，这就包括女性和男同性恋，并为他们搭建平台。[12]支持这一运动的女性，在这一圈子里以"蜜獾"（honey badger）或者"女男权活动家"（feMRAs）著称，并贡献了"男性之音"内容中相当重要的一部分。[13]考虑到种族多样性，2015年"男性之音"进行了一项读者调查，并发

17

现回应者中 76% 将自己的人种界定成高加索人种，比"男性空间"整体较低，但仍然高于全国平均水平。[14]

　　"红药丸"内部各个流派通常彼此为敌，但"男权运动"和泡学家之间的恨意是格外强烈的。泡学家把精力集中在完善勾引女性的技巧上。对他们来说，引诱的技艺远不止是知道几段好的开场白。他们相信，泡学家通晓女性的真正天性，也明白她们怎样被社会调节着行动，他们还相信，他们完全可以利用这些知识使自己在女性中富于吸引力。这种特质被称为**套路**（having game）。男权运动的成员认为泡学家参与并且助长了女性中心主义；通过为女性赋予太多性猎物的价值，他们无意地赋予了女性凌驾于男性之上的权力。另一方面，泡学家相信性方面的成功是成为真正"阿尔法男"（alpha male）的关键因素，这些人同样相信，男权运动中的男性把他们性方面的失意转置成了积极的社会活动，因为他们并不能说服女性和他们睡觉。

　　引诱圈子在网络上的存在，遍及多个由泡学老手运营的拥有忠实关注者的独立博客，以及分享提示和发"田野报告"和"上床报告"帖子的大型网络论坛，例如拥有超过 17 万名成员的 MPUAforum.com，以及有超过 24 万关注的引诱分版（r/seduction）。在 2005 年尼尔·施特劳斯（Neil Strauss）《把妹达人》一书出版后，泡学家得到了一片骂声。但施特劳斯所述泡学家何以互相沟通的画面——资深引诱老手为他们饥渴的关注者亲自授课，泡学家互为室友，成群居住在他们租来并取名为"好莱坞计划"的豪宅里——显然是过时的。把妹圈子现在基本是完全虚拟的。许多兴趣广泛的"红药丸"网站将他们内容中很重要的

18

一部分分拨给介绍把妹建议的文章。这样的网站之一是由大流士·"罗许·V"·瓦利扎德（Daryush "Roosh V" Valizadeh）创办和发布的博客"王者归来"，它不仅发布把妹技巧，同时也提供举重贴士、书评，以及反女性主义的长篇大论——总之是成为一位真正"阿尔法男"所需的全部信息。

尽管瓦利扎德最初借由他的博客"特区青年"（*DC Bachelor*）作为泡学家迎来了第一波关注，他现在正以男性气概理论家的身份重新抛头露面。他将他的新观点称作"新男性气概"，既涵盖了泡学家的价值观，又有传统的性别观、男性自我提升，以及自由主义。他在私人博客"罗许·V"（Roosh V）的文章《何为新男性气概？》中介绍了他这一套哲学，并定义了这一概念：

> 新男性气概是一个全新概念，使用帮助男性道德生活的旧方法的同时，并迎合他们生物本性中男性的一面。它为男性提供了一套可行的工具，来收获身为男性同女性和平相处的潜在益处，并提升他们自身社会的可持续性和价值。它同样为男性提供了一套强有力的精神防御，来帮助他游走于世界，免于被贬抑为献身于国家社团主义祭坛之上的行尸走肉。[15]

19

"帮助男性的旧式方法"和"强有力的精神防御"在瓦利扎德的思想中，都是对古代希腊罗马哲学，尤其是斯多亚主义的迂回指涉——我在后续章节中将回归这一话题。

"男性空间"中第三种也是最后一种流派是"男行其是"（Men

Going Their Own Way，MGTOW）。"男行其是"致力于过免于女性影响的生活，并完全按他们自己的方式定义男子气概。随着时间推移，这一目标已经显著地发生改变：尽管它最初作为一项主张独断的男性气概与传统性别角色和平共处的运动肇始，现今已推崇完全摆脱女性生活，并投身到"婚姻罢工"中去。[16] "男行其是"哀叹女性倾向于将她们最有吸引力的年岁花费在不可靠的"阿尔法男"身上——通常是由 Chad Thundercock[*] 这一泛化角色及其黑人对应 Tyrone 为代表——在她们二十几岁末"头撞南墙"而魅力渐趋衰退之前，她们变得更愿意和一个"贝塔男"（beta male）安定下来。[17] 这些男性相信，最好赶快从这一不公正的系统里脱身。

"男行其是"的圈子比男权运动和引诱的圈子都小——写作此文时，mgtow.com 网站有超过 2.5 万成员，"男行其是"分版（r/mgtow）有超过 3.5 万人关注——而且它的成员往往在很多观点上和"男性空间"的其他人有所龃龉。"男行其是"在过去一度是清一色的自由主义，他们对"大政府"的反感导致了他们同男权运动的分裂，后者的许多成员在理论上对游说政府在监护和离婚法上做出改变的运动形式感兴趣。早些时候的"男行其是"对今天"男行其是"的成员不屑一顾，泡学家则往往更为嘲弄，将他们称作"处男行其是"。

尽管泡学家和"男行其是"在对待女性的方法上有所争执，20 但两个群体都开始并入所谓的另类右翼，后者是一个在 2015 年越

---

[*] 俚语，指高中或大学里的"阿尔法"男性，极受女生欢迎。——编者注

发凸显的新白人民族主义反动团体，人数从那以后稳步增长。[18]另类右翼因为他们在有关 2016 年总统选举的线上讨论中的出格角色而在 2015 年和 2016 年成为公众关注的焦点。在挑起一场支持唐纳德·特朗普的"表情包大战"并骚扰白左（特别是犹太裔）记者之后，另类右翼在民主党候选人希拉里·克林顿在 2016 年 8 月于拉斯维加斯的讲话中遭到批评。

另类右翼中由许多相互争斗的派别构成，其中包括彻底的新纳粹，例如"每日风暴"网（*The Daily Stormer*）的创立者安德鲁·安格林（Andrew Anglin）。另类右翼中其他不那么明显反犹的成员，包括理查德·斯潘塞（Richard Spencer），白人民族主义智库"国家政策研究所"的主席，认为他们自己是身份主义者，并且号召建立一个白种人国家。斯潘塞在 2017 年 1 月对特朗普总统行纳粹礼之后臭名昭著。另类右派中的身份主义分组同样包括内森·达米科（Nathan Damigo），白人民族主义组织 Identity Evropa 的创建者，主要因为在大学校园里张贴海报而出名。但另类右派中可以说最大的派别是一群匿名引战者，或者说"水军"，他们把时间花在散播网络暴力上，其中的大部分人是性别歧视和种族主义者。

另类右翼可能看上去像是"男性空间"之外的一个边缘体，因为它的主要关注是种族而非性别。不过，另类右翼中的许多成员要么同时是泡学家，要么也是"男行其是"成员：詹姆斯·"鲁瓦西"·魏德曼，经营着备受欢迎的游戏博客 *Chateau Heartiste*，是公开的白人民族主义者，正如西奥多·"今日之声"·比尔（Theodore "Vox Day" Beale），经营名为"人民之声"（*Vox*

Popoli，原文如此）博客的科幻作家，专心于政治和科幻，以及另一个被称作"阿尔法游戏"（*Alpha Game*）的博客，专注于把妹。除此之外，对白人女性性特质的监控是所有另类右翼男性的主要关切，他们抨击"种族混杂"的社会弊病。[19] 如果白人女性不能为白人男性生育孩子的话，他们对白人种族理想未来的展望就无法落实。因此他们已经采用了"白人灭种"的说法来描述方兴未艾的跨种族关系。然而，并非所有的跨种族关系对他们来说都是同等的冒犯，安格林曾经写道："如果是男性的话，我并不会真的被种族混合刺激到，因为在生物学意义上没有什么差别。如果是女人，就会引起很多愤怒，因为**我们的子宫**——是的，她的子宫并不属于她，它属于她社会中的所有男人——却正在为我们的敌人生产士兵。我们的种族并不会马上缺少精子，所以当一个男人在混合的时候，那只不过是'大笑，啥？'的事。"[20]

男性找到"红药丸"的过程，既说明了这些群体之间的高度重合，也说明了它们之间的张力。尽管我提到的这些论坛关注数持续保持增长，一些特定事件则引发了大规模的"红药丸"时刻，吸引来了数以千计的新成员。这样的事件之一是"玩家之门"（GamerGate）运动，它作为一场反对进步主义和女性主义在电玩文化中兴起的抵制运动而肇始于 2014 年 8 月。理论上，这一运动关切的是游戏新闻中的道德问题，以及所谓的一部分记者不合比例地给迎合"政治正确"口味的游戏更为积极的评价这一趋势。事实上，正如《华盛顿邮报》所描述的，"玩家之门"是"不被约束的灾难、社会运动、被误导的暴徒私刑"。[21] 当这一运动势头开始减弱时，许多和"玩家之门"相关的公共面孔——包括比尔，

红药丸与厌女症

"布赖巴特"网前科技编辑米洛·扬诺普洛斯，以及作家迈克·切尔诺维奇（Mike Cernovich）——将他们的关注从游戏政治转向了国家政治，并且成为特朗普的公开支持者，而特朗普的提名成就了一轮更大规模的"红药丸"时刻。可是，这些作者中的一些，似乎在公开和彻头彻尾的白人至上论者以及安德鲁·安格林这样的反犹主义者明确结盟这件事上保持警醒。相反地，他们选择了另类右翼政治中一个相对和缓的版本——时而被称为"另类之光"，着眼于保护同"西方文明"相连的文化和价值观，抵挡外部（例如穆斯林难民）和内部（例如进步知识分子）的威胁。[22]

22

　　然而，"红药丸"这些互不相干的部分被一个公敌统一起来："社会正义战士"（SJWs）。这一统称适用于任何对女性、有色人种、多样性别人士，以及残障人士的权益表示支持的人。在 2014 年 10 月的文章《何为社会正义战士?》中，瓦利扎德使用了这一定义："社会公正战士相信一种极左思想，这一思想将女性主义、进步主义，以及政治正确合并成一个极权主义的体系，试图审查言论，推行边缘化的生活方式，同时主动歧视男性，尤其是白人男性。"[23] 我之后将在本章中回到"红药丸"用以对付社会公正战士威胁的策略。

红药丸之外的古典学

　　既然我已经列出了"红药丸"中的男性都**是谁**，这一问题仍然有待解决：为什么他们对古典世界这么有兴趣？事实上，他们对古典的兴趣并非乍一看那样让人惊讶；这只不过是千年以来借用古典世界来推广反动思想的最新的发展阶段。

学者们使用"古典传统"（The Classical Tradition）这一概念来描述后古典时代不同社会将自己视作古代希腊罗马后嗣的漫长历史。有关这种自我塑造的例子，在美国历史上俯拾即是：从"联邦论集"中对古代政府的称引，到我们国家纪念碑上的多里安式石柱，再到将荷马《奥德赛》改编成《逃狱三王》（*O Brother, Where Art Thou?*）中的1930年代的美国南部。即使是兄弟会中举办长袍派对的行为，也充当了一种对现代大学与柏拉图学园之间关系的迂回而不合史实的重新想象。

在古典传统兴盛的地方，我们往往发现社会精英怀有对古代世界最大的热情。在描述社会地位方面，古典（Classics）这一概念和阶层（Class）一词的相似之处绝非偶然。从相传为罗马第六位王塞尔维乌斯·图利乌斯（Servius Tullius）开展的第一次人口普查来看，我们知道在公元前6世纪，罗马的人口就被分成六组，各自被称为一个"等级"（classis）。英国古典学家伊迪丝·霍尔（Edith Hall）写道：

> 古典（Classics）这一概念的起源，一定要追溯到传说中的第一次人口普查。在塞尔维乌斯的方案下，六大等级中最高的人——拥有最多金钱和财产的——被称作 classici。地位最高的人就是"Classics"，而这也就是为什么，到公元2世纪晚期，罗马杂文作家格利乌斯（Aulus Gellius）由比喻引申，认为顶尖作家应被称为"上等作家"（scriptores

红药丸与厌女症

classici），以此来区别于更低劣，或被婉称为"劳动者"的作家，scriptores proletarii。[24]

有关"上等作家"的知识自然就留给最优的社会阶层。对古典的谙熟，也几乎变成了上流社会的标志。霍尔回忆起18世纪和19世纪英国中产人士刻苦钻研希腊文和拉丁文，以期获得专业上更大的成就。[25] 在这些叙述中，古典学知识被用来强化既有的社会等级。借由古典教育来实现向上的阶层流动，这种趋向既非真正意义上民主的，也非革命性的；它仅仅延续了将那些对希腊罗马**并不了解**的人排除在外的传说。

由此来看，另类右翼对古典传统的兴趣是合乎逻辑的。"红药丸"群体中最活跃的成员，通常就是那些相信白人男性正在遭受压迫的男性白人。他们回望古代世界的死白男，并将之视作终极智慧的源泉，言外之意就是白人男性总是更为优越。他们给予我们哲学、文化和艺术的起源。他们——也即我们，他们的白人男性后裔——**理当**肩负重任。安德鲁·安格林在《另类右翼新人指南》中阐明了这种反动观点：

24

白人历史的支持

另类右翼赞颂我们先辈的伟大和我们历史成就的辉煌。拒斥现代社会科学家们的修正主义论调——描绘白人在地球上散播罪恶；我们将白人看作西方文明的创造者和维护者。[26]

这一宣言的正下方就是一张罗马斗兽场的照片。

长久以来，保守派一直援引古代历史，来幻想一个失落的过去，并为之辩护。在《特洛伊木马》一书中，古典学家帕杰·迪布瓦（Page duBois）解构了 20 世纪晚期以来这一趋势中最为臭名昭著的一些例子："在这样的情景下，如同先前在美国文化之中一样，古希腊的文化再一次遭受贬低和操纵，劝导读者和观众去相信那最狭隘保守的政治观点才是长久不朽的真理。"[27] 她继续写道："他们口中的文化是古代文化经过选择而贫乏的版本，是在很大程度上抹杀了历史差异性的一种，而望穿历史之窗，他们将古希腊人说作如微缩模型中纹丝不动的人物，陷入例证了 21 世纪美国保守主义道德品质的一个静态的'生动画面'。保守派迷恋希腊人的某种特定刻板印象，将之修补和重复，并为自己的政治目的歪曲历史。"[28]

　　迪布瓦的书之所以重要，是因为她意识到这些作家正在把古典当成他们的战场。对古希腊和罗马材料的解释成了推进当下政治议题的中介。古代世界代表着一个相对落后的时代，不论是科技上还是社会上，尽管保守派倾向于称颂科技上的进步，但他们同样倾向于惋惜社会上的发展。实际上，这一策略，同样为本书所研究的男性所采纳，尽管两者并不总是在同一思想水平上。

　　"红药丸"中的男性对古代世界尤其着迷，因为他们将之看作他们自身反动性别政见的投映。古代地中海世界遗留的文献，绝大部分能够轻而易举地贴合他们的政治见解，而且是古代厌女症的历史宝矿。几代古典学家，尤其是女性古典学家，不得不对抗在阅读自己领域内的诗歌、戏剧、史诗、历史，以及哲学文献时面对的种种问题。古典学家们认为，亚里士多德自然奴役和妇女

红药丸与厌女症

弱势的理论，是他哲学上最不牢靠的观点之一，但它却适应"红药丸"的政见——而且实际上，在 2015 年，"王者归来"就发表了一篇题为《女性主义全盘接受亚里士多德"自然奴役论"》的文章。[29] 在这类文章中，"红药丸"作者们用古代世界来做他们的教育案例。这些文章值得更仔细地加以审视，因为它们对那些公开厌女的古代文献的解读，在界定"红药丸"背景下古典世界**意味**着什么这一问题上扮演着重要角色：也即，全部女性，在所有历史时期中，都共享同样的负面特征。

"红药丸"网站上对女性本质讨论的回应中，一个经常出现的缩写是 NAWALT，代表"并非所有女性都那样"（not all women are like that）。NAWALT 是那些没有全然吞下"红药丸"的男性的标志，他们坚称世界上有例外的，特别的女性，她们并不具有"红药丸"群体通常加给**所有**女性的那些负面特性。

"红药丸"群体中对"并非所有女性都那样"这一说法的讨论，类似于女性主义对"不是所有男人"的批评，后者在 2014 年年中进入网上活跃的女性主义者视野。[30] "不是所有男人"代表了在有关系统性性别偏见的讨论中男性通常的回应，在这样的讨论中，男性坚称他本人没有性别偏见，因此也并不构成问题的一部分。这类情景经常出现的一个词是"聚焦"——也就是在讨论之中重新确定中心问题或观点。"不是所有男人"把男性的观点集中到厌女上，在普遍的性别偏见的讨论中强调谈话人的个人感受，也即他本人遭到了歪曲，他的道德被不当地评判。这要求不为性别歧视做贡献的男性受到称赞，即使他本人没有意识到这个现象真实存在。

26

"并非所有女性都那样"和"不是所有男人"，二者都承认性别主义讨论的存在，尽管前者明确地证实了性别偏见，而后者表面上表述了对女性主义的同情。但两种修辞策略都采用了例外论，以此避免明确参与到性别偏见结构之中。正如女性主义者们批评"不是所有男人"这一观念，"红药丸"中的男人更愿意使用"并非所有女性都那样"的反义词："所有女性都这样"（all women are like that，AWALT），一种体现他们观念的关于女性普遍行为特点的系统性陈述。

诸如"所有女性都这样"的论调，假定了女性之中的一致性，并抹除了个性差异。从古至今这种时间上的延续性则使这种观点27得以自然延伸，也就是所有女性都这样，而且一直如此；因为从古希腊罗马到今天的所有时间段中，女性的天性在所有女人之中都是相同的。

厌女很早就出现在希腊文献之中。在其起源，我们能找到这样一种想法：女性是寄生虫，一旦诸神授予男性无性繁殖的能力，他们会过得更好。这便是赫西俄德诉诸诗歌的观点，其作品通常被定位到公元前 8 世纪。有两部现存的诗歌被认为是他的作品：关于奥林匹亚诸神何以统辖全宇宙的《神谱》（*Theogony*），以及《工作与时日》（*Works and Days*），题赠给他那懒惰无能的弟弟珀耳塞斯，提供了怎样成为一名自给自足的农夫的建议。在这两部作品的文本中，讲述者确信没有女性，男人会过得更好。在《工作与时日》中，他解释了为什么男人有必要为食物而工作：从前，世界不可想象地富饶，几乎不需要劳作就可以生存。

　　　　　　　　　　　　　　　　　红药丸与厌女症

一整年的工作在一周之中就能完成（《工作与时日》43—44 行）。因为普罗米修斯为了人类窃取火种，奥林匹亚诸神之王宙斯便创造了第一个女人，"美丽的恶魔"（kalon kakon）潘多拉，来报复人类（《神谱》585 行）。他这样描写潘多拉：

> 她创立起女性的族类，
>
> 这一破坏性的族类
>
> 和阳寿有尽的男人生活在一起，给他们巨大的苦痛，
>
> 她们是富裕时的伴侣，却难堪贫穷。
>
> 这便是那雷声轰隆的宙斯创造的女人：
>
> 凡人男性的灾祸，麻烦不断的伴侣。
>
> 他又加诸额外的罪恶，来抵消良善：
>
> 无论谁逃脱婚姻，以及女人的伤害；
>
> 无论谁从不愿意结婚，那么当他年近可悲的迟暮，
>
> 将没有子女为他带来照料。在其生时，
>
> 享受荣华；一旦消逝，他的亲戚
>
> 就来瓜分他的财产。[31]
>
> （591—607 行）

28

考虑到这段话的语气和内容，"男性空间"之中对赫西俄德的随意称引以证明厌女症有历史渊源就没什么值得惊讶的了。在 2016 年时间 "红药丸" 分版上一篇题为《结婚还是不结婚？一个古代视角》的帖文中，发帖人用《工作与时日》的选段来展现婚姻是一类 "结了糟糕，不结也糟糕" 的事。他在自己的发言中，

开篇声称:"我是受过训练的古典学家,货真价实的博士。希腊人和罗马人就是极端的'红药丸'。"[32]

女性是百无一用的寄生虫,这种观点在晚近的希腊文学中持续存在,并在出身希腊基克拉泽斯群岛中的阿摩尔戈斯岛(Amorgos)的诗人西蒙尼德的作品中重新出现,相传其作品在前7世纪广为流传。在他最有名的残篇,第七篇中,他列举了十类不同的女人,并将她们同动物相比,解释为什么其中九种都是糟糕的。马女花太多时间整饰自己,海女不可预测,猪女肮脏肥胖,而驴女"她精明又倔强,几乎不会做工,哪怕你威胁又逼迫。更有甚者,她得寸进尺。她待在家里,从早到晚又吃又喝。而她在性事上无比贪婪:她饥不择食"。(43—49 行)只有勤俭持家的蜂女才能当一个有用的好妻子——但叙述者同样警告,即使是那些最初看上去贤惠的妻子,也同样可能在掩饰着她们的罪过,给丈夫戴绿帽子,让他们沦为笑柄(83—95 行,108—114 行)。

29

即使一个人能体谅 21 世纪美国和古希腊之间极端的文化差异,这一残篇仍是非比寻常的厌女文本。实际上,这很可能就是它的重点。"宙斯把婚姻变成男人最难挨的挣扎,一个牢不可破的联结"似乎呼应着赫西俄德对婚姻以及女人的描绘,即她们是有意创出的、针对男人的惩罚(西蒙尼德《残篇7》115—116 行)。两段文本都明确地指责宙斯用有性繁殖的形式给男人降下不幸,但尽管如此,他们对宙斯的责难显然是居于反女的刻薄言辞之后的。

赫西俄德和西蒙尼德的诗歌展现了厌女话术的历时发展,这套话术是抱怨妻子常用的一整套说辞,从不考虑妻子作为她们丈夫和父亲之间交流话题的感受。[33] 这种反婚情绪在"男性空间"中"男行其是"分部中得到了明确的响应，其中有一些人已经采取行动。博客"不，太太"（*No Ma'am*），一个最早效忠这一群体的站点，在 2001 年发布一篇《男行其是宣言》（"MG TOW Manifesto"）之后，在 2010 年将西蒙尼德纳入一份反对女性的"有力反驳"清单。

尽管并非所有希腊人都认为女性一无是处，但许多人坚信女性更为低劣，需要加以训练才能派上用场。许多文本采取了给男性提供建议的形式，告诉他们如何控制女性的行为，这一点和泡学网站上诸多文章售卖的两性关系建议并无不同。这一流派中的一个关键文本就是色诺芬的《家政篇》（*Oeconomicus*）。色诺芬是柏拉图的同代人，这部作品是柏拉图和另一个人之间的对话，和大多数柏拉图的作品一样，采取的是对话体。在《家政篇》中，苏格拉底和一个叫克利托布勒斯的人探讨财富以及料理家事的恰当方式，苏格拉底讲述了一个名为伊斯霍马霍斯的人的故事，据苏格拉底所言，这个人的妻子尤其善于持家。她的名字未曾出现。[34]

色诺芬对婚姻和谐的描述完美地贴合了"男性空间"对理想"配偶关系"的见解。[35] 当苏格拉底问起伊斯霍马霍斯，他的妻子如何能成为这么出色的主妇时，伊斯霍马霍斯回顾了二人之间的几段对话，其中他带领她，通过苏格拉底式的问答方法，理解了丈夫和妻子的合理角色。首先，他向她解释，男性与女性互补的长处使得男性更适合家外的工作，而女人适合家庭之中的（《家政篇》8）。随后他说服妻子，要她视自己为家庭这支军队的将

30

军（《家政篇》9）。他同样向她证明，没有哪位妻子能比好的管家更吸引她的丈夫了："我讲，和面揉面是好的运动，抖弄折叠被褥衣物亦然。我还讲，这一类运动会给她好的食欲、好的身体，并带给她脸颊上自然的红晕（《家政篇》10—11）。"[36]

"红药丸"网站上同样出现了对罗马厌女文本的引用。尤文纳尔是一名生活在公元1世纪晚期到2世纪早期的罗马讽刺作家。尽管尤文纳尔在他的讽刺喜剧中指责罗马人、罗马社会，以及罗马城本身，"红药丸"网站仍然倾向于关注他的第六部作品，一部650行的宣言，主张男人不该结婚，因为任何女人都会最终给她的丈夫带来不幸。[37]它提供了这样的建议：

> 哪怕她美丽，光荣，富裕，多产，还有
> 古代先祖在她的门廊下；即使她比
> 那发鬓飘起，终结一场战争的萨宾女人更为贞洁。
> 一只稀见的鸟，地球上的黑天鹅：
> 谁能经受得起这样的模范妻子？我情愿
> 找个妓女，也不会是你，格拉古兄弟之母科尔奈利娅
> 如果连同你那诸多美德，你带着
> 傲人眉眼和凯旋，当作嫁妆。
>
> （162—169行）

"男性空间"注意到了这番描述和他们自己的观点何等相适；在"红药丸"版上，一名网友写道，尤文纳尔"显然是个古代'红药丸'，而且出于我们今天也能见到的种种罪恶，他写

31

作规劝他的同代人不要和女人结婚。从四处留宿（骑着旋转木屑）到为自己辩解到高攀，全都摆在那里"。[38] "王者归来"上的一个作者，在《历史上的女性鲜有差别》一文中分析了同一段文本，并以此作结："即使在一个该死的父权制可能用铁拳统治的时代，一个对有效避孕毫无了解的年代，一个成为单身母亲便肯定会让这个普通女人赤贫并被永远拖累的年代，女人仍旧是贱人。"[39]

关于古典文献中的厌女情结，这一考察远非周详；实际上这里只列举了一些最为臭名昭著，以及最露骨的仇女案例，它们在大量抹杀女性、噤声女性、贬损女性的文本中尤其突出。"男性空间"中的一部分男性已经意识到了这些公然而且响亮的厌女文本，时而也会写些分析。这些分析展现了他们的所学，而且在关于男性在女性问题上总是清楚自己面对的是什么这一点上，引得评论区里一片喝彩。

这样的文章强化了这一令这些男性舒适的看法，即古希腊人和罗马人在性别问题上有着与"红药丸"社区同样的见解。关于男性气概在诸如"男性空间"等场域中应用和讨论的研究——我见到过"男权主义"（meninism）或者"男性主义"（masculism）的叫法——是相对新兴的领域，缺少背景、深度，和精确性。[40]相反地，它根植于其践行者身为古典传统继承者的傲慢自负。这一想法因诸多古典文献中**确实**展现了诸多与今日"男性空间"相连的问题这一事实得到支持。因此女性又怎么像男性一样，在亚里士多德本人声称女人在智力上更弱的情况下还很好地理解亚里士多德？ 32

武器与"男性空间"

死白男与怒白男

当然，许多厌女思想见诸古典时代的历史和文献，但并非所有死白男都这样。有些甚至具备我们可以将之慷慨称为原始女性主义者的视角。然而毋庸置疑的是，从古典产生女性主义的解读和运用，类同于让一个惯用左手的人使用普通剪刀：它们都是为其他人设定的。而一部分人——有些在"红药丸"中，有些在学界——甚至会相信女性主义古典学不可能存在，以及女性主义和对古典世界的兴趣是一对天敌。

在"布赖巴特"网2016年的一篇文章《建制保守主义者的另类右翼指南》中，阿勒姆·布哈里（Allum Bokhari）和米洛·扬诺普洛斯试图描述吸引不同群体到另类右翼之中的动力。他们主张，这类群体之一的"自然保守主义者"就是被西方文化的贬值所吸引，尤其是在高校校园之中：

> 这些从西方历史中清除其伟大人物的尝试，对另类右翼来说尤其难堪，他们在保护西方文化之外，深切关注英雄和英雄式的美德。
>
> 几十年来，校园中的左翼们试图将对"死白男"的研究从西方历史及文化课程的焦点中移除出去。一个建制保守主义者可能会在国情咨文和商业频道之间来回切换时对这样的行为有些不满，但对一个自然保守主义者来说，此等破坏文

33

红药丸与厌女症

化的行为也许就是他们针对的头等大罪。

布哈里和扬诺普洛斯当然是在夸大其词——课程内容不可能再单独由死白男构成，但死白男的占比也远远没有成为少数——然而他们发现的趋势是正确的。有些进步主义者倾向于完全推翻这一正典，其中就包括希腊罗马古典学。和"布赖巴特"上的作者们所提倡的相反，持后一种观点的人只占很少一小部分，固然人微言轻。[41]

2015 年一件流传颇广、关于奥维德作品的事件似乎点明了这种趋势。奥维德——公元前 43 年出生于罗马东边的小镇苏勒莫（Sulmo），他的诗作在罗马第一位皇帝奥古斯都时期写就。尽管他最负盛名的作品是史诗体诗歌《变形记》，他的作品同样包括爱情诗，一部关于罗马立法的史诗，失传的剧作《美狄亚》，以及他被奥古斯都流放到黑海之滨的托弥斯（Tomis）后写成的作品。我将在第三章中回到奥维德和他的《爱的技艺》（Ars Amatoria），但时下大多数围绕奥维德的争论尤其集中于他的巨作《变形记》，一部 15 卷的诗歌，讲述那些变换形貌的神和人类。能够导致一个人物转变形态的创伤性事件就包括强奸，而文本中包括了大量对强奸的描述——也许超过 50 起，其中包括 19 个长篇。[42]

2015 年《哥伦比亚观察家》（Columbia Spectator）上一篇由四名哥伦比亚大学多元文化事务指导委员会（Columbia's Multicultural Affairs Advisory Board）成员撰写的评论专版文章中描述了怎样阅读奥维德的《变形记》，这一文本是哥伦比亚大学核心课程中指定的阅读材料。这篇文章激起了一名身为性侵害幸存者的学生的应激反应：

　　在用于阅读奥维德《变形记》的一周中，课程会指导阅
读珀耳塞福涅和达芙妮的神话，二者中都包括关于强奸和性
侵犯的详细描绘。作为一位性侵犯的幸存者，这名学生在阅
读整部作品中对强奸情节如此详细的描述时，触发了应激反
应综合征。然而，这名学生声称，她的教授在讲授文本时，
关注的是语言的优美和意象的绚丽。由此，这名学生完全从
课堂讨论中脱逃，以期自我保护。她在课堂上无法感到安全。
当她课下造访教授时，她讲道，她基本上被忽视了，她的关
切也被忽略了。

　　奥维德的《变形记》是文学人文课程的定制，但和西方
正典中的其他诸多文本一样，它包含着边缘化学生在课堂中
的身份的刺激性和冒犯性材料。这些文本，带着排斥和压迫
的历史及叙事，对幸存者、有色人种，以及出身低收入背景
的学生来说，可能难以阅读和讨论。[43]

专版评论的作者们提请大学为诸如奥维德的作品选段标注"触
发警告"。[44] 尽管《变形记》自此就被奥维德的《女杰书简》选段
取代，后者是一系列传说中的女性为抛弃她们的英雄所写的诗体
书信，但这一请求未被允应。

《哥伦比亚观察家》的专版评论遭到了从《华尔街日报》到
《沙龙》网站的两面夹攻。[45] 讨论甚至持续到了"红药丸"论坛上。
在"玩家之门"分版，一名用户分享了关于题为《受刺激的社会

正义战士们成功把奥维德〈变形记〉移出哥龙比亚（原文如此）大学核心课大纲》的论争的帖子。这篇帖文抱怨道："社会正义战士们把大学降格成迎合最低等普通人的地方。最为可悲、暗自抽泣、低能愚钝的失败者正是那些执掌大权的人。"[46] "红药丸"社区最偏好的极右新闻网站"布赖巴特"同样用长帖对这一事件做出回应，文章标题是《校园的特殊雪花碰到希腊神话就化了》。[47]

这些回应，和主流媒体的一样，暗示奥维德的诗歌之所以值得在大学课堂中有一席之地，不是由于其内容，而是因为它是古老而且正统的。正是这一类想法，才使得古希腊罗马对"红药丸"特别有吸引力；西方古典正因为它们是西方的，而且是古典的才备受重视，而远非因为其内容。重要的是，"红药丸"作者们误会了学生们诉求的本质：奥维德的作品仍然留在哥大的课程大纲上，而作者在正统上的地位也未曾真正遭到挑战。无论如何，这一事件被极右翼当成一项对死白男的侮辱。

哥大的专栏评论由一群学生写作，但一些资历更高的女性主义学者确实主张，研究古典，联通西方正统的其余部分，都是必定将父权的和种族主义的社会阶层加以具象化的工作。女性主义学者休-艾伦·凯斯（Sue-Ellen Case）在她的文章《古典异装：希腊对女性角色的创作》中就希腊悲剧和喜剧提出了这一观点，凯斯总结道："女性主义的从业人员和［希腊戏剧方面的］学者可能会做出决断，这样的剧作不应当归属于正典之列——它们对戏剧的研究和实践而言并不是中心的。"[48]

这一消灭古典文本的诡计，一度在"红药丸"社区中相当有用。在一卷题为《三十七》的文集中，"男性空间"作者昆图

武器与"男性空间"

斯·库尔提乌斯（Quintus Curtius）——早先是"男性空间"博客"王者归来"的知名专栏作家——设想了一个反乌托邦的未来，其中女性主义者们已经重写了正典，并消灭了古典作品："一个人甚至可以想见，未来古典知识被驱赶到地下，被从学校中清除掉，或者因为不合乎现代女性主义和政治正确的论调而遭到删改。人文学问的降格业已成为美国社会女性化的直接后果。我们不能坐视这一切发生。现代文化的代表们不希望你们知道太多历史，或是在先前的纪元里，事物究竟是什么样的。"[49]女性和女性主义者，俨然古史未来之大敌。

瓦利扎德兴许是"男性空间"中最有名的厌女者，在他2014年的文章《何为社会正义战士?》中将这一观点更进一步，提出了在一个没有古典文献的社会中将会存在完全的道德真空的理论：

> 即使亚里士多德、塞涅卡、马可·奥勒留、托马斯·阿奎那，或是亨利·戴维·梭罗具有持续帮助今天数以百万计的人们生活的可贵智慧，从他们作品中剥离出来的信息，也必当彻底遭到抛弃，毕竟他们都是白人。由于白人在过去的数个世纪里一直站在推进人文的前线，尤其是在埃及、波斯、蒙古、奥斯曼帝国的倾覆之后，这就将大部分帮助我们用以区分正误的道德准则排除在外了。社会正义战士们发明了他们自己的道德法则，但往往基于那些时下让他们感到不满的。作为导引，它撑不过一两个月，可以想见他们的法典都得是用铅笔写就的了。[50]

这段话使用了相当可观的修辞手段，来论证那些已被阅读数千年的文本突然危在旦夕，而且需要"红药丸"男性的坚决捍卫。但昆图斯·库尔提乌斯和瓦利扎德同样呼应了古典学学科内部的一派观点，最能代表它的也许是维克多·大卫·汉森（Victor Davis Hanson）和约翰·希思（John Heath）1998年合著的反调文章《谁杀死了荷马？》。甚至更早，在1987年《美国精神的封 闭》一书中，阿兰·布鲁姆就写道："古典文本生命力最大的敌人就是女性主义。"[51] 他使用"生命力"一词，说明古代文本在某种意义上对女性主义者们来说，不是像在厌女者们眼中那样鲜活。

伯纳德·诺克斯（Bernard Knox），英国一位研究希腊悲剧的杰出学者，在《最古老的欧洲死白男》一文中表达了这一观点的温和版本。首发于1992年《新共和》，之后在1993年以同名重刊于他的小型文集。这篇文章反对一种他眼中的古典学的危险倾向：研究人类学、女性主义和奴隶制的现代古典学家们执迷于希腊人和我们相比是多么**奇怪**和**不同**。诺克斯相信，希腊人已经被现代学者"他者化"了，变成了怪异的族群。将希腊人分类成DWEM，即欧洲死白男（Dead White European Males），标志着他们和我们完全隔绝。[52]

诺克斯写道：

> 他们分属到DWEM是现代多元文化和女性主义批判的成就之一；这也是他们无关性的宣言。但在过往的时代，我们曾用一种非常不同的方式评价他们。"我们都是希腊人，"雪莱在1822年写道，"我们的法律、我们的文学、我们的宗教，

武器与"男性空间"

根源皆在希腊。"如果说维多利亚时代的希腊观可以被概括成"希腊即我们"的口号，那么现代的批评便会反驳"希腊即他们"，或者更有针对性地，"希腊即 DWEM"。[53]

他总结道："尽管我们不能再和雪莱一道说，我们都是希腊人，我们亦无法像维多利亚时代的人那样宣称，希腊即我们，我们必须时常承认，我们对他们的感恩依然强烈、深切，且不会动摇。"

这一论调，就好像之前我先前提到的那些"红药丸"作者一样，是个稻草人谬论：没有人否认，我们的社会受益于希腊。问题在于这种馈赠应该怎样被对待。我们应当像雪莱，以及像今天所见的"红药丸"网站上的男人一样，将这种馈赠浪漫化吗？还是说这是一个更为复杂而问题重重的历史遗产？而如果希腊人的确是"他者"，而非像维多利亚时代人所想的那样同我们相似，那这样一种区别会让他们不那么值得被研究吗？

诺克斯同样主张，古希腊人和美国人并不像我们所想的那样不同，因为我们也拥有一些他们著名的失败：

> 诚然，当我们考虑到近期学术上已经探究并且强调的雅典民主中的两大弊病时，我们理应记住，不仅奴隶制和男性统治是所有古代社会的特点，而且我们，在所有人之中，也没有权利投下第一颗石头。伯里克利对雅典民主的骄傲宣言——权力在人民手中，法律面前人人平等——并没有提及奴隶，而我们的《独立宣言》，声称"人人生来自由平等"，却也没有提到他们，尽管那些起草者和大多数签署的人就是

非洲奴隶的所有者。

“红药丸”的男性和对社会正义感兴趣的人都完全地意识到，奴隶制和男性统治是记录在我们国家的元始并且时至今日仍然真正意义上存在的。监狱社会一直保持着现状，其中黑人成年男性人口中的很大一部分仍然是不自由的——有时会被称作新吉姆·克劳*——而白人男性几乎主导着所有层级的政府和行业。[54] 我们无须回望国父们来寻找诺克斯承认在古希腊存在过的、我们国家之中的种种过错。的确，“红药丸”群体相信，就是这些美国早期社会中的特点在过去一度让美国伟大，而且也必当在今日重生，让美国再度伟大。 39

我们社会和古希腊之间的这些相似之处——连同罗马——对“红药丸”群体中的男性来说是有好处的，因为它们让这些男人更容易在古代世界看到他们自身价值观的投射。

红药丸的工具箱

网上的女性主义者有时会尝试在这些问题上直面“红药丸”男性，但这些遭际大多以挫败收场。和他们论争几乎是不可能的，因为这些人有一套他们有意或无意使用的成体系的说辞，来误导

* “新吉姆·克劳”（the New Jim Crow），吉姆·克劳指“吉姆·克劳”法案，是1876年至1965年间美国南部各州及边境各州对有色人种实行种族隔离制度的法律。——译者注

或者偏移反对观点。既然这本书是专门揭露"红药丸"修辞是怎样运作的，这些把戏理当被详细解释。

这些中的第一个基于泡学家们惯用并被称为"框架理论"的概念。框架是一个人对世界、他们自身，以及他们所遇到的任何处境的观点。一个泡学家可能会持有这样的框架，认为自己是他圈子里最重要而且最有价值的人，由此任何一个女人能和他睡觉都是幸事。他的任务由此变成在与漂亮女人交往时**维护框架**（或者**框架控制**），以及，理想的话，影响她们，这样她们的框架也会变得和他的类同。

这一技巧还有另外一个也是更为常用的名字：**煤气灯**。煤气灯是一种情感操纵策略，其中一个人试图说服另一个人，他不能相信自己的记忆和感受。这一技巧得名于帕特里克·汉密尔顿（Patrick Hamilton）1938 年的剧作《煤气灯》（*Gas Light*）（在美国以《天使街》为名上演，并于 1944 年改编为电影《煤气灯》），其中一名丈夫试图说服他的妻子，让她相信自己疯了。框架控制基本来说就是煤气灯的一种形式：目标就是要说服别人，你口中的现实比他们的更为准确。

当女性主义者们试图和泡学家、"男行其是"、男权运动以及另类右翼的成员理性讨论他们之间的区别时，她们全都遇到了煤气灯——你的框架是错的而他们的是正确的。结果就是那些对文献和时事有着破坏性失衡解读，以及对理性评论不为所动的人有着成百上千的愤怒男性听众。他们中的许多人，我将在接下来的章节中讨论，同样声称自己是斯多亚主义者，并且相信自己能够控制愤怒，而那些不同意他们的人都是狂躁暴怒的女性主义者。

红药丸与厌女症

这些男性何以应对批评的例子之一是"今日之声"西奥多·比尔针对作家凯西·扬（Cathy Young）对另类右翼的批评而发布的回应。比尔，正如我先前提到的，在"玩家之门"运动中积攒起了关注，尽管他的关注已经从科幻群体内部政治转向了国家层面的政治。在他"人民之声"博客的一篇题为《（（（凯西·扬）））批评 # 另类右翼》的帖文中，比尔回应道：

> 我未曾尝试回避（（（Ekaterina）））及其他另类右翼反对者急于贴给我的"白人至上主义者"标签。我是盎格鲁–阿斯特克–美洲印第安人，在基因上比 99% 的黑人更为优越，在智力上比 99% 的白人和犹太人更为出色，所以我本人不会倾向于白人霸权。[55]

在他三重括号的使用—— 一个另类右翼所用的，等同于网络版纳粹德国的黄色犹太六芒星徽记的反犹暗号——以及他基因优势的宣言中，比尔证明了扬是对的：另类右翼就是一场由种族歧视驱动起来的运动。他同样用他"在智力上比 99% 的白人和犹太人更为出色"的论断预先阻止可能的批评；可以假设，其他族裔是如此不言自明的智力低下，以至于不配被他提起。由于比尔相信他自己比任何值得一提的人都要聪明，因此他的批评者必定太不明智，以至于不能正确理解他。

选择不去正面同这些人交锋，却也并不代表不去批评他们的观点。实际上，这样的批评尤其重要，因为它们能够化解"红药丸"成员通过搅乱关键议题来偏移对话的惯用伎俩。这是他们误

41

导话术工具箱中的第二个工具，我将之命名为"恰当的诱饵陷阱"（the appropriative bait-and-switch）。这一技巧从社会正义运动中借来了关于系统压迫的语言，同时有意地在究竟谁正遭受压迫这一问题上制造混淆。

"恰当的诱饵陷阱"在"红药丸"分板上列为"基础读物"的、在"男性空间"富有影响力的一篇文章，伊姆兰·罕（Imran Khan）的《厌男泡沫》一文中显而易见："将自身伪装成'女性主义'的现代厌男症，是当下世界最虚伪的政见，无人出其右……因为'女性主义'，已经有男人死亡。借由'女性主义'，男人和孩子被迫分割，来获取经济收益。借由'女性主义'，奴隶制正重返西方。透过所有这些厌男的法律，完全可以讲厌男就是新的吉姆·克劳法。"当"红药丸"中的男性声称强迫父亲支付儿童抚育费是新吉姆·克劳法（而忽略吉姆·克劳法已是描述大规模监禁黑人的说法的事实）时，他们灾难性地化用了关乎种族和奴隶制遗留问题的一大主题，并用以支持一种思想，使得白人男性得以通过限制堕胎和避孕渠道来控制女性的生育自由。

42 这一伎俩使用的次数比想象中要多很多。作家哈珀·李2016年去世的时候，男权运动主要网站"男人之声"发表了一篇关于为何"所有男人现在都成了汤姆·罗宾逊"的文章，声称《杀死一只知更鸟》（*To Kill a Mockingbird*）并非真正关于种族，而是关于**偏见**，而真正的受害者正是那些像汤姆·罗宾逊一样遭受错误强奸指控的男人。[56] 这篇文章借用了一个合乎时宜的议题，即一位知名作家的去世，来挪用种族问题，以此更进一步地使白人男性获益。而这一策略的应用从火热的种族问题延展到了性别问题之中。"红药丸"网站中的诸多文章坚称，这个国家中的强奸文化是人为捏造的，而真正的强奸文化能够在（他们称之为**强奸难民**的）穆斯林移民所犯下的性侵之中找到。这个说法有效地偏移了强奸文化的讨论，并将对话转向鼓动对穆斯林和移民的偏见上。而欢迎难民且抵制反移民政策的自由派被贴上了"绿帽"这一既是比喻义上又是字面义上被绿的标签：比喻意义上是因为其他种族的利益被抬升到了白人之上，字面意义上是因为他们正在邀请穆斯林男性来和白人女性睡觉，罔顾女性是否同意。

　　将"红药丸"群体绑定在一起的纽带是意识形态上的升华：从种族的到性别的，从性别的到种族的。这一趋势甚至在他们蓄意而明确地模糊性别与政治之间的界限上更为明显。《美国保守派》上一篇评论文章写道："另类右翼和其他诸多男性运动的联系值得详加阐释。正如很多人已经提到的，另类右翼的人口构成是年轻男性，而男青年（性方面或者其他）的愤懑所扮演的角色不能被夸大。"[57] 性愤懑正转向政治愤懑。泡学家们支持唐纳德·特朗普。[58] 另类右翼侮辱那些浪费时间试图和左派达成妥协的保守派政治家，用一个由"绿帽"和"保守派"构成的词组——"守绿帽的"（cuckservatives）称呼他们。政治上的弱势被和比喻意义上的阉割等同起来。性无能和政治无能上的界限模糊了。[59]

　　无独有偶，另一个相关的工具是它们对学术阐释语言的滥用。"红药丸"网站上频繁出现的一个词是"叙事"。"男人之音"的标语就是"扭转文化叙事"。"王者归来"上的文章就有包括这样词汇的标题，诸如"自由派叙事""多元文化主义叙事"以及"建制叙事"。但是，正如"红药丸"之中经常发生的那样，创造出的词

43

汇或术语取代了实际的解释。这种叙事究竟为何，或者叙事作为一个概念究竟如何有用，都未曾得到界定。

最后一项我想在这里提到的修辞误导工具是错误对等。这一策略可以采取多种形式，但"红药丸"网站上最常见的形式是"女性主义者的关注点 A 可能不好，但它与'红药丸'关注但女性主义者无感的 B 是相似的。因此，女性主义者是虚伪的伪君子"。这一策略在与强奸文化相关的讨论中展现最多。女性主义者因为对抗强奸文化却对错误的强奸指控、狱中强暴、"ISIS"使用的性侵以及其他稍微相关的问题关注不足而被贴上了伪君子的标签。

这些策略全都将在本书之中出现，既包括"红药丸"网站怎样探讨当代议题，也包括他们对古代世界的分析。

一个人可以说，把诸如赫西俄德、色诺芬以及尤文纳尔这些作家称作厌女的或者性别歧视者是时代错乱而且有失公允。我将在接下来的章节中在探讨斯多亚哲学家作品中的女性主义和性别偏见时简短地回到这一主题，但我的兴趣并非把我们自己的文化焦虑和关切加到古希腊罗马之上。相反地，我想展现的是，这种投映是如何隐含在"红药丸"作者对古典的探讨之中的。我在本章中描述的群体——男权运动、引诱群体、"男行其是"、另类右翼——声称对西方传统古典文献的研究正经受进步派的攻击，后者希望要么将之逐出正典行列，要么从中指出今天腐蚀性的身份政治。但实际上，这些群体才是把自己嵌进古典时代之中的。这些男性自视在古希腊罗马作家中得到了映射，而他们把对古代文献的称引当作对自己白人男性历史地位的辩证商讨。他们省去了

44

我们社会和古典时代的巨大差异，从而试图证明父权制和白人至上主义颠扑不破的价值——以及主张在今天恢复这些压迫性的权力体系。

对我们来说"红药丸"对古代文本的分析看上去是简化而被误导的。实际上，他们远非在创造解释。他们对古典的解释，不应被当成对古代世界的研读加以探讨，而应该作为他们希望我们能继承的世界的热切呈现来看待。他们假想了性别相关行为的模式，抹杀了大多在过去两千年之中业已实现的社会进步——而他们正在用古代文献将之合理化。

第二章

最愤怒的斯多亚派

爱比克泰德，一位斯多亚思想家和释奴，在他的《道德手册》（*Enchiridion*）开篇概括了斯多亚哲学的中心原则之一：认清什么在一个人的力所能及之内，而什么在之外的重要性。

> 世上有我们所能掌控的事，也有我们无法掌控的。我们所能掌握的事包括观点、动机、欲望、厌恶：简而言之，一切我们自身的行动（hēmetera erga）。不在我们掌控的包括我们的身体、财产、声望，以及政治地位：简而言之，所有不属于我们自身的行动。你当记得，如果你……把不属于你的当成你自己的，你将受到阻碍，你会悲痛，你会心神困扰，你会责怪诸神和其他人。但如果你相信——正确地——只有你自己的事需要你来负责，而不是其他人的事，那样没有人会阻碍你，你不会怪罪任何人，你不会指责任何人。

两千年后，大流士·"罗许"·瓦利扎德在一篇名为《是你让我这样的》的帖文中谴责女性将他推入"男性空间"：

> 你把我变成了自私自利的混蛋。当我对你不好的时候，你就用性来报偿我。我越不尊重你，你的屄就越湿。你让我对抗自己良善的天性，变得越来越骄矜和自大。[1]

爱比克泰德提议我们对自己的感受和行为负责，瓦利扎德则声称女性逼迫他以特定的方式处事。

引用塞涅卡，另一位斯多亚哲学家，"为什么你把两件迥然不同以致形同水火的事拿来相提并论？"（《论幸福生活》7.3）爱比克泰德和瓦利扎德各自起源的思想流派——斯多亚主义和红药丸意识形态——看似不可调和。我在下文中将更为详细地描述斯多亚主义，并解释谁是爱比克泰德，谁是塞涅卡，但简而言之，斯多亚主义，一个在公元前 300 年前后由芝诺（Zeno）在雅典创立的哲学流派，教导其信众，所有通常被认为有害的事物（包括饥饿、疾病、贫困、残暴和死亡），只有在一个人使其有害时才会真正有害。唯一真正的邪恶就是罪行（vice）。相反地，"红药丸"是被"女性主义造成西方文明覆灭"这一信念统一起来的。

尽管在观念上存在着诸多不同，"男性空间"中的男性对斯多亚哲学深深着迷。千年之久的斯多亚文本在"红药丸"网站上的火爆书评中被宣扬为"改变人生"和"震撼人心"。马可·奥勒留和爱比克泰德作品的翻译时常在激勉阿尔法男的推荐阅读书单中出现。诸如"红药丸"分版的消息板上，不少帖文寻求怎样将斯多亚原则应用到约会之中。即使是瓦利扎德，在发表我先前引用的狂言之后，在写自己的博客时也转而接纳这一哲学，在 2015 年一篇关于塞涅卡《致路奇乌斯书》(*Letters to Lucilius*)的评论中，称斯多亚主义"是我生活中依照的主要哲学。毋庸置疑，这本书在我的藏书中是最有价值的"。[2]

由于爱比克泰德主张，其他人的行动和想法"并非我们所能控制"，我们很难设想，有比嘲弄和攻击女性主义作家的观点和长相—— 一项瓦利扎德持续参与的活动——更不"斯多亚"的消遣了。他和他的关注者们怎么能一面自认为狂热的斯多亚主义信徒，却又一面接受这种行径？

这一看似不可调和的矛盾，实际上揭露了一个"红药丸"群体如何使用古代文献的关键要素。缺少对斯多亚主义深入而有效的研究，"红药丸"的成员使用其哲学的简化版本来称颂那些他们认为的、刻板印象意义上的男性特质，其中包括男人理应继承更强的能力来用理智克制情感。借由古代斯多亚思想，这些人利用古典世界的权威性来给他们的修辞增加分量，并为他们对自身优越性的信念提供能量。

斯多亚主义方兴未艾，流传开来，而不仅局限于另类右翼的在线群体。近年来大量关于斯多亚主义的新作出版，其中包括威廉·欧文(William Irvine)的《美好生活指南》以及诸如马西莫·皮柳奇(Massimo Pigliucci)为《纽约时报》所写的文章。[3]一些斯多亚在线群体正在蓬勃生长，例如一个有 4.5 万人关注的斯多亚主义分版，以及网站"新斯多亚"(New Stoa)，后者有超过 2000 名注册用户。那些对斯多亚主义感兴趣的人可以听播客，参加论坛，参与每年一度的斯多亚周，甚至是观看澳大利亚喜剧演员迈克尔·康奈尔（Michael Connell）开办的斯多亚脱口秀。

是什么导致这一古代哲学的风行？正如古典学家基娅拉·苏尔普里齐奥（Chiara Sulprizio）2015 年在她文章标题中发问的："为什么斯多亚主义迎来了文化契机？"苏尔普里齐奥认为，斯多亚主义诸多元素中的一部分使之能在当今时代尤其引发共鸣：同驶向正念及感恩的自助趋势之间的相似性，同"新无神论"及广义上的灵性之间的兼容性，以及斯多亚主义对世界主义的强调同我们高度连接的世界的和谐性。对斯多亚主义的广泛接纳，在苏尔普里齐奥看来，毫无疑问地是一个积极而健康的现象："如果这一途径对过去的斯多亚主义修行者有用，那怎么会对我们没用呢？"

然而欧文、皮柳奇和苏尔普里齐奥——以及其他将斯多亚主义兴起称颂成一个流行的自助哲学的——未能参与斯多亚主义在反女性主义网络群体中的流行。[4] 这一疏忽无须惊讶，毕竟这些作者——以及其他任何并不止是肤浅地将时间花费在研读古代斯多亚主义文本上的人——知道斯多亚主义相信，道德并无性别之分，而且男性和女性都有能力通过运用理智来判断何种行动是合乎道德的。斯多亚主义，这一"红药丸"偏好的哲学，在学者之中素有名望，堪称所有古代哲学中最为女性主义的一种。最初的斯多亚主义者甚至信奉激进的性别平等。因此推崇斯多亚主义的主流作者可以将其在反女性主义语境下的兴起看作全盘误读的结果，

　　　　　　　　　　　　　　红药丸与厌女症

或者是反常现象，进而置之不理。

　　但更为仔细地审视同样的古代文献，就会发现，古代斯多亚主义作家在性别和道德问题上所持的观点更为复杂，而且并不像它们最初看上去的那样进步。这些文本往往提供看似平等主义的观点，却用充斥着厌女底色的语言加以掩盖。因此"红药丸"群体中对这些文本的反女性主义解读不应作为误读或者肤浅解释而被忽视：它们可能回应并吸取了斯多亚主义中推崇者倾向于忽略的部分。解构"红药丸"对斯多亚主义的应用，既是进入这一群体更广泛思想的有效途径，也是有关将古代文献照搬到21世纪性别政治问题的挑战的实例课。

　　这一章有两个目标。第一是要分析，当"红药丸"中的男性公开宣称他们在研究斯多亚主义时，什么是重要的。对他们来说，利用古代哲学作品何以成为一种修辞技巧？第二个目标是要把"红药丸"对斯多亚主义的解读放到更广阔的语境之中，考虑到这一哲学在性别、性、以及社会正义方面复杂而时常相左的观念。通过理解斯多亚主义何以对那些"红药丸"网站的男性常客的反动趋势有吸引力，以及为何如此，我们同样能确定，这一哲学之中的哪些部分能够帮助推进进步的性别政治及社会行动。

49

何为斯多亚主义？

　　学者们把斯多亚派的探究分成三个笼统而时常相互重叠的部分：逻辑学、物理学，以及伦理学。哲学史家们也通常把古代斯多亚主义的主要思想家分入三个时序上的阶段，有时被称作早期斯多亚、中期斯多亚，以及晚期斯多亚。第一个阶段开始于斯多亚主义在公元前 300 年左右在雅典的创立，并在公元前 2 世晚期结束；中期斯多亚阶段，也即哲学家帕内修斯（Panaetius）和波塞冬尼乌斯（Posidonius）的时期，从那时起一直持续到了这一哲学流派（同时也是其他哲学流派，包括学园派和伊比鸠鲁派）的中心在公元前 1 世纪迁移到罗马。

那些谈论斯多亚主义的"红药丸"作者仅仅对晚期斯多亚的斯多亚主义伦理学感兴趣。考虑到我们只有很少来自前两个阶段的材料，加之那些寥寥无几的材料支离破碎，且只在面向学术读者的著作中才有希腊语原文的翻译，例如朗（Long）和塞德利（Sedley）两卷本的《希腊化时代哲学家》，这一有限的关注完全正常。[5] 由此，看到"红药丸"上对早期斯多亚的伟大斯多亚主义思想家，例如对芝诺或者克里希普斯（Chrysippus），以及中期斯多亚的帕内修斯和波塞冬尼乌斯等人的称引是极其反常的。[6]

"红药丸"上对斯多亚主义的研究，大部分涉及一些阅读晚期斯多亚作品译本的、有影响力的博客作者，他们要么为他们的读者提取主要概念，要么提供一系列脱离语境的引用。这些简化的斯多亚概念由此散布更广。因此在斯多亚主义究竟对"红药丸"群体**意味**着什么这一问题上，斯多亚历史和理论方面的坚实基础并不能提供太多洞见。对哲学自其奠基到马可·奥勒留去世之间五百年发展历程的了解，并非理解"红药丸"何以挪用这一哲学并用从古代世界借用的概念来掩饰其思想的真正先决条件。阅读古希腊文的马可·奥勒留原作，也无从揭示他《沉思录》译文中的一系列引文是怎样被使用的。就本章的第一个目标而言——判断当另类右翼线上群体称道这一古代哲学时，什么是重要的——我们大可忽略斯多亚思想中的绝大部分，其中就包括全部的斯多亚逻辑学和斯多亚物理学。

无论如何，这一哲学流派的基本概念、特征，以及文本方面的知识仍能解释"红药丸"作者们是怎样简化和歪曲斯多亚概念的。这将为本章的第二个目的提供帮助，也即在斯多亚主义与当代性别政治的大局上确定"红药丸"斯多亚主义的语境。由此我将提供一个非常简略的斯多亚主义概观，并在注释中为有兴趣的读者提供更多材料。

斯多亚主义的创立者芝诺出生在塞浦路斯的城市基提翁（Citium）。迁居雅典之后，据说他曾在犬儒学派哲学家克拉底斯（Crates）门下学习。犬儒学派基本上因为他们对社会规则的极端排斥著称：克拉底斯的老师第欧根尼就是一个极端苦行主义的人，据称他一度在市场住在一个希腊壶（pithos）或称陶罐里，而且相传他曾在白天提灯游逛，宣称自己在找一位真正诚实的人。犬儒主义对斯多亚主义有着深厚的影响，而芝诺似乎也赞成犬儒主义，认为社会规范并没有内在的道德品性。

尽管这两大哲学之间有相似性，斯多亚主义者们在整体上更倾向于遵守普遍的行为和行动准则。[7]古代素材提及了和第欧根尼相关的逸事，他在公共场所小便、排泄以及自慰，来表达自己对社会规范的不满。虽然芝诺似乎会赞成他老师的老师，认为这些行动在道德上没有错，不过他和他的斯多亚门徒并不会感到如此强烈的道德使命，去如此悍然地嘲弄社会准则。[8]这一哲学并不要

51

求其信众采取一种非常反传统的行事方式，这可能是斯多亚主义持续流行的原因。

芝诺及其门徒被称作斯多亚派，因为他们在画廊（Stoa Poikile），雅典市集（agora）北侧建于公元前 5 世纪的一处建筑下聚集并探讨他们的想法。廊宇是一个有顶的步道或者廊柱，通常一面是墙，另一面是敞开的柱廊。使画廊得以 Stoa Poikile 之名的绘画作品描绘了历史上和传说中的战斗，包括亚马孙之战——一场雅典之王忒修斯（Theseus）和传说中的女战士之间的战斗。

芝诺卷帙浩繁的著作中只留下了些许残篇。自从他在公元前 263 年去世之后，这些作品的意义就成了斯多亚派内部论争的主要辩题。几个世纪以来论争的主要焦点在于芝诺"主要目标（telos）是一以贯之地（homologoumenōs）生活"[9]这一宣言背后的确切含义。解读芝诺想法上的困难引发了作为芝诺的"学长"（斯多亚学派的头目）继承人克里安西斯（Cleanthes）以及克里安西斯自己的后继者克里希普斯（Chrysippus）之间的纠纷。二者之中，克里希普斯在这一学派的历史上更为重要，而且更为多产，写就了超过 700 卷的作品，尽管克里安西斯写成了早期斯多亚无论长短，唯一留存至今的残篇《宙斯颂》（*Hymn to Zeus*）。

既然斯多亚主义被一大众各自固执己见的"学长"承袭并争论，这一哲学的主要探讨领域——斯多亚逻辑学、斯多亚物理学，以及斯多亚伦理学——就不再各是铁板一块的存在。其中的每一个都包括了数个世纪里激情争论的若干矛盾。斯多亚逻辑学（logikē）不仅包括我们所能想到的形式逻辑，同时还有修辞、语法，以及知识论。[10]斯多亚物理学（physikē）是一种包含形而上的元素的自然哲学，其中就包括对事物本质、灵魂、神灵，以及宇宙生命轮回的探讨。[11] 斯多亚伦理学（ethikē）致力于确定道德行为的构成，以及，更为重要的，哪些行动可以接受但未必合乎道德。

斯多亚伦理学总体上围绕着这样的想法建构起来：唯一真正的善是道德；任何不道德的从本质上来说都不是好的。据芝诺来看，健康和财富本质上都不是好的，仅仅是相对而言可取的。由此，目的在于获取这些东西的行动，**只有**在不和道德相冲突的情况下才是合理的。任何既不趋向道德也不损害道德的事都是中性（adiaphoron）的。

一个完全明智的人——一位智者——会采取完全正确的行动（katorthōmata）。然而，即使一个不曾成为智者的人，也可以投身于只采取合理行动（kathēkonta）之中。目标在于免于激情（apatheia）。激情（pathē）是认同或者支持错误印象的结果——错把相对可取的，或中性的事物当成本质上好的事物。[12] 举例来说，某件事可能会对某个人的繁荣构成负面影响，尽管并不可取，既在本质上不坏，又不值得惊扰一个人的"激情"。基本上今天能读到的所有斯多亚文本都是可行的伦理指南，专注于如何不认同这些错误印象。马可·奥勒留写道："今天我从所有烦扰中逃脱开来——毋宁我把它们丢了出去，因为它们并非在我之外的，而就在我自己的感受之中。"（《沉思录》9.13）

然而，在芝诺和马可·奥勒留之间横亘着五百年的时间，其间斯多亚哲学家的关注转变了。作为公元前89—公元前64年间米特拉达梯战争（Mithridatic War）的一部分，在苏拉占领和洗劫雅典之后，这座城市就开始失去她作为所有哲学流派大本营的地位。随之而来的是去中心化和哲学上大流散的一段时期。这一巨大转变的结果是，罗马帝国的斯多亚主义同这一哲学早先的发展迭代明显不同。这一时期，斯多亚逻辑学和物理学，早些时期的两大关注，基本上被忽略了，斯多亚伦理学转而被宠幸。[13] 马可·奥勒留——被公认并非晚期斯多亚主义的纯粹代表，因为他受到了其他哲学的深厚影响——宣称他庆幸自己没有陷入对逻辑三段论，或者对气象学一类物理现象的执迷之中（《沉思录》1.17）。[14]

基本上关于斯多亚主义广为流传的作品都是由少数作家写成的：上述的马可·奥勒留和塞涅卡，连同西塞罗、穆索尼乌斯·鲁夫斯（Musionius Rufus），以及爱比克泰德。凭借成为唯独仅有的、有作品（至少以任何实体形式）流传至今的斯多亚思想家，这些人在除哲学学者之外的所有人所理解的斯多亚主义上投下了长长阴影。

斯多亚伦理学的目的在于成为智者（拉丁语 sapiens），一个对道德有着完美理解并只采取正确行动的人。古代的斯多亚派，和现代的斯多亚学者一道，在是否能当成真正的斯多亚式智者这一问题上未能达成一致：大部分人所能期待的最好情况就是沿着通往智者的路途持续前进并成为"修习者"（proficiens），一个已经开始（proficere）旅途并取得进展，却还未修成正果的人。[15] 作品在今天被广泛传阅的斯多亚作家，包括那些"红药丸"网站上讨论的，都是"修习者"而非智者。

在现代意义上，这些人精通斯多亚主义，但他们仍有自知的缺陷，他们在其关于斯多亚主义的作品中所投映的作者化身，对

54

今天怎样理解这一哲学产生了重要影响。他们所写的文本，大部分其实通过向读者呈现积极解决并尝试克服错误印象的孤立事件，描绘了他们朝向智者的修行之路。这些作家的怪癖和兴趣在斯多亚主义的学习中有着漫长的后继，尤其是在"男性空间"之中，比起对古代世界更广阔的历史趋势，那里对个体典范历史人物的研究尤其欢迎。

马库斯·图利乌斯·西塞罗（公元前106—公元前43），伟大的罗马政治学家，演说家和博学家，是现存最早的思想家，我们从他那里得到了关于斯多亚主义存留下来且完整的论著。西塞罗是一位多产的作家，留下了鸿篇巨制，包括演说、散文、一些诗作，以及浩繁的私人往来书信。这些文献中的一部分关注斯多亚主义，包括他的《图斯库姆论辩集》(*Tusculanae Disputationes*)《斯多亚矛盾》(*Paradoxa Stoicorum*) 以及《论义务》(*De Officiis*)。就他对散佚希腊斯多亚文献的总结来说，他是无价宝贵的资源。

然而，西塞罗并非专一甚至主攻于此的斯多亚主义者。他自称主要是个具有斯多亚派学见的学院派，而且他的特点是哲学上的折中主义，而非正统。西塞罗有时会在写作中批评斯多亚主义，比如在他《论善恶边界》(*De Finibus Bonorum et Malorum*) 第三卷和第四卷同马库斯·波尔基乌斯·加图假想的辩论之中。[16] 这种模糊性给时至今日仍然有影响力的、对斯多亚主义的批评提供了基础。

无论如何，西塞罗在哪怕不完美的斯多亚主义者能怎样从学习哲学中获益上提供了宝贵的范式。他在吸收斯多亚思想上最受瞩目（但可以说有所收获）的失败，就是在他女儿图利娅（Tullia）过世后的巨大悲痛。斯多亚派宣扬，一个孩子的死并非邪恶，而

是中性的：爱比克泰德称赞这一真理，多方面地归功于雅典立法者
梭伦（Solon）和苏格拉底前的哲学家阿纳萨戈拉（Anaxagoras），
当一位家长遭遇其子女离世时，正确回应应该是讲"我知道我养育
了一个凡人"（《论集》3.24.105）。在与这一（斯多亚意义上）中性
的事件达成和解上，西塞罗《图斯库姆论辩集》就是一个宽泛的、
哲学的，以及只是名义上成功的尝试。

　　斯多亚作家中下一个作品传世的是卢奇乌斯·安奈乌斯·塞
涅卡（Lucius Annaeus Seneca），又被称作小塞涅卡。著名演说
家老塞涅卡的儿子，小塞涅卡出生于公元前 8 年到前 1 年之间的
某个时间。他因忤逆过三位皇帝而赢得丑誉：卡里古拉，差点处
决了他；克劳狄，因为和皇帝的侄女通奸而把他发配科西嘉；以
及尼禄，最终勒令他自杀。公元 54—62 年间，塞涅卡是尼禄的顾
问；他在公元 62—65 年间引退，这一时间大致是他写作关于控制
情绪及其重要性的哲学著作的时期，其中包括他的《致路奇乌斯
书》。在公元 65 年，他卷入了刺杀尼禄的皮索阴谋，此时，尼禄
命令他自杀。后世史家塔西佗将这一崇高的死亡场景与塞涅卡之
前其他哲学家的被迫自杀类同，其中就包括苏格拉底。[17]

　　塞涅卡的著作——涵盖散文、悲剧，以及《致路奇乌斯书》，
一系列给年轻友人的哲学书信——是读来愉悦的斯多亚文本，因
为塞涅卡并没有后世作家的阴郁观念，比如马可·奥勒留。塞涅
卡惊人地富裕和有权势：卡西乌斯·狄奥（Cassius Dio）曾批评
他因为召回自己债务而可能让不列颠破产，还声称塞涅卡的净资
产超过 3 亿塞斯特斯（61.10.3）。把塞斯特斯换算成现代货币相当
困难，大多数估计认为这一数额超过五亿美金。

塞涅卡不厌其烦地论证他昂贵的口味合理，声称只要他能意识到这些愉悦本身不好——只要他能镇静自若地放弃它们——他就没有以一种不合乎斯多亚思想的方式行事。他在《论幸福生活》（*De Vita Beata*）中假想并预知了这些批评：⁵⁶

> 为何你会相信你必需金钱，为何你在失去的时候会心神不安？为何你在你的妻子或是朋友去世时落泪？为何你会在意那些人们所传的、关于你的恶意流言？为何你的乡间庄园的配备远远高于它所需要的？为何你不按照你的戒律进餐？为何你的家具如此昂贵？为何你喝那比你还老的酒？为什么你有繁复的园艺？为何你去种那除了树荫什么果实都不结的树？为何你的妻子戴和一栋昂贵房子一样贵的耳饰……现在我将以此作答：我并非一位智者［sapiens］，而且也不会仅为了满足你的恶意而成为，我也不会成为一位智者。不要指望把我和最好的人等量齐观，而只应希求我比最坏的要好。对我来说，每天移除一些我的罪过，更正一些我的过失，就已经足够。我并未达成完全的理解，而且我也不会……但和你们迟缓的脚步相比，我就是竞速选手了。
>
> （第 17 页）

塞涅卡在财富上寄予的明显价值——在斯多亚观念下是中性的——引发了对他虚伪的频发指控。[18] 这些指控毫不意外，但某种程度上有失公允，因为塞涅卡坦然承认他并非圣贤，也就无谓因为他从不否认具有的诸多不完美而批评他。

塞涅卡的同代人穆索尼乌斯·鲁夫斯，另一位主要的斯多亚思想家，同样出身骑士等级家庭——两大贵族等级中较低的一等，低于元老等级——践行斯多亚主义，并在尼禄的统治之下受难。他的遭际某种程度上比塞涅卡要好：穆索尼乌斯只是遭到流放，而不是处决或者被迫自杀。穆索尼乌斯并不相信，流放是可怕的命运，与他的斯多亚作家同道们不一样：流放期间西塞罗在往来书信里尖酸抱怨，而塞涅卡对波利比乌斯的宽慰被广泛相信是略加掩饰地尝试恳求克劳狄允许他返回。[19] 相反地，穆索尼乌斯将他的第九篇演讲专门留给流放何以并非罪恶这一主题。穆索尼乌斯的讲演转手为我们所见，有一位学生转录进而被斯托拜乌斯（Stobaeus）收集，后者是一位古代晚期的马其顿文献学家，我们关于他的生平基本一无所知。和他的学生爱比克泰德一样，穆索尼乌斯跟随苏格拉底的足迹，未曾写下任何书面的哲学作品。

　　穆索尼乌斯主要以支持向女性和男性一并讲授哲学而著称。他的第三篇和第四篇讲座文章集中关注这一主题。斯托拜乌斯在提出这一论断时称引他：

> 　　一来，他讲到，女性从诸神那里得来了和男人相同的理智能力——我们以之和他人相处，据此考虑一个行动是好是坏，光荣还是可耻……此外，对德性的渴望，以及对德性的亲近，在天性上不仅属于男人，而且属于女人：女性并不比男人少受无性驱使，倾向于为高尚而公正的行为感到快乐，并谴责与之相悖的事。既然如此，为何探求高尚生活并考虑

何以实现，即哲学学习的含义，会只适用于男性，而不适用
于女性？[20]

（3.1—2）

尽管"［对德性的］亲近在天性上不仅属于男人，而且也属于
女人"这一论断可能看似他那个时代的激进女性主义，但穆索尼
乌斯在女性合理行为方面的观点实际上相当传统，我将稍后讨论。
他的观点反而是哲学能够帮助女性扮演好社会指定的妻子和母亲
角色。穆索尼乌斯版本的芝诺一贯论，包括了一种理解，即道德 58
在不同性别和不同阶级的人看来，可能有很大不同。

爱比克泰德一度是穆索尼乌斯的学生，他们的想法也令人惊
讶地相似。爱比克泰德的生平我们知之甚少。他应该在公元 50 年
前后出生于今天土耳其西部的希拉波利斯（Hierapolis）。直到 30
岁，他一直是奴隶，在仍然遭受奴役时开始参加穆索尼乌斯的讲
演（《论集》1.9.29）。根据他的《论集》，凯尔苏斯（Celsus）把
爱比克泰德的跛脚归结为主人曾打断他的腿，其主人相传为释奴
伊帕夫罗迪（Epaphroditus）（1.6.20）。然而，就他的学生，历史
学家与哲学家阿里安（Arrian）所写下的他的作品来看，无论是
他早先的主人，还是跛脚的缘由，都没有被清晰地提及。[21]

其余主要斯多亚作家中的最后一位，马可·奥勒留，同时可
能也是最有影响力的一位，尤其是在"红药丸"群体之中。[22] 他的
号召力无疑不仅归功于他那出名的博学和睿智——正如"男性空
间"博客"无可限量男士"（*Illimitable Men*）中所写的，"内省而
好问"——而且也可能因为他是世界上最有权势的人。[23] 马可·奥

勒留在公元 161—180 年间统治罗马帝国，并带领国家渡过了同东方帕提亚王国，中欧的日耳曼部落的纠纷，以及他自己手下将军阿维狄乌斯·卡西乌斯（Avidius Cassius）发起的一次重要反叛。

在他统治的后半段，马可·奥勒留开始记日记，并非记录事件、名字、地点，而是关于哲学思想。尽管这一日记往往被称作《沉思录》，其希腊文原标题似乎应当是"致本人"（*Tὰ εἰς ἑαυτόν*），而且所有的迹象也都表明，这一作品实际上是为本人阅读而写的，而非他人。除了第一卷是特例——一份记载那些他心怀感激的人的名单，以及对这些人给他好处的解释——其他的作品对当代读者来说是杂乱无章而且晦涩不明的。他提到了现在难于辨认的个人和事件，他从不尝试用明智的格言来包装他那时常令人沮丧的思想，或是像塞涅卡一样，用有趣的逸闻来取悦读者。[24] 关于人类境况的一条日记写道："山羊的味道，装进麻袋的内脏。看清楚吧。"（《沉思录》8.38）不管怎样，它以一种几个世纪以来为读者所信服的方式，极其残忍而坚定不移地坦诚面对自己的失败。而他关于如何平静接受别人失败的提示，似乎在任何时代的读者中都能引起共鸣。"在早晨，告诉你自己这一点：我将面对那些好管闲事、不知感恩、傲慢无礼、欠缺诚信、满怀恶意、脾气极差的人。不辨善恶把他们弄成了这样。"（《沉思录》2.1）

新的绘画柱廊

从上文这一简略的摘要来看，为什么斯多亚主义对极右和反女性主义线上群体有吸引力，这一点并不明显。但"红药丸"作者们必定会遮掩他们与该主义的一些思想差异——以及忽视几个世纪以来斯多亚派在逻辑和伦理理论细则上的争议——来把他们自己当作这一哲学的传承者加以推销，他们愿意将这些差异合理化，从而获得那些他们所认为的斯多亚主义的主要好处：作为自助工具的实用功效。

许多男性为"红药丸"所吸引，不仅因为它给他们提供了意气相投的男性社区，而且因为他们正在寻求对何以提升自己的建议。这些论坛上发布的建议，倾向于落入一些特定类别：身体适能，比如举重和武艺；专业问题，尤其关注怎样在政治正确的办公环境中游刃有余并在经济上实现自给自足；以及约会建议，或者"怎么套路"，我后续章节中将回到这一主题。

斯多亚主义明确关注自我提升，因此它可以轻易地和"红药丸"群体中的自助方面结合起来。比如说，塞涅卡在《论怒气》（*De Ira*）中提问："你们今天消除了你们的哪些负面品质？你们勇敢面对了哪种罪恶？你们在哪些方面做得更好？"（《论怒气》3.36）在鼓励斯多亚修习者们努力提升自己之外，斯多亚派也有促进平和并对抗错误印象的具体工具。这些之中最有名的一个就是预见罪过（praemeditatio malorum），一种遇见未来可能后果的行动，从而预防负面的反应。[25]

"红药丸"在几乎所有关于斯多亚哲学的文章、斯多亚思想家的引文列表，以及激励阿尔法男的推荐斯多亚文本书单中，强调斯多亚主义的可行性。"无可限量男士"，这一比其他大多数"男性空间"网站应用更多文学和哲学方法的博客，将马可·奥勒留的《沉思录》列为十大"男性必读"中的第二部，描述它为"有助处置和理解生活的精神指南"。[26]《沉思录》同样出现在"红药丸"分版上"'红药丸'综合书目"的清单之中，这一分版称之为"通往实用哲学的最简单途径"。[27] 在"王者归来"上一份对爱比克泰德《道德手册》的评论中，瓦利扎德称赞斯多亚主义，并声称"斯多亚主义会给你更为可行的工具来面对生活并处置其中那些不可避免的问题"。[28] 瓦利扎德同样在 2016 年写了一篇关于《沉思录》的评论，用了情感横溢的标题《关于怎样生活，马可·奥勒留的〈沉思录〉是我们所拥有的最好指南》。[29] 另类右翼网上刊物《起源》(Radix) 上的一篇文章《从右翼看斯多亚主义》承认，"斯多亚主义为你提供了可供跟随的实践方向"。[30] 在采取修辞和分析方法探讨"红药丸"思想的博客"黑标逻辑"(Black Label Logic) 上，一篇关于塞涅卡和马基雅维利的文章指导读者"塞涅卡和马可·奥勒留为你们提供了控制世界怎样影响你们的工具"。[31] 一而再，再而三，这些作家称颂斯多亚主义在今天的**用处**，而弱化斯多亚思想中绝大多数不太实用的元素。

61　　　　"红药丸"斯多亚派中的这一趋势是 21 世纪更普遍意义上的大众斯多亚主义更大潮流中的一部分，将哲学重新包装成"生活诀窍"（或者"思想诀窍"），一种用以提高效率和生产率的策略或技巧。这一斯多亚群体中的主要人物，包括马西莫·皮柳奇，就这一对斯多亚主义的应用提出警告：皮柳奇注意到"采用一种生活哲学——或者一种形为生活哲学的宗教——是一个更大的问题，不能降低到生活诀窍的层面"。[32] 无论如何，这一对斯多亚主义的应用方兴未艾，尤其是在硅谷之中。[33]

将斯多亚主义作为生活窍门，这一观点最著名的支持者之一就是瑞安·霍利迪（Ryan Holiday），前营销商以及 2012 年《相信我，我在撒谎》一书的作者。霍利迪就此转变了他职业上的关注点——《纽约时报》上的一份简报称之"一位有魅力的公共关系战略家转变成了自助智者"——出版了两本基于斯多亚主义旨在成为现代咨询指南的书：《阻碍即道路：反败为胜的不朽技艺》以及《自我即敌人》。霍利迪，斯多亚主义作为生活窍门的积极支持者，在他的书中以及私人博客、《卫报》、《业内人士》、《思想目录》等网络刊物中就这一主题广泛写作。他声称自己在著名医师德鲁·萍斯基（Drew Pinsky）博士给他推荐爱比克泰德作品时就发现了斯多亚主义。在霍利迪的合伙人、著名的拉关系大师及《我愿地狱里供应啤酒》一书作者塔克·马克斯（Tucker Max）提议霍利迪去读《沉思录》之后，霍利迪决定这样做；他称"我的生活自此不同"。[34]

尽管霍利迪将成为 2016 年 STOICON 主旨演说人的公告在斯多亚博客及论坛上遇到了一些有所怀疑的低语，但某种程度上他是将斯多亚主义带给意料之外、不传统的听众的理想喉舌。对哲学感兴趣的许多人，包括"红药丸"中的男性，需要有人帮他们 ₆₂ 将之重新包装成更易接受的形式。尽管这一工作当然能由哲学家和学者完成，但霍利迪因从未受所谓学术界不切实际的象牙塔侵染而得益——这是接触"红药丸"男性所必须的一种距离，他们一贯相信，大学教授都是不切实际的左翼。作为一个大学肄业而自学成才的斯多亚主义者，霍利迪有着独特的号召力。

尽管霍利迪算不上是"红药丸"群体的成员，他的确擅长撰写并推广频繁访问这一网站的男性所喜闻乐见的内容。[35] 他一度为"红药丸"所偏好的许多作者做过营销，其中不仅包括塔克·马克斯，而且还有罗伯特·格林（Robert Greene），《权力的48种法则》的作者——在"无可限量男士"的"男士必读"书单中唯一排在《沉思录》之前的一卷。[36] 格林的作品是泡学网站书单上的固定嘉宾，詹姆斯·"鲁瓦西"·魏德曼也时常在他的 Chateau Heartiste 上引用。霍利迪同样满怀赞赏地引用纳西姆·尼古拉斯·塔勒布（Nassim Nicholas Taleb），其受斯多亚影响的著作《反脆弱》被"红药丸"中的很多人热情称赞，相似地，霍利迪自己的书在许多"红药丸"网站上被评论。尽管他并不直接把自己和"红药丸"虚拟论坛联系起来，但霍利迪，就像一位收放自如的媒体操纵者所适宜的那样，很好地确保那些订阅这些网站的人会构成他的忠实听众。"红药丸"更喜欢他斯多亚主义方面的作品，而非诸如皮柳奇的著名斯多亚学者的。

《阻碍即道路》并非一本关于古代斯多亚主义的书；毋宁说，它本身就是一部斯多亚文本，追随着其古代先驱的范例，有志于教授其读者何以克服障碍。霍利迪以感受、行动、意志这三部分为结构，它们来源于与马可·奥勒留思想相似的三段式划分（《沉思录》7.54）。但即使斯多亚主义和马可·奥勒留为这本书提供了结构和框架，霍利迪并没有在分析斯多亚文本上分拨太多精力，反而倾向于给出由斯多亚思想家的称引以及伟人生平逸闻所支持的自助建议。斯多亚主义对霍利迪《自我即敌人》的影响更为微妙，尽管这本书仍然穿插着斯多亚思想家的引文。

霍利迪选择为他的读者预先消化并反刍斯多亚主义是很有效

的。将斯多亚主义当作典型的实用哲学，这要求一个人要么把选段从它们原始的语境中剥离，以此使它们看上去普世通用（就像是霍利迪在他各个网站上的清单文章中所做的），或者完全远离文本，借由名人逸闻来解释斯多亚的原则（如同霍利迪在自己书中所做的）。这些策略精巧地掩盖了这一事实：尽管马可·奥勒留和其他斯多亚思想家所写的大多数作品似乎直接适用于 21 世纪生活的实际状况，但其中很多似乎相当不合乎我们的感觉，而且太过于技术性了，尤其是马可·奥勒留对理性（logos）的本质及其在我们生命中位置的频繁沉思。同一问题将在第三章中我分析泡学家们怎样解读奥维德的引诱建议时重新浮现。在这两种情况之下，都有一种夸大古代文本的智慧如何能无缝对接到当代世界的显著趋势。古代文本中的教益**能够**应用到当今世界之中，但并不容易，而且古代斯多亚文本在成为处身 21 世纪世界的实用建议来源之前，需要加以调整。

斯多亚主义在"红药丸"社区中变得津津乐道，这些歪曲尤其不可或缺，而"红药丸"中的成员大多是直言不讳的国家主义者，完全认同让美国重新伟大起来的想法，因为斯多亚主义是一种大同哲学。追随着苏格拉底，爱比克泰德建议道："当有人问你来自哪个国家，不要回答你是雅典人或者科林斯人，而要说你是世界［kosmios］公民。"（《论集》1.9）爱比克泰德"世界公民"的概念为所有古代斯多亚主义者所共享。流放是一种罪恶，64 穆索尼乌斯的这一想法依托"世界是所有人类的共同家园"这一理念，马可·奥勒留同样写道："和安东尼努斯一样，我的城市和故乡是罗马。但作为人类，是世界。所以对我来说好的东西必当同时对它们都好。"(《讲座》9.2；《沉思录》6.44)"红药丸"派别中的许多人，尤其是另类右翼中的白人民族主义者，会将任何关注其他国家利益的行为称作"绿帽侠"。[37]多元文化主义是公敌。

马可·奥勒留衡量他的决策对社会所产生影响的责任，同样给霍利迪把斯多亚主义用作生活窍门的做法带来了更大的问题：它对把自我提升抬高到追求有意义的系统性变革之上这一做法提出了质疑。霍利迪版本的斯多亚主义鼓励他的读者，把斯多亚准则用到改善他们现实生活处境的非斯多亚目的上，而不必然考虑社会的利益。《阻碍即道路》的导言中，在解释为什么研究成功人士何以解决自身问题能够有所助益的同时，霍利迪写道："无论我们是否遇到求职不顺、对抗歧视、资金不足、陷入不良关系之中，抑或与强敌针锋相对、碰到难以赶超的同事或同学，或者江郎才尽，我们需要知道，总有一条出路。当我们遭遇逆境时，我们能够以他们为榜样，将之转变成优势。"[38]对霍利迪而言，"陷入不良关系之中"似乎和"对抗歧视"相互等同，他表示自己是在一场糟糕分手后与由此患上的抗抑郁做斗争时发觉了斯多亚主义。相似地，许多泡学家和"男行其是"者会宣称现有的婚恋世界遭到了操纵，专门同男性作对，因此寻找女友的过程**就是**一种"对抗歧视"。但这只对顺性别的白人异性恋男性适用，而他们从来不会面对那类不能让人变阻碍为机会的歧视。

这本书后续部分中，霍利迪在他相信人们应当不用在意歧视这一问题上甚至更为直白："问题是，**大多数人**以劣势开局（通常并不清楚他们是这样的）而且做得很好。这并非不公，而是普

红药丸与厌女症

遍如此。那些挺过来的人，他们挺过来是因为他们一天天地把问题解决好了——这才是真正的秘密所在。"[39]霍利迪把种族歧视、性别歧视、体能歧视、恐同，以及大量其他偏见丢到一个箩筐里，称之为"劣势"，之后通过声称劣势在人类状况中普遍存在而使之消失。霍利迪和马可·奥勒留都在特权的位置上写作，但马可·奥勒留反复论述，一个人应该牢记对他同伴所负的责任，以及这种牢记的重要性，而这种态度在霍利迪的著作中鲜有踪迹。

斯多亚主义的性伦理同样与"男性空间"中的那些不相适应。"男性空间"中的不同派别在性方面有着不同探讨，从泡学家群体对得到性生活的单方面关注到"男行其是"及其"婚姻罢工"。斯多亚主义和以上观念都不甚相符，即使是一个小博客"父权王"（Rex Patriarch）都在提问："'男行其是'是古代斯多亚主义的自我重复吗？"[40]芝诺，跟随其犬儒主义根源，认为理想的城市应当完全取缔婚姻，以此来避免嫉妒，但安提帕特之后晚近的斯多亚派，则认为婚姻几乎是哲学的先决要求。[41]穆索尼乌斯在第12篇讲座中指出，男女一样，都应当只在婚姻之中做爱；这一信念——通奸对两个性别来说都是过错——在一个严厉惩罚女性通奸却对男性通奸不屑一顾的社会之下，是不同寻常的。[42]

此外，马可·奥勒留带着怀疑看待所有快乐。他鼓励自己，在看待感官快感时，理当牢记他到底在看什么："鱼的尸体，鸟的或者是猪的。上等的葡萄酒是葡萄汁，而昂贵的紫色衣服是用贝类的血染成的羊毛。交媾只是你阴茎上摩擦，一阵抽搐，喷出一些黏液。"（《沉思录》6.13）马可·奥勒留同样写道，男性应当祈

66

祷的"并非'我怎么才能和她睡',而是'我怎么才能不再想着她睡'",并感激诸神他没有太早失去贞操(《沉思录》9.40, 1.17)。这一情绪很难和"红药丸"分版上的帖子相似,比如说《如何用斯多亚技巧来变得不在乎结果》,一篇提供通过自我训练,不再关心伴侣想法,从而在一段长期关系之中在性方面保持上风的建议的文章。[43] 另一篇帖子建议:"男人,你们决不能低估斯多亚主义和力量在女人身上的影响。它可以让她从想要毁了你变得像个孩子那样,累死累活求你认可她。"

支持斯多亚主义的"红药丸"作者们不得不费尽周章来消除斯多亚哲学之中那些不那么讨人喜欢的方面。然而,他们还是不遗余力地过度强调斯多亚文本的有用性和实用性,从而使之更被喜欢。

对"为何是斯多亚主义"这一问题的真正答案不可能在霍利迪的作品中找到,而应当在那些把精力较少花在斯多亚主义的实践方面而兜售其智识上好处的"红药丸"社区成员之中找寻。这些作者不太可能分享称引清单,而更可能写作关于专注研究斯多亚文本的价值的文章。在关于斯多亚哲学对当代男性价值的冥思苦想中,他们解释了为什么斯多亚主义持续在那些已然"吞下红药丸"的男性身上施加影响:简而言之,它论证了他们白人智商优越的信念。

这类作者其中之一是在"王者归来"网站上最有文化且口才最佳的创作者昆图斯·库尔提乌斯,他从古代历史学家昆图斯·库尔提乌斯·鲁夫斯(Quintus Curtius Rufus)处得名,后

67

者在公元 1 世纪或者 2 世纪写作了一部关于亚历山大大帝的历史。昆图斯保持完全匿名——对试图打响个人招牌的"红药丸思想领袖"并不寻常，但在更广泛意义上的"红药丸"网站上常见——在历史、哲学，以及文学之间有着折中的口味。在一些年里，他在"王者归来"上写作每周专栏，并运作他自己的博客"思想堡垒"（*Fortress of the Mind*），主要关于欧洲历史、欧洲哲学，以及"伟人"。

尽管昆图斯·库尔提乌斯并不公开将斯多亚主义作为自助哲学使用，但他的确把自己更大的项目构建成借由教育来促进自我提升：

> 读者将注意到，长久以来我一直强调将历史和哲学的话题作为点出更大主题的方式。这有一些深思熟虑的原因。借由呼唤过去，我已经尝试提醒读者领袖的辉煌、个性，以及可以改变他们生活的男性品质。借由提起过去，男性品质遭到羞辱和惩罚之前的一段时光，我们提醒读者如果他们遵循正确道路就能拥有的辉煌。[44]

这一探讨是高度个人主义的，如同"新男性气概"，昆图斯在"王者归来"上推崇的哲学一样。他鼓励他的读者将他们自己看作发生改变的中心，而不是去批评压迫和歧视的大环境。他点出了这些结构的存在，尤其是促成使"男性品质遭到侮辱和惩罚"的环境的有害性别规范，但他敦促读者忽视社会变化，转而鼓励狭隘地固执于自我提升上。

昆图斯声称自己是前海军陆战队员和律师，（若无从验证的话）这是一个关键的细节，正如他在他自己私人博客上一篇推销他对西塞罗《论义务》翻译的帖子里主张，他那自己宣称的诉讼经历为他提供了进入西塞罗语言和思想的特权，西塞罗一度为法庭撰写了大量著名演说。

> 我们必须牢记，西塞罗一直是位律师，强劲、确信、清晰地论证他的观点。他知道陪审团就像读书人一样，需要情感相通、总结和重复。有些译者，由于他们并非专业的诉讼律师，完全说不到点上。但我们这些在陪审团前打过官司的——我没有留意到任何其他同时是诉讼律师的《论义务》的译者——才看得出西塞罗修辞中的方法和目的。[45]

和霍利迪相似，昆图斯借由抵制传统学术建立起了自己的权威地位。他自己作为法律专业人士的经历让他比那些研究西塞罗的古典学家更适合理解古代律师们的思想。

霍利迪曾在 2016 年 STOICON 论坛上对一大票人说，斯多亚主义是"一种为大众设计的哲学"，然而，和霍利迪不同，昆图斯为其小众的吸引力而称赞斯多亚主义。他写道：

> 一些西塞罗的哲学作品让我意识到斯多亚主义，**尽管并非一种大众的哲学**，但它植根的各处都吸引起最好的人；在基督教降临之前，它是一种真诚的尝试，来向古代世界的统治阶层传授一套道德法则。它一度是西方世界中基督教前哲

学体系中最有影响力且最为深远的一种，而它今天依旧因为其规诫中的雄性共鸣以及古朴的宏伟而吸引着男性。[46]

昆图斯对斯多亚主义的推崇暴露了他的精英主义（"最好的人"）和性别偏见（"其规诫中的雄性共鸣"）。他斯多亚主义"依旧吸引着男性"的说法意味着斯多亚主义一面保持着诱人的普遍性，同时却对女性听众而言并不那么适合：尽管斯多亚主义先前是"统治阶层"的领域，它现在对"男性"有吸引力，而他对这一人口群体并未附加任何修饰性形容词。借由研究斯多亚主义，今天所有男性都可以把他们自己与最好的古罗马人相类同。

尽管昆图斯和霍利迪用截然不同的修辞策略来为他们的听众建构起斯多亚主义的吸引力，仔细审视后则会发现，霍利迪的想法受和昆图斯所显露的同样的性别偏见和精英主义所侵染，虽然不那么直白。正如我前面所讲的，霍利迪借由卓越历史人物的例子来讲授斯多亚主义的整套方法，隐隐约约是精英主义的，只赞颂成功而不考虑特权和压迫的结构，而后者使得一部分人比其他人更容易取得成功。无足为奇的是，他斯多亚主义的理想代表中，有许多是含着金汤匙出生的白人男性。他只提到了两位女性，罗兰·英格斯·怀德（Laura Ingalls Wilder）和阿梅莉亚·埃尔哈特（Amelia Earhart），尽管他自称关注"历史上伟大的男性和女性"。[47]也许这就是为什么剑桥大学的哲学学者桑迪·格兰特（Sandy Grant）把霍利迪的作品看作是"加以歪曲以卖给有权有势又傲慢无礼的成功人士的糟糕的滑稽大男子主义流行心理学"。[48]

霍利迪和昆图斯所展现出的实用性同精英主义的结合，对"红药丸"中的男性来说，已被证明不可抗拒。古代斯多亚文献加强了他们的信念，也即他们的意识形态——顾名思义，男性的自我实现和自我提升就是最可能的至善——有着深厚的根基以及不容置疑的思想信誉。

斯多亚性别主义和斯多亚性别偏见

一种斯多亚主义强化了"红药丸"圈子的观点是，男性相较于女性更为优越，因为他们天生更为理性，更不感性。某种程度上，这种对斯多亚主义的运用，实际上歪曲了古代斯多亚主义者就性别和理性上业已述及的观点：斯多亚主义者坚信性别之间理论意义上的平等，因此，看到斯多亚主义被用于鼓吹开倒车式的性别规范无疑是令人惊讶的。然而，斯多亚主义明显的原始女性主义表面下潜藏的，仍是一种容易被改编成"红药丸"观念的性别政治。

斯多亚主义相信，在理论上，男人和女人同样具有理性以及成为智者的能力。罗马斯多亚作家塞涅卡曾在一封信中尽可能地安慰玛里奇亚（Maricia），一位杰出历史学家的女儿，在她的儿子梅提留斯（Metilius）去世之后：

> 我想你会讲："你已然忘记你正在安慰一个女人，你所用的例子都是有关男人的。"但谁曾说，天性对妇女的性格悭吝，或者天性收回了她们的德性？相信我，如果妇人希望的话，

她们就能拥有和男人等同的气魄和技能，而如果她们有这样的经历，那么她们也能像我们男人一样忍受痛苦和劳作。（《致玛里奇亚慰问信》[*Consolatio ad Marciam*] 16.1）

另一方面，我们很难否认，厌女症植根于大量我们现存的斯多亚文本之中——正如我在前面章节业已探讨的，这一同样的厌女症，使得"红药丸"男人在阅读古典文本时感到特别舒适。即使塞涅卡对玛西亚的话语，也表明诋毁妇女是相当普遍的。正如丽莎·希尔（Lisa Hill）写道：

> 任何斯多亚散文的当代读者都将被这种充斥其间的傲慢性别偏见震惊。尽管这种形式上的厌女是一种惯例，而非古典作品中的特例，我们对思想家或多或少抱有更高期望，希望他们公开蔑视对社会差别，或因其宽容和人道著称。[49]

71

无论如何，在某些方面，斯多亚主义仍值得享有不同寻常的女性主义哲学之名。两性问题上的平均主义是斯多亚主义的组成部分，并且可追溯至其哲学起源；有证据表明，斯多亚主义对女性贤能的坚信始于这一学派创立之初。

芝诺的后继者克里安西斯曾撰写过一篇名为《论男女德性相同》的作品（《名哲言行录》7.175），但就有现存作品的斯多亚作家而言，穆索尼乌斯·鲁夫斯最有可能被称作女性主义者。[50] 他讲座中的两部尤其能支持这一论点：他主张女性同样可以学习哲学的讲座（《讲座 3》：ὅτι καὶ γυναιξὶ φιλοσοφητέον），以及主张男孩和女孩都应当接受教育的讲座（《讲座 4》：εἰ παραπλησίως παιδευτέον τὰς θυγατέρας τοῖς υἱοῖς）。在《讲座 3》中，他主张女性和男性具有同样的理性（logos），对道德的同等渴望，以及对学习何以恰当生活的同样需要。在《讲座 4》中，他重申了《讲座 3》中女性需要道德的部分观点，并指出，在训练动物方面，例如马，性别从来不是一种考量。

尽管穆索尼乌斯关于女性教育的观点在他所身处的时代而言似乎过于激进——并和"红药丸"关于女性教育的观点形成了明确的对照，这也许在极右博主马特·福尼（Matt Forney）2013 年的一篇文章，《反对女性教育的实例》中得到了最好的总结——但穆索尼乌斯有关传授女性哲学的议题是，毋宁让她们在料理家务和养育儿女上多做准备。[51] 对穆索尼乌斯而言，"男性和女性都应当依照正义而生活。如果一个男人不义，那他不可能成为一个好公民；而一个女人不义，她就无法料理好家事。"（《讲座》4.2）[52]他同样向他的读者保证，一位女哲学家不会像一位男哲学家一样在镇上闲逛，而会谦虚地留在家里甚至是给她自己的孩子哺乳（《讲座》3.6—7）。此外，正如女性主义哲学家玛莎·努斯鲍姆（Martha Nussbaum）业已指出，所有这些讨论女性道德及其可能性的文本，本质上都是反女性主义的，因为它们都针对男性读者。[53]

努斯鲍姆总结道，考虑到穆索尼乌斯所依据的状况——他是斯多亚主义者和罗马人——他"领先于当时的罗马风俗"但"穆索尼乌斯的女性主义仍有诸多面向应受到任何一个对女性完全平等有兴趣的人质疑"。[54] 即使有些斯多亚主义者相信，男性和女

72

　　　　　　　　　　　　　　　　　　　　红药丸与厌女症

性都应当将接受教育，而且二者均能享有美德，但他们并不见得相信，男人和女人在社会中应当扮演相同的角色。即使有些学者，例如伊丽莎白·阿斯米斯（Elizabeth Asmis），主张斯多亚式的婚姻是激进的平均主义的结构，其他的斯多亚主义文本也表明她的模式只是一种互补，而非平等。[55] 公平而言，这一有关婚姻的观点对本书第一章中提到的赫西俄德和西蒙尼德的观点更为合适——也即，妻子总是一种负担——但最后，即使是穆索尼乌斯的理想婚姻，都显得和色诺芬《家政篇》中伊斯霍马霍斯的婚姻相似。大部分男性古代作家似乎都同意，对女性最崇高的称呼就是最优秀的家庭主妇。

穆索尼乌斯同样展示了这一使斯多亚主义对"男性空间"特别有吸引力的基本假定：男性天生比女性更适于控制情感。他在探讨对男性而言，和他们的女奴隶睡在一起，这种在古代世界在社会层面被广泛接纳的行为，为何并不合适的时候，揭示了这种观点：

> 对此的回应，我的原因很简单：如果有人认为，男主人和他自己的女奴隶厮混（尤其发生在未婚女奴上），既不可耻又不反常，那如果他的夫人和男奴隶厮混，他又该作何感想呢？如果一位有合法丈夫的女性向奴隶屈从，而且一位未婚的女性这样做，他不会认为这是不可容忍的吗？而且，没有人会认为，和女性相比，男性应当在行为上有更低的标准，或者更难控制他们自己的欲望——那些理当更加长于智慧的男性，会被那些理智更弱的人打倒，或者说统治者竟然会被

那些被统治的人击败了！如果男性期望女性追随他们的话，理应在行为上有更高的标准。[56]

（《讲座》12.4）

穆索尼乌斯此处及其他地方的想法，和"男性空间"中诸如《六种"厌女者"比女性主义者更能帮助女性的方式》的文章里借由比喻给出的论断是一致的。[57] 除了基于男性有更强的情感控制且理当领导女性——既作为模范，又作为守护者——这类文章声称"红药丸"内部的男性和女性主义者相比，更关照女性，因为他们希望女性安全、健康和快乐。他们同样主张自己有权决定，对女性而言，安全、健康和快乐究竟意味着什么。

古代斯多亚主义的女性主义，似乎只延伸到因为女性同样享有理性（logos）而接受女性能够变得理智的程度，以及坚信女性不应当受到蔑视，甚至是虐待。比如说，爱比克泰德批评男性让女性变得肤浅，只沉迷于她们的外表："从十四岁以后，女性就被称为男性的财产。当她们看到自己未来里除了和男性发生性关系之外没有其他可能时，她们就开始集中精力改善自己的外貌。帮助她们意识到只有行为得体和谦虚才能受到尊重，这对我们而言是值得的。"（《道德手册》40）爱比克泰德因为女性的肤浅和虚荣而批评男性，并促使他们以这种方式鼓励女性重视道德。

尽管相比他反对的想法，爱比克泰德这里的指示无疑是一种进步，但在任何有价值的意义上，它仍然不是女性主义。它并没有颠覆众多在框定女性行为方面相当严苛的古代规范——那些"红药丸"所称赞的规范。因此尽管"男性空间"中的许多男性，尤

74

其是泡学家，正好同爱比克泰德所提议的背道而驰，将女性看待成性物件，但二者都赞同女性行为主要是对男性行为的回应并受其指引，而且理当如此。

但斯多亚女性主义在古代世界的失败，不止女性属于家庭这一信念：斯多亚文本同样充斥着含沙射影，认为女性总体低于男性。西塞罗的理想伴侣是"好人"（boni viri）之一。相比单纯只有好（boni），可以指代一群好男人和好女人，他用 viri 加以强调，由此将伙伴关系性别化，并揭示了他偏向和同性在哲学上交流（《论义务》I.55）。[58] 塞涅卡相信，女性在自控上能力更差（《致赫尔维娅书》14.2）。他同样称赞玛里奇亚没有展现出惯常的"女性思想的弱点"（infirmitate muliebris animi），一种能在"红药丸"群体最喜欢的蓝药丸格言"并非所有女性都那样"中找到呼应的观点（《致玛里奇亚》6.1）。爱比克泰德，赞成穆索尼乌斯（见前引）女性难以做到喜怒不行于色的观点，判定伊比鸠鲁主义"甚至对女性来说都不合适"（οὐδὲ γυναιξὶ πρέποντα）——这清晰表明了在践行哲学上，性别对他来说确是一大考虑（《论集》3.24.53; 3.7.20）。

除此之外，尽管女性道德被赋予了可能性，但道德本身在古代文献之中总是被确立成男性的。在两大语言中表示美德的词——希腊语的 andreia，拉丁语的 virtus——字面意义都是男性气概。[59] 西塞罗和塞涅卡都用意为"像女人"的形容词，诸如 muliebris 和 effeminatus，来描述负面的品质，而意为"像男人"的形容词，比如 virilis，则有积极的含义。[60] 相似地，在《沉思录》中，马可·奥勒留侮辱一个无从辨别的男性人物是"女里女气"（《沉思录》4.28; θῆλυ ἦθος）。拉丁文的斯多亚文献鼓舞男性不要展露柔弱（mollitia），一个通常和女性联系在一起的特质。[61] 尽管男性特征比女性特征优越这一观点在斯多亚思想中并未明确表露，却深深根植其中。

另一方面，西塞罗和塞涅卡都主要为男性听众写作，马可·奥勒留只为他自己写。在那些面向男性的文字中，女性化或者阴柔，实际上会成为斯多亚派的负面特征，因为这并不合乎男子天性。比如，西塞罗说，再没有什么能比一个阴柔男子更糟糕、更可耻的了（quid est autem nequius aut turpius effeminato viro?），这并不必然同时意味着对**女性**来说女性化就是坏的（《图斯库姆论辩集》3.17.36）。无论如何，斯多亚派普遍认为女性化对女性而言是一种正面的特质，这一点都远未明了。穆索尼乌斯仍然把女性美德称为 andreia 并且主张"有人会说勇气（ἀνδρεία）是一种只适用于男性（ἀνδράσιν）的特征，但并非如此。这对女性来说同样是必不可少的——至少对最高贵的女性来说，有胆识（ἀνδρίζεσθαι）并免于怯懦，由此她不会被痛苦或恐惧所征服"（《讲座》3.4）[62]。带有 andr- 词根的词语的主导地位表明，穆索尼乌斯相信，对女性来说，像男人是一件好事，即便对男性来说，像女人绝对不是什么好事。男子气概本身就是积极特征，女人味则不是。[63]

斯多亚思想固有的性别偏见持续在今天得到回响，甚至是在网络极右群体之外。新斯多亚运动一直为顽固的性别不均的指控所困扰，马西莫·皮柳奇就此在美国哲学学会博客的一篇采访中做出回应：

有时候人们说斯多亚主义在男性之中更为流行，因为它是关于怎样克制情感的，但这是错上加错：首先，因为那是对这一哲学深层的错误描述；其次，因为它不加批判地接受了女性比人更为“感性”（以及因此更为脆弱？）这一刻板印象。我希望我们终究会从这种错误的生理二元对立中跳脱出来。[64]

在斯多亚哲学（强调理解情绪反应而非对其加以压制）以及关于理性问题上性别刻板印象的破坏性结果这两个问题上，皮柳奇是对的。但他并没有考虑到这一现实，也即有大量对斯多亚主义感兴趣而且永远不可能“跳出”这一生物学二元对立的男性——事实上，那些接受这一二元对立正是他们思想启蒙标志的男性。

斯多亚白男

罗马史家撒路斯特写道，著名的斯多亚主义者小加图（Marcus Porcius Cato）更愿意做一个好人，而非只是看似如此（《喀提林阴谋》54.6，esse quam videri bonus malebat）。然而对“红药丸”中的作者来说，看上去像斯多亚主义者以及谈论斯多亚主义，至少和成为这一哲学的专门践行者同等重要。他们的作品往往体现，他们的兴趣并不在于用斯多亚信条来变得更有道德。相反地，他们借由引用斯多亚作家来展露情绪控制的**表象**，进而把他们自身的形象从一群愤怒白男转变成唯一敢于对当权者讲出真相的人。

化名为罗洛·托马西（Rollo Tomassi）的“红药丸”博主在

最愤怒的斯多亚派　　　　　　　　　　　　　　　　83

其博客"理智男性"上的《愤怒管理》帖文中，就"男性空间"充斥愤怒男性这一观点做出回应：

> 但我们愤怒吗？我不能说我从未在一些论坛和评论帖中遇到过这样一小部分人，从他们的评论或者他们对自己处境的描述来看，我认为他们愤怒。从大局上看，我想"男性空间"并不愤怒，但我们表述的观点并不能和一个女权社会达成一致。男性表达对女权主导的不满，男性团结起来弄明白女权社会，这对那些从女性的要求中习得舒适感的人来说，的确是愤怒的。那些和我表达过真正愤怒的男性，大部分并不对女性感到愤怒，他们只是出于蓝药丸式的无知，对自己一直身处一盘大棋之中却习焉不察而生气。

除了否认愤怒在"男性空间"中无处不在，托马西同样断言，在性别上愤怒不公正地被归给男性："指责一个男性厌女总是比指责一个女性厌男更为可信，因为男人总是比女性更为愤怒。"[65]可以说这句话更能揭示他对厌女症的有限定义，而他似乎认为愤怒是其中的一个重要组成部分，而非对愤怒如何被性别化的准确评估。

因为托马西确信，"男性空间"中的男性并不愤怒（除了对他们早先"蓝药丸"的自己），他拒斥社会学家迈克尔·基梅尔在他2013年《愤怒白男》一书中的结论，这一研究声称美国男性正在忍受基梅尔所称的"权力侵害"，一种由他们认为自己先前被亏欠的事物——性、金钱、权力——已经被女性、有色人种以及移民从他们手中——偷走而引发的愤怒。[66]基梅尔从不假装自己不感兴趣；他对一个在采访中身穿联邦旗衬衫亮相的人说，他的工作并非赞成男性的观点，而是去试着理解。[67]在2014年"理智男性"上的一篇帖文中，托马西一看到标题的第一个字，就驳斥了基梅尔的整套表述，并评定他就是个"贝塔男"："由于这一研究接纳女性至上，我们的教授可能并非是在愤怒问题上教育男性的最佳人选。由此，我的推测是，他不能分辨愤怒引发的攻击性与作为男性心理的审视与磨砺机制的攻击性这二者之间的区别。"[68]

托马西在这一信念上绝非个案：那些常看"红药丸"网站的男性确信他们比任何人都更为理性而并不那么感性。这和他们圈子外只有少数人赞成他们是理性、冷静、情绪克制的人并不相关。他们认为自己对外部评论无动于衷，只要他们能维护住框架，正如第一章中所提到的。他们情绪控制的概念——每一个人都应当形成自己对社会的感知，也被斯多亚学者称作"价值观"，不会为外部意见所动摇或改变——得以让他们一直相信自己是理性而不情绪化的，而非愤怒暴虐的。

托马西将他的这篇文章以及2017年的后续《愤怒偏差》一文建立在这一假设之上，即愤怒通常被视作是男性特征并因而遭到玷污，以此来推进所谓的"女性要求"。[69]但是愤怒，和所有情感一样，也一直被性别化成女性的。愤怒的女性主义者和愤怒白男一样，是当今社会普遍的刻板印象，而每个女性主义者却曾被告知许多次，只要她愿意冷静下来理智地讲话，她就能说服更多人——一种偶尔被称为语调监控（tone policing）的现象。女性在本质上比男性易怒这一观点应回溯到古代世界：塞涅卡在《论愤怒》中说，女性和儿童比男性更为易怒（1.20）。[70]"红药丸"群体热情采纳了这一观点。他们相信，女性天性更为情绪化，和男性相比更不理智——"无可限量男士"上一篇前后两段的文章《女性理智的迷思》中长篇大论的一种观点。[71]关于女性本质的想法，通常参照伪进化心理学加以理解，并从斯多亚哲学中得到支持。

系统性种族歧视的长久存续，同样被编入"红药丸"群体对斯多亚主义的理解之中，尽管可能比性别偏见更为微妙。在被性别化之外，愤怒同样是被严重种族化的：愤怒黑人男性和愤怒黑人女性都是老生常谈。[72]这些刻板印象在历史上对黑人群体有多大的伤害，怎么说都不为过。这些熟悉的标签把深重的系统性不平等之下会被看作是义愤的东西转变成了不理智的暴怒。他们轻视了构成我们国家十分之一人口的人和他们的情绪。他们在健康和医保质量上造成了可观的负面影响，尤其是在精神健康方面。[73]最糟糕的是，他们强化了这种想法，即黑人，尤其是黑人男性，从本质上来说就是愤怒的，因此倾向于动用暴力。而如果你像古代斯多亚主义者一样相信，理智使得人类得以同动物区分，那么给黑人贴上性格易怒的标签，就意味着他们在某种意义上比那些更为理性的人更不像人类——比如，"红药丸"中的斯多亚白男。

种族歧视一直在另类右翼中的讨论前沿，但即便是那些不公开推崇建立"白人种族国家"的人，仍然往往保持着种族主义观点。在《阻碍即道路》一书中，霍利迪称赞中量级拳手鲁宾·卡特（Rubin Carter）在受到三重谋杀的错误指控并被三次判处死刑时展现出的顽强："他不会穿囚服，吃牢饭，见访客，参加保释听证，或者在军营超市工作来求得减刑"，又继续写道，"许多伟人，从纳尔逊·曼德拉到马尔科姆·X"都明白，不公正的收监判决就是变相的福祉。[74] 霍利迪没有提到他所用的监狱例子里所有的主角都是黑人。他也许甚至考虑过在书中囊括少数黑人能够增添多样性：他所提到的、展现斯多亚道德的人中只有极小一部分是有色人种。通过他对几乎全部是白人男性的范例的运用，霍利迪暗中将斯多亚道德同白人男性等同起来。在他对鲁宾·卡特的长篇称颂中，他并没有提到，在我们的社会之中，黑人收监的比例远远高于白人，以至于塔那西斯·科茨（Ta-Nehisi Coates）写道："对非裔美国人来说，不自由是历史规律。"[75] 收监判决对黑人而言是比白人更需要克服的障碍，这一点和霍利迪的自我提升哲学毫无关联。

"红药丸"群体中对爱比克泰德的接受，使我们得以尤其有所启发地一瞥他们对种族问题的探讨。关于爱比克泰德的文章，无一例外地提到他曾是奴隶，但没有以这种方式开启对权力、社会以及哲学有意义的探讨。在另类右翼在线刊物《起源》上一篇名为《从右翼看斯多亚主义》的文章中，查尔斯·詹森（Charles Jansen）提到了爱比克泰德在自己腿被主人打断时斯多亚式地没有反应。詹森接着试图批判斯多亚主义并写道："爱比克泰德也许能避免自己的腿被主人打断，如果他试着用一些有所导向的问题在主人的思想上激起一些怀疑"，这就表明——和霍利迪一样，他并没有意识到奴隶顶主人嘴和囚徒拒绝穿囚服一样可能带来的负面后果。[76]

相反地，这些人从爱比克泰德身上学到的就是，身遭奴役并非对哲学成就不利。自我提升的责任由此转向了奴役自己，从而免除奴隶主（以及那些从奴隶制历史中获益的人）做出调整的需

80

要。这些男性不支持赔偿、平权法案，或者任何其他能够承认或者缓和我们国家奴隶制遗留问题及其对美国黑人长期影响的事情。如果他们的处境更接近爱比克泰德，"红药丸"斯多亚派似乎如此暗示着，他们遭受的压迫会不让他们那么困扰。由此并不会有任何必要，去开展比如"男性空间"视为仇恨群体的"黑人的命也是命"（Black Lives Matter）运动。

斯多亚主义学者之中在关于斯多亚派是否因为他们还并非完全的智者而能够接受奴役制度这一问题上存在争议。关于斯多亚派和奴隶，大卫·恩格尔（David Engel）写道：

> 斯多亚派从来不说奴隶应该不再做奴隶转而成为哲学家，而是他们应当在不放弃当奴隶的情况下践行哲学。如果你是奴隶，你应该践行哲学，斯多亚派是这样想的。但他们同样认为，哲学探讨和保持在家中做苦工完全能够兼容；你的道德和你主人的没有区别的事实，显然和你在社会中占有特定位置这一事实相互分离。做一个斯多亚者不意味着就一定要放弃你的奴隶，而做一个斯多亚奴隶不意味着在社会标准的审视下，不是一个奴隶。[77]

理论上，斯多亚派相信理想都市的存在，一座每个人无关出身、种族或性别而都是平等公民的"世界城市"。[78]实践上，似乎尚有作品留存至今的大部分斯多亚作家在他们对社会问题的探讨上都高度保守。

成为这一都市成员的唯一真正要求，就是合乎理性地生活。

正如我提到的，斯多亚派相信整个宇宙是由一个从本质上理性的组织原则设计出来的。每一件出现的事物都按照这一理性设计发生，所以抗拒事物其本原就是不理性的。这就是对芝诺频繁讨论的人们应当"始终如一地生活"这一箴言的标准理解——后世斯多亚派又加上了"合乎本性"。

但理性自身可能就是特权的产物，因此进入这一都市的机会 82 也许并非人人均等。玛莎·努斯鲍姆主张，古代斯多亚主义的核心失败在于"未能理解人类尊严和自尊对社会世界支持的需求程度"。[79]换言之，每个人在任何处境之中，都**不会**拥有同等的能力来自我控制和免于激情（apatheia），这些让一个人得以获取完满的道德。[80]

但斯多亚主义**必然**会固化不平等吗？还是说它只是一种可能会被"红药丸"这种对不平等在意识形态上有所投入的团体滥用的哲学？学者们在这一问题上有分歧。有些甚至怀疑斯多亚主义和进步主义就本质而言互相排斥。斯科特·艾金（Scott Aikin）和埃米莉·麦吉尔–罗斯福（Emily McGill-Rutherford）等学者赞成斯多亚主义在女性议题上有着"女性主义眼光下不均等的记录"，但争论"这不能证明斯多亚主义**必然有**这种毛病。所以，融贯而道德坚实的斯多亚女性主义是可能的"。[81]玛莎·努斯鲍姆认为斯多亚主义中重要的部分是"承诺以类似的方式对待类似的情况，除非在道德上有所区别"，这就表明阶级、种族和性别不应该成为重要考量。[82]根据这一论断，尽管没有达到智者程度的斯多亚**修习者们**可能展现出厌女或者种族歧视的观点，但对一个真正的斯多亚智者来说，道德无法与歧视兼容，由此就给出了一种斯多亚式进步主义的可能性。斯多亚进步主义是否**值得期许**,这就完全是另一个问题了。

在斯多亚思想中,如同在当今美国,情绪控制是道德优越性的标志——所以从愤怒白男到"红药丸"斯多亚派的转变让那些兜售斯多亚主义好处的男性得以在修辞上建立起相对于他们看来不理性的群体,包括女性、多样性向及性别人群以及有色人种的道德优越感。对"红药丸"斯多亚主义者来说,这些无权无势群体经历的愤怒和挫败之感,实际上是道德上的失败,是他们缺少内在坚毅、道德指引以及在公共场域中获得威望的权利的证据。满怀激情投身社会进步之中,意味着一个人还没有实现情绪上的平静。"红药丸"中最有影响力的作者共享着不可动摇的信念,相信他们自己是唯一能够克服自身情绪并理性看待世界的人。既然斯多亚派相信理性是一大美德,仅仅是成为"红药丸"群体的一员就让一个人变得有道德——在技术和哲学的意义上。

这些男性,坚决否认他们自己的愤怒,已经触及了一个关于那些他们归结为"社会正义战士"的真相。许多女性、有色人种,以及同性恋**的确**感到愤怒,他们的这一信念并不全然是错的。在《消灭暴怒》一书中,贝尔·胡克斯(bell hooks)写道:"许多非裔美国人在遭遇白人种族主义冒犯时感到不可遏制的暴怒。这种暴怒并非病态。这是对不公的合理回应。"[83] 奥黛丽·洛德(Audre Lorde)已然指出,愤怒实际上对推动创造社会变革的活动而言是**必要**的。在她1981年发表的《应用愤怒:女性对种族主义的回应》

中，她提出愤怒可能成为创造真正的交集女性主义的力量：

> 每位女性都有一个储备充足的愤怒军火库，可能有利于
> 对抗这些引发我们愤怒的压迫，无论是个人性的还是制度性
> 的。只要精确瞄准，它就能成为推动进步和变革的强大能量
> 来源。而当我谈到变革的时候，我指的并不是简单的立场转
> 换，或者暂时减轻对抗，更不是微笑或者感觉良好的能力。
> 我在谈论的是我们生活中根本性假设方面基础而且激进的变
> 化……
>
> 愤怒是对种族歧视态度的合理回应，暴怒同样如此，如
> 果从这些态度中生发出来的行动不曾发生改变。对那些害怕
> 有色人种女性的愤怒，胜于害怕她们自己那不加审视的种族
> 主义态度的女性，我要问：是不是有色人种女性的愤怒比影
> 响我们生活方方面面的厌女情结更有威胁？[84]

84

这一观点可能看似在暗示斯多亚式的交集女性主义并不可
能——诚然，任何斯多亚式的行动主义都不可能。恩格尔相似地
论证，女性主义**绝不**可能同斯多亚主义兼容，因为接近女性主义
核心关切的议题——平等机会、平等薪酬、生育权利、最小化性
暴力和家庭暴力——对斯多亚主义来说无关紧要。[85] 西蒙·德·波
伏瓦在《模糊性的道德》中给出了相似的反斯多亚主义评论："如
果一扇门拒绝打开，那就让我们接受不打开它的事实，这样我们
就自由了……但谁也不会幻想把这个悲观的被动性看作自由的
胜利。"[86]

"红药丸"在两大基础上挑战这一愤怒的合理性。首先，他们相信那些在我们社会中真正受到歧视的人是白人异性恋男性。他们经常讨论"女性特权"——尤其是"阴道通行证"，这听任基于性别的不公，比如说男性打女性比女性打了男性的后果严重得多这一事实。但他们同样断言，他们对这种歧视并不**愤怒**，因为他们践行着斯多亚主义。对真斯多亚主义者来说，合理的怒火并非一个有意义的概念：愤怒是错误感知的结果，即不公已经发生在了自己身上，并导致了寻求报复的欲望。[87] 愤怒的行动派和那些更理智并且不赞成这种不公的错误感知的人相比是真的更为低下。

　　这一行动派对斯多亚主义的批评——愤怒对促进系统性变革必不可少——这一点由来已久而且受到左翼和右翼双方的追随。并非所有同"红药丸"相连的男性都全盘接纳斯多亚主义。几页前，我分析了另类右翼作家查尔斯·詹森《从右翼看斯多亚主义》一文的选段。最终，在这篇文章的结尾，詹森全然拒绝斯多亚主义，因为他相信另类右翼应当滋长其愤怒："我不想放弃暴怒：我希望它能驱动给世界带来真正正义的行动……愤怒使我们结为义兄弟，让我们共享正义感并磨砺美感。我不希求幸福——我渴望胜利，我渴望定义我和我们的东西能塑造这个世界。"在另类右翼的语境之下，詹森关于"定义我和我们的东西"的评价似乎是对白人至上的一曲赞歌。[88]

　　众多"红药丸"斯多亚主义者策略性地接受了詹森口中愤怒是对不公正的合理反应的这一前提。但昆图斯·库尔提乌斯在《三十七》中声称，他仍然在很大程度上放任别人的愚蠢困扰自

85

己："进步的一个主要标志是面对世界抛向我们雪崩一样的胡言乱语时保持冷静。我承认我在这一方面仍然有待加强。"[89]瓦利扎德谈论起他在《沉思录》之中看到的被动性，他在 2016 年一篇书评中称赞它"可能是我读过的最重要的一本书"；他写道："我有所怨言的地方是，奥勒留看上去是原始基督教徒，他在对抗敌人时接纳了采用了被动态度……不过，反击那些伤害我的人是我的天性，而且这样做并不直接和奥勒留的教导相冲突。"[90]瓦利扎德对遵照本性一贯生活这一斯多亚原则的解读，完全取决于他所认为的他自己作为个体的本性所在；整个世界必然向他妥协。这三位作者都强调，通过否定完美的斯多亚式激情（apatheia），他们相信世界上存在着他们值得不满的不公平。

另一方面，行动派的斯多亚主义者已经指出，一个真正的斯多亚主义者应当关照所有具备**理性**（logos）者的共同福祉。由此对抗不公正绝对不会和斯多亚主义不相兼容，如果奋斗的动力来源于寻求正义，而非出自一个人的激情（pathē）。古典学家克里斯托弗·吉尔（Christopher Gill）在 2016 年 STOICON 上表达了这一观点，他讲道："古代斯多亚派确实敦促我们怀着平静的心情去接受那些真正无法避免的事物——其中最重要的是我们以及其他人未来注定死亡这一事实，包括那些同我们亲近的人。但这并不意味着我们应当接受不公正的境况，这些既非无法回避，也不是有意行动的结果。"如果你赞成对斯多亚哲学的这一解读，那么各个流派的女性主义者和另类右翼的成员都能心悦诚服地接受斯多亚主义了。

不过既然"红药丸"中的男性确信他们自己的优越地位，他

86

们绝对确信白人至上主义是公正的。他们更为理性，更为斯多亚，因此如果他们能大权在握的话，世界将变得更好。斯多亚派相信，有智慧的人应当像对待孩子一样对待那些为自身情绪所掌控的人。不要对这些人感到同情——同情并不合乎斯多亚主义，因为它涉及把身外之物看作某个人自己的东西。爱比克泰德在《道德手册》中写道，如果你看到某人正感到难过，"如大家所说的，……去怜悯他，别犹豫，甚至如果有必要的话，和他一道悲伤；但留意不要自己也在内心深处感到悲痛。"（16）但要像安慰孩子一样安慰他们，并引导他们走上正确的道路。对"红药丸"斯多亚主义者来说，系统性重建父权制的结构将使所有人从中受益：既然女性和有色人种不理智并需要引导，如果理智的白人男性能被放到掌权地位的话，整个社会将变得更好。

87　　回应"红药丸"斯多亚主义最好的办法是什么？应用最多的策略，似乎就是像皮柳奇所做的那样，批评这些作家以及他们对斯多亚主义的肤浅误读。这类尝试固然让人满意——点出古代斯多亚派在性别平等上所持的激进态度是格外诱人的——但挑剔"红药丸"对斯多亚文本解读中的错误和过失基本是毫无意义的做法。这些作者会维持框架而非尝试有意义地解读古代文本，而他们的听众同样对学术专长不屑一顾。

　　这样一种尝试，最终很难揭示为什么斯多亚主义在反女性主义的在线群体中如此流行是重要的，它同样未能考虑到，斯多亚主义对今天的美国男性来说仍然可以是一种健康而有益的哲学。许多男性，甚至是在"男性空间"之外，似乎感到尽管女性被允许甚至被鼓励情绪化，但男性面临的社会压力也促使他们变得淡漠（也即，并不那么斯多亚主义，而是不显露情绪），这将导致他们无法通过一种健康的方式处理感情问题。这一压力有可能是西方世界男性自杀率高于女性的诱因。[91] 斯多亚主义对自省和疗愈的强调甚至可能成为男性的一大助益。尽管很少有古代斯多亚主义者因自杀而著称，其中包括小加图和塞涅卡，但除非一个人被迫陷入不可能合乎道德地生活这一处境当中，斯多亚主义并非一种鼓励自杀的哲学。[92] 反之，斯多亚派相信，草率匆忙的自杀趋势是向一种错误的印象让步，也即把事实上仅仅无谓差别的境况当作坏的。采信真正的斯多亚主义有助于在男性淡漠的问题上补救由社会压力引发的问题。

最合乎斯多亚主义的回应可以说将"红药丸"斯多亚主义接纳为——改述我本章开篇所引的爱比克泰德选段——某种"能力之外的东西"（allotrion），并且意识到把它当作自身的东西（idion）只会引发"困扰"。即使这些男性将古代文献和哲学当作武器使用不是为了变得更有道德，而是在操纵女性，我应当接受，他们的讨论是他们自己的责任，而不是我的。另一方面，如果我认为"红药丸"正在全世界范围内加剧不公，理智的选择可能是尝试减弱这种不公造成的影响。

让新斯多亚运动的领袖确保通过接纳斯多亚主义，他们并没有在性别、种族和阶级的坐标上加剧系统性压迫，这一点确实需要壮举。这样做所需要的，远不止点明并非所有死白男都公然厌女而杰出的斯多亚主义者号召性别平等、妇女教育并抵制针对妇女和奴隶的性剥削。这需要持续追问，斯多亚主义何以同时帮助

最愤怒的斯多亚派

身遭压迫的人（帮助应对他们的处境并善加利用）和压迫者（把他们的注意力从系统性压迫上转移开来）。最重要的是，这需要我们面对这一问题：为何诸如马可·奥勒留的作品受到瓦利扎德、昆图斯·库尔提乌斯以及霍利迪这类人的欢迎——以及在他们手中，古代文献会带来何种伤害。

红药丸与厌女症

第三章
奥维德方法论

尤莉亚·海杜克（Julia Hejduk）新近的奥维德《爱的技艺》（*Ars Amtoria*）英译本导言以这一宣言开篇：

> 奥维德《爱的技艺》（*Art of Love*）**有着所有文学作品中最有意思的假设**：爱——在奥维德那里意味着获得和保持性关系——是一大研究领域，和棋术或星象或农事一样，其策略可以被分析并传授。[1]

《爱的技艺》是在奥维德职业生涯早期写成的，那时他基本上只关注情色作品。[2]这是一部三卷本的引诱指南：第一卷指导读者怎样勾引女性，第二卷关注怎样保持她的兴趣；第三卷则教女性怎样诱惑男性。紧随其后的一卷，在数年之后出版，教授男性怎样从迷恋高不可攀的女性中脱身。

海杜克的这一论断代表学者之中对于《爱的技艺》的普遍共

识：基本不可能找到哪本书或哪篇文章，其关注的诗中不带"好笑"或者"嬉戏"（源自拉丁语 ludus，"游戏"）这样的字眼。生硬地把一首关于引诱技巧的诗歌强行塞入教谕诗的体裁——多数情况下一种例如关于农事或者伦理主题的长篇大论的体裁——奥维德在和读者的预期玩一个复杂的诗歌游戏。他使用爱情诗惯用的挽歌体，而非史诗和"传统"教谕诗所用的六音步诗，这就凸显了诗歌形式及内容之间的脱节。想象一本关于纸杯蛋糕历史的大学课本，你就明白了。

古典学家们意识到了这一诗作的前提多么精巧，但他们并没有意识到这一同样的前提在泡学家（PUA）或者"套路"圈子里被多么认真地加以对待。泡学家是这样一类人，通常是异性恋男性，他们专门学习并试图掌握用以说服女性同他们做爱的技巧；这些技巧的范围，从调情延伸到操纵，再到骚扰和侵犯。这一圈子中少数有影响力的成员会写博客或者出书来宣传他们的知识。转述一下海杜克关于奥维德中爱情的论断，泡学家们相信"获得和保持性关系"是"一大研究领域……其策略可以被分析并传授"。[3]

奥维德同套路圈子的联系不止于提供了相似的、策略性的引诱方法。在给他们自己寻找合理性和分量的尝试中，有些泡学家回溯了历史上的著名引诱家，并且把他们放到了当今引诱圈子高明祖师的地位上——而奥维德就是这样一个备受推崇的角色。尼尔·"型男"·施特劳斯在他 2005 年的回忆录《把妹达人：追踪泡学家的秘密社群》中写道：

当然，历史上有写下《爱的技艺》的罗马诗人奥维德，根据多位西班牙贵族的功业杜撰出来的情圣唐璜，死在断头台上的法国传奇浪子洛赞公爵，还有以四千页回忆录详尽记载自己征服上百位女人的大情圣卡萨诺瓦。但毫无疑问地，现代引诱之父是史罗斯·杰佛瑞，一位高瘦、脸上坑坑洼洼，来自加州国王港的自我标榜的怪胎。[4]

施特劳斯并非唯一一个把奥维德称作引诱先师的人。《爱的技艺》被引诱圈子广泛接纳并成为引诱教学的入门起点。奥维德的名字不仅是在施特劳斯的回忆录中时常被提及，同样在引诱博客圈的博客发帖中频繁出现，它们大多带有此类标题如《泡妞和勾引史：第一部分》以及《为雄心勃勃的情圣推荐的伟大著作书目》。[5]

将奥维德纳入这类清单的原因是显而易见的。奥维德为男性提供怎样勾引女性的建议，而泡学家正是对勾引女性感兴趣并以此界定自我的男性，奥维德因此无疑是他们之中的一员。但在我们今天怎样看待性和性关系之下的——我们关于性、性别、种族和阶级的观念——与从公元1世纪罗马的观念分类相比，已然发生了巨大的转变。奥维德和现代的泡学家可能同样关心怎样获得随意性爱，但在罗马背景之下，"随意"意味着什么？如果一个人因为性爱让人愉悦而且没有严重后果而把性行为定义成随意的，那在一个通奸即犯罪、避孕并非万无一失以及流产和分娩可能出人命的世界，性从来不可能真正随随便便。[6]奥维德的建议必然将女性置入险境。

这一分类上的区别尤其明显，如果正如奥维德后来宣称的以及现在许多学者相信的那样，奥维德式的 puella（女孩，或者泡学家的概念——目标）是 meretrix（《哀歌集》2.303—304）。[7] Meretrix 是开销巨大的性工作者，学者通常用过时的词"交际花"（courtesan）来称呼她们，尽管这一称呼所投映的现代分类可能更接近于"援交女"。"交际花"的生计取决于能否将她的性特质变现为经济保障。因此对奥维德提议的成功运用，将不止是在生理上对女性有危险；让一位交际花免费进入一段性关系之中，将使得她在经济上摇摇欲坠。这同样会给男性带来法律上的挑战。尽管奥维德早先声称他只在法律边界之内促进性爱（"我的诗歌中没有罪行"，inque meo nullum carmine crimen erit），这一诗作反对尤利亚法（leges Iuliae）——由奥古斯都引入并旨在惩罚男女通奸以及长期未婚的道德立法（《爱的技艺》1.34）。我将稍后讨论，奥维德在《爱的技艺》中对这些法律的冒犯最终给他带来了严重的后果。

尽管《爱的技艺》在两千多年前就已经出版，但它仍同今日的世界息息相关。[8] 然而它终究只是奥维德为**他自己**时代所写的诗作，而非为**所有**时代。[9] 奥维德关于怎样避免为女孩购置昂贵礼物的建议，以及引诱博客上怎样避免请女生喝酒或者在约会上花超过二十美元的提议，二者之间任何表面上的相似之处都是有误导性的。把奥维德视作"原始泡学家"——或者像施特劳斯在 Reddit 上声称的那样，"纵观历史，从奥维德到今天，引诱成功的办法都是一样的"——这在理论的视角下难以成立。[10] 尽管其中的确存在不可否认的相似之处，但大部分都是流于表面的，而构成奥维德文本的文化条件和构成引诱圈子的条件也迥然不同。

要理解引诱圈子，我们必须先抛弃常见的错误概念，也即"猎艳"（having game）只意味着男性精于勾引女性。勾引女性只是猎艳的必要条件，但远非全部。事实要复杂得多而且往往不是那么有目的性。狩猎（game）意味着成为那种能够自动吸引女性的男性。这样的一位男性——有型、自信、风度翩翩——因此会获得所有他想要的，包括心仪的性伴侣。引诱圈子声称，怎样成为这类男性，这一技巧可以传授给任何人。

狩猎远不止学习怎样在酒吧勾引女性的技巧；它是一种关于男性、女性，以及两种性别何以在社交场合相互接触的思考方式。这一对吸引原则的重新思考，使得泡学观点在对男性尤其有诱惑力的同时，对男性和女性同等危险。如果狩猎真的像其支持者偶尔声称的那样，仅仅关乎帮助男性在和女性相处时获得自信，那它相对来说是无害的，甚至有可能变成帮助男性战胜社交焦虑的积极动力。但这并不是猎艳的真正内涵——事实上，"男性空间"中的许多人嘲笑这种思考方式，因为它把权力放在了女性手中，而她们能够决定一个男性有没有吸引力。在其核心，学着如何猎艳要求将这些关于性别的想法概念化并内化于心，从而将导致贬低女性并将她们贬低为性对象。更有甚者，引诱圈中的许多领袖认为女性是**天生**的性对象（以及之后的母亲），而任何一名在意她教育以及事业的女性——或者任何一个不需要男性认可的女性——都是反常而且堕落的。

引诱圈子声称奥维德是他们的先驱，这贴合了充斥"王者归来"一类网站的男性气概总体观念。这些网站意图展现他们对男性气概革命性和颠覆性的解读，并由此创造了"新男性气概"（neomasculinity）一词，但仍保留深厚的历史根源和生物学的事实基础——或者至少是他们所认为的生物学事实。[11]男性气质和女性气质，在这种设想下，并非被社会建构。它们是充斥着固定的、不合史实的基本含义的概念，我们一度从中偏离，但仍然可以回到它们中去。

如果你这样理解性别表达，那么将奥维德同现代狩猎指南相提并论就不会遇到方法论上的挑战。根据这种解读，**男性**和**女性**的分类在过去两千年间一直是保持静止不变的。如果一个人认为人类中的女性成员被设置天性从而对男性特定种类的行为做出回应，而非受到文化调节，那么奥维德的提议肯定还是有道理的。猎艳意味着成为女性所期待的那类男性，而泡学家们相信，女性一直渴望而且还将继续渴求同一样东西：一个供养她们并做她们孩子父亲的"阿尔法男"。[12]彼得·伯恩斯（Peter Burns）2015年发在"王者归来"上的《泡学家奥维德的教导：原初拉丁情人》一文中，这一观点也许得到了最为清晰的表述。在接近结尾的地方，伯恩斯主张：

> 《爱的技艺》非常"红药丸"。奥维德频繁提及女性滥交的情境，以及有多少女性在攀高枝。女性的天性并不会因国别和时代而改变。两千年前极端保守的文化之下的女性，和今天的女性有着同样的罪过。[13]

支持这种想法基础的科学已经遭到反复批判，这对泡学家来说无关紧要。金赛量表（Kinsey scale）发明以来，大多数受过教育的人已经接受性向可以大致归结为一个谱系。近年来，从男性到女性的性别表达也被概念化为一个谱系，而非严格的二元对立。科学家们现在认为，在性向和性别之外，生理性别也并非像先前所认为的那样非黑即白。[14] 北美双性协会（Intersex Society of North America）承认十多种双性情形，并由此对"男性空间"中使用的严苛界定构成挑战：有些人具有不明确的或者多套生殖器，有些人的染色体构成和他们的生殖器或性器官不相匹配，激素水平不正常的男性和女性使得他们展现出反常的男性化和女性化。一名 70 岁的、四个孩子的父亲近期被发现长有子宫。[15] 这些微妙差别在"男性空间"作者那里是缺失的，他们中大部分人只能理解一种永恒不变的男性和女性模式。这一关于"男性"或者"女性"意味什么的荒谬观点，同时构成了他们性别基要主义以及应用奥维德的基础。

仔细审视将揭露引诱圈子使用奥维德《爱的技艺》时的弱点和不准确性。但他们对文本的解读同样在这部诗歌通常被怎样解读上提出了基础而非常重要的挑战。泡学家热切接纳这一文本，这一现实就是我们更为仔细地审视其令人不安的方面的原因。

在全诗的多处地方，奥维德的讲述者建议他的读者以一种今天看来无疑是性侵犯的行为行事。《爱的技艺》并不是奥维德唯一一部以一种令人不安的方式描写强奸的文本；正如我在第一章中提到的，奥维德的杰作《变形记》同样因为其中对性暴力的描绘而备受抨击。一位学者甚至报告，称她的一名学生把《变形记》

称作"强奸手册"。[16] 尽管这种描述某种程度上勉强贴合《变形记》——文本中包括大量关于强奸的故事,但基本不能算是指导手册——我们当然可以说"强奸手册"是对《爱的技艺》的确切描述。像一些学者那样,从根本上把这首诗的前提看成是游戏性的或颠覆性的,这种做法在今天有一个群体利用它来规范一种在古代罗马并无不适的、关于同意的态度时,就变得不负责任了。奥维德作品中的迷人和让人不安的方面是无法相互割裂的。而奥维德的滑稽、迷人又令人烦恼的泡学手册则表明,操纵和虐待女性是勾引技巧中不可或缺的一部分。

引诱指南的来源与权威

引诱圈子是一个发展完备的生态系统,有着复杂的社交动态,而在圈子之中崛起的那类人能告诉我们很多圈子自身看重的东西。基本上每一个成功的引诱建议提供者都会使用同一套说辞:刚开始的时候,他面对异性是完全不成功的,但他逐渐学会了特定而容易复制的技巧来引起女性的兴趣,进而他决定给其他不幸的人提供他辛苦得来的知识及其妙处。

在《泡学猎手自白》这本书中,女性主义性别话题作家克拉丽丝·索恩(Clarisse Thorn)创造了划分不同种类泡学家的分类方法。她将这些人分成六类:

1)分析师,他们用引诱方法"帮助他们理解性和性别"。

红药丸与厌女症

2）怪胎和奇葩，"太过害羞和尴尬的家伙，从来没能约成一次会"。

3）享乐派，盼着能做多少爱就做多少。

4）领袖，好为人师的圈子领袖。

5）骗子，希望能用圈子挣钱。

6）达斯·维达 *，"对女性感到愤恨、轻蔑以及怀疑的"厌女主义者。[17]

索恩从她的研究估计，在成千上万拥有引诱网站注册账号的男性中，绝大部分或许多达 80% 的人能够归到第二类，怪胎和奇葩之中。这些男性中许多一开始并没有和异性相处的太多经验，而一旦有人给他们解释了约会动态，而他们能够成功找到情感伴侣之后，他们就不再参与到圈子之中了。[18] 对这些男性来说，引诱技巧是一种工具，而非生活方式。那些写作探讨奥维德为何是原创泡学家的男性并不属于此类；他们通常展现了属于分析师或者领袖类别的特质，尽管有些肯定也是"达斯·维达"。

这一圈子的许多成员往往符合索恩的若干原型，要么同时（领袖往往同时也是骗子）要么在一段时间之内（一个掌握了狩猎的奇葩可能变成享乐派然后变成领袖）。也许不把索恩的分类体系看作一系列相互独立的类型，而是看作一套泡学家以不同程度展现出来的特征会更有帮助。我在很大程度上会把奥维德的叙

---

* 达斯·维达（Darth Vader），由美国导演乔治·卢卡斯创作并执导的系列电影《星球大战》（Star Wars）的主要角色，是正传三部曲中的头号反派。——编者注

述者划分入分析师，尽管他拥有全部六大类的元素。

圈子领袖们用以建立他们权威的策略，和奥维德用以在《爱的技艺》中建构其叙述者权威地位的策略如出一辙。尼克·克劳泽（Nick Krauser）在兜售他 98 美元的教科书《白日游击精通》时写道："你可以采取**一些万无一失的特定可行步骤**，从而变成自然就风度翩翩、性感可人的男性。"[19] 一本关于获得自然魅力的指导手册，这看似自相矛盾，但这完美地概括了将一个人确立成爱情导师（praeceptor amoris）这一奇怪而又自相矛盾的事情。首先，这一"导师"（praeceptor）无论在古代还是现代，必须让他的读者确信，爱情可以学习和传授；其次他必须解释，什么使得他成为可能的最佳导师。

这些文本的作者鼓吹外貌、金钱以及魅力都不是引诱美丽女性的必备条件；唯一真正的要求是技巧。奥维德的"导师"（praeceptor）——《爱的技艺》的叙述者，大概但并不完美地与奥维德本人呼应——将爱情（amor）和体力活动的技巧相提并论："技艺（和帆和桨）让快船动起来，驱使起轻车：技艺就是驾驭爱情的东西"（《爱的技艺》1.3—4）。他甚至自比代达卢斯（Daedalus），传说中的典范匠人：正如代达卢斯为伊卡洛斯（Icarus）做了翅膀，奥维德会掌控丘比特这位带翅膀的神（《爱的技艺》2.21—98）。[20] 奥维德展现出了完全的自信，相信只要在女性身上使用了正确的引诱技巧，没有谁是无法占有的：

> 首先，你当心中坚信她们都能抓到手：
> 你去抓她们，只需要设下陷阱！

红药丸与厌女症

很快鸟儿在春天里沉默，夏日没有蝉鸣

　梅拉尼亚的猎犬转瞬背对兔子逃跑

　都快过女性在被年轻男子讨好所缠身时的反击；

　　哪怕是那些你觉得根本不想要的，也会渴求。

（1.269—274）

　　这种观点不言自明的危险就是，它鼓励读者认为只要泡学家变得足够精熟，女性的同意便是囊中之物。

　　Ars Amatoria 最常见的英文翻译，The Art of Love（爱的艺术）遮盖了文本的真正本质并使它听上去比实际更为华丽。[21] 其一，拉丁词汇 amor 并不紧密对应英语词汇"爱"（love），它包括了欲望和性方面的暗示，而这是"爱"通常没有的。不管怎样，amatoria 甚至并不意味着"和爱有关的"。后者应该是 amoris，或者可能是 amandi。它意味着"amator 的"，也即情人。[22] 其二，单词 ars 并不意为我们通常所指的艺术——它的意思是技能或者技术，比如训练一匹马或者砌石头，就像希腊语单词 technē 一样。Ars 通常在拉丁语中和 ingenium 对照，后者意味着某种类似天生才能的事物（字面来说，就是在你内部的"天才"［genius］）。对标题 Ars Amatoria 更好的翻译可能是《怎样成为专业情人》。

　　《秘技》（The Mistery Method）一书，最初在 2005 年以"爱术"出版，在当今引诱圈子中是一部基础文献。尽管艾瑞克·"大师"·冯·马可维克（Erik "Mystery" von Markovik）所传授的技巧今天在猎艳圈子里多少有些过时——甚至可能是不道德——但他创造了许多今天仍在使用的术语和行话。[23]（参见词汇表中一系列这些术语和缩写。）他对搭讪的三阶段划分——"吸引、安抚和引诱"——仍然有影响力。[24] 秘技严重依赖对权力、性别和性三者之间相互作用的理解和应用。冯·马可维克认为性吸引从根本上来说关乎权力，尽管他使用了"价值"（value）一词。

成功的搭讪会通过一种双重策略来保证男性掌握对女性的主动权，这一策略意图说服女性降低她对自己价值的感知，并增强她对男方价值的感观。一次接触往往以男性在更低权力的境况下开始，因为他已经感觉到被女性所吸引并想和她上床。由此她相对于他占据主动权。求爱者／泡学家试图通过"社会认同"展现他自己的价值，从而扭转这种权力不平等，例如成名，或者以身边有一大票朋友和"僚机"来证明他受欢迎；提前记忆并且反复重复有趣好笑的故事，充当"储备材料"；与此同时对目标展现低级的兴趣，或者表现出根本不感兴趣。这种意兴阑珊借由脱口而出而且拐弯抹角的"否定"（negs）展现出来，旨在强调他并不认为他的对象有吸引力，诸如"你一直这么无聊吗？"或者"你笑起来鼻子一扭一扭的！"。[25] 否定和"展现高价值"（demonstrations of high value，DHVs），例如和对象讲起自己专业上的成功或者高超的技能，必须和兴趣指标（indicators of interest，IOIs）相平衡，从而避免让她感到自己受到了侮辱和轻蔑的对待。冯·马可维克的基础假定就是，女性是被设计成寻求男性认同的。而如果没有这种认同，她就会加倍努力来获得它。

某种意义上，猎艳（having game）就是字面上看上去的意思——不同性别之间的互动变成了一场游戏，因而可以取得胜利。

红药丸与厌女症

成功搭讪一名女性在概念上和电子游戏里关卡末的最终决战相似：如果你套用了正确的装甲和武器——个人形象的培养、储备材料，比如练习过的开场白和有趣的故事——也已经充分练习，因而技巧和火候拿捏得恰到好处，那么几乎所有的最终决战中都能取胜。或者，用更术语性的说法来说：

> 泡学家的世界将算法、测试与反馈和游戏化应用到人类的交际之中，不仅将女性转变成了性对象，而且从根本上将顺性别的生理特征当成一部图灵完备的机器，指定其中正确的输入顺序，就可以访问特定的端口和协议。在这种情况下，阴道就是典型的理想端口，也有其他感兴趣的接口。通过不同的握手协议和调试获得端口访问的过程，就是游戏的一部分。[26]

这种"游戏化"同样在奥维德那里出现，在他对引诱方法论的强调，以及同神话英雄的频繁比较之中。爱不仅是一种情感，也是一种行动——一种一旦被掌握，就能把你变成下一个忒修斯或者赫拉克勒斯的行动。

然而，这种游戏化心态的一大问题是，容易的游戏通常对玩家来说没什么乐子。一个从一开始就热衷和你随意做爱的女性远远没有一个需要被迫使用合理引诱方法的女性有吸引力。冯·马可维克甚至轻蔑地将女性没有被应用引诱技巧就同意做爱的情况称作"棋差一招"，指由于对手的软弱而非本人技巧得以取胜的棋局。[27]

101

不是所有男性都需要精心磨炼技巧才能找到性伴侣。在《把妹达人》一书中，施特劳斯区分了"先天"——也即似乎天生就有吸引女性的技巧而无须尝试的男性，以及"后天"——那些需要精进引诱技巧的男性。他推论前者在相当年轻的时候就获得了第一次性经验，因此面对异性时没有任何不安全感。[28]塔克·马克斯，《我愿地狱里供应啤酒》的作者，就是这种天生的"群体中的阿尔法男"（alpha male of the group，AMOG），而施特劳斯则自视是后天派。马克斯是引诱导师中的少数。大多数，和施特劳斯一样，最初在女性身边紧张而无所适从，但他们相信只要练习充分并且有正确的工具，任何人都能学会怎样和异性成功相处。[29]

这是一派引诱观点。年龄、种族、外貌、职业、财富、教育——尽管拥有这些类别下的"正确"特质有助于吸引女性，但没有哪个是必不可少的。实际上，如果你的目的并非引诱女性而是传授其他男性怎样引诱女性，你的金钱、自然魅力、英俊外貌事实上可能对你的可信性不利，因为你的成功可以被归结到这些先天固有的吸引力上，而非技能上的精湛。罗斯·杰弗里（Ross Jeffries）——尼尔·施特劳斯将之描述为"高高瘦瘦，脸上坑坑洼洼，自称书呆子"的"现代引诱之父"——批评另一个导师大卫·德安杰洛（David DeAngelo），讲道："这家伙长得太帅，夜场里人脉也好，因此我尤其震惊，人们居然认为他能理解他们面对女性时所遭遇的境况和难处。"[30]

102   施特劳斯并不像他评论杰弗里外貌那样，对自己的外表感到自信。他形容自己"绝无吸引力可言"，进而批评自己的大鼻子、稀疏的头发以及"炯炯有神的"眼睛。他总结道："当我望向自己苍白而佝偻的身体时，我好奇为何会有任何女性想在我身边睡觉，更不用说抱着我。所以对我来说，去见女孩需要花些功夫。"[31] 这一看似负面的自我评价实际上是伪装妄自菲薄的自负。你越声称自己丑，你悉心磨炼的引诱技巧就越让人印象深刻。

奥维德个人特色的"谦虚自夸"并非关于他的外貌，而是关于他的贫穷。[32] 奥维德热衷于谈论囊中羞涩，而非并不诱人的长相或者笨拙。他专门把富人排除出他著作预期读者的范畴：

> 我并不是要给有钱人当爱情导师；
>   那些愿意掏钱的都不需要我的技艺。
> 开心时会说"拿着！"的人，他已然有所需的全部才能；
>   我放弃——比起我的发明，他更有魅力。
> 我是穷人的先知，因为我是贫穷的情人；
>   既然我无法送出礼物，我给出话语。
> （2.161—166）

奥维德出身富裕家庭，他也与诸多富裕的赞助人相熟，因此他是否真的贫穷，这一点是值得怀疑的，尽管我们不应当太过紧密地将诗人认作叙述者。然而，这一段话中的重点似乎是相比之下的财富：总有人比你更有钱，而你心仪的对象可能更喜欢他们，而不是你。这一点是泡学家——实际上是在所有的"红药丸"成员——之中广泛达成的共识，女性天生喜欢"高攀"，也就是说她们总是期待着能占得一个更有钱而且更为成功的男性。有抱负的泡学家，比如我先前称引的彼得·伯恩斯，他们在阅读奥维德时

103

将其自我评价当成自夸，面对女性时他如此成功以至于克服她们的高攀天性并说服她们选择他而不是其他更有钱的男性。

其他负面特质也能帮助一个有抱负的引诱导师在他的潜在学生中建立起威望。在《把妹达人》一书中冯·马可维克、杰弗里和施特劳斯都从事地位低下的工作，例如三人分别做过魔术师、催眠师和自由作家——但这些职业在引诱圈子中是资本，因为这些工作不能提供高地位、高收入工作所能具备的优势。

在现代泡学家之中，有色人种可能是面对女性时的一个不利条件，同样能够在圈子之中成为增添可信性的有利优势。"红药丸"思想中的生理基要主义不仅适用于性别而且同样适用于种族，在不同种族男性所呈现出的睾酮水平、阴茎大小以及人格类型之间，泡学家展现出一种刻板印象式的假想。"红药丸"圈子中众所周知的是，"阿尔法男"占有大多数女性，而他们声称亚裔男性睾酮太低，没办法成为"阿尔法男"。[33]而另一方面，黑人则被视作天生的"阿尔法男"，但很难说服高价值的白人女性和他们进入到一段长期关系之中。[34]弥补这些短板中的任何一个，都能确立一个人引诱大师的地位。

被拒历史是狩猎圈子之中另一个意料之外的能获取权威性的有利优势。泡学家有专门的词来形容那些无艳可寻的男性，比如说"贝塔男"。[35]早一些的引诱手册中，更常出现的一个词是受挫拙男（average frustrated chump，AFC）。在试图给引诱圈子中的其他人留下深刻印象时，泡学家们通常夸大他们早先面对女性时的失败，以及他们二十多岁仍是处子之身的事实。克劳泽的回忆录赞成他早年当"贝塔男"的时光，题为《连根没入：从被抛弃

104

的情人到女性杀手》。罗许的"狂战"（*Bang*）系列引诱指南的推荐页面中讲道，大学时代，他的一个朋友曾经取笑他甚至无法"在妓院里和人睡觉"。[36]

奥维德为他的读者展现了相似的叙事线，其中他早先作品给予他在《爱的技艺》中作为"爱情导师"出场的权威。但这一"导师"并不确切是奥维德；他只是一个角色。由此，他的目标和观念可能并不是作者的。这一"导师"首先而且很大程度上是引诱导师，但奥维德是一个诗人，后者的动机更难揣摩。

尽管二者并不相同，奥维德和他的"导师"共享同样的生平——或者更确切地讲，同样的书目。奥维德的叙述者反复教导其读者熟读奥维德早先的爱情诗。"导师"用奥维德早先发表的文本来建构他本人作为导师的权威地位，而奥维德的才智和措辞确立了他作为诗人的技法。奥维德发表的第一部作品《恋歌》（*Amores*）是三卷挽歌体爱情诗，其中奥维德痛惜自己无法控制他的情人（domina）科琳娜（Corinna）。如果奥维德在这些诗作中时而看上去可怜兮兮的话，那就再好不过了，因为这些经历将帮助他在《爱的技艺》中同读者对话。奥维德全集中的下一部作品是《女杰书简》（*Heroides*），以众多传说中女性的口吻写给她们无情无义的情人的挽歌体情书。借由《恋歌》中的"贝塔男"经历以及《女杰书简》用女性口吻写作时展现出的对女性心灵的洞见，奥维德《爱的技艺》中的叙述者建立起了他作为引诱学导师的可信性。

这种自行塑造的成功已经被许多学者讨论过，而其中许多人认为奥维德的"爱情导师"明显不起作用。他时常自相矛盾而且在他自己的比喻和说教上失去控制，其建议中的细节能否在挽歌体的世界之外真的发挥作用，也是疑虑重重。[37] 这些文本的泡学家读者通常忽略了《爱的技艺》叙述声调中的讽刺元素，转而将文本直接当作建议来阅读。相似地，现代引诱手册的非泡学家读者同样怀疑有些关于"展现高价值"和"否定"的建议并不真诚。但无论引诱大师的姿态看上去有多讽刺，他所信奉的基本理论无疑暗示着关于男女行为方式的深层假设。

苹果还是橙子？

"纵观历史，从奥维德到今天，关于引诱的成功办法都是一样的"，施特劳斯这一论断虽然夸大其词，却是泡学家中对奥维德**最不成问题**的一种分析。[38] 考虑到奥维德和冯·马可维克这类更为晚近的"爱情导师"二者间的时空距离，他们之间在方法上确实存在着惊人数量的相似之处，即使他们并不能一一严格对等。这一点并非从未在圈子之中得到关注，其中就包括瓦利扎德。

瓦利扎德是 17 本书的作者，其中包括许多猎艳指南，诸如《白日战》（*Day Bang*）、《30 人战》（*30 Bangs*）、《战波兰》（*Bang Poland*）。这些书中有一些因为对性的描绘而备受争议，其中女性喝得太醉，以至于能否从法律上表示同意都已经成了问题。瓦利扎德对这些批评心知肚明，甚至在他的写作之中把这些纳入进来；《战冰岛》中一篇文章写道："她来我这里的时候，我意识到她喝得有多醉。在美国，和她做爱就是强奸，毕竟她没办法合法地表示同意。我相对更清醒也没什么用，但我不能讲我在意过，甚至是犹豫过……如果一个女孩愿意和我走回家，她不管喝了多少，注定都要上床。"[39] 在《战乌克兰》中，他描述他在做爱时把女性搂在身下"来防止她逃脱"。[40]

瓦利扎德偶尔提及奥维德，2011 年在个人网站上写作了《爱的技艺》的书评。[41] 在书评开篇，他点明了运用古代作家来论证他自己开倒车的性别政见的意图，并用一段《爱的技艺》引文当作题记："女性喜欢被伤害。她们所愿给予的，同样乐于被夺取。"这一段话取自奥维德文本中最让学者困扰的一段——诗人似乎鼓励强奸的一段。关于这一文本整体，瓦利扎德写道：

> 我不禁读起这本可谓是现存最古老的猎艳书，由奥维德在公元 2 年前后所写。奥维德教你怎样成为一位懂得怎样让女性快乐的绅士。尽管他的建议中很大一部分都为骑士精神受到重视的时代而提出的，但无疑他的许多教导在今天仍然成真……这本书同样可以被称作大战罗马帝国，因为它专门提出了去哪里找女人的场所建议。[42]

在论断《爱的技艺》是否值得冠以类似他自己狩猎指南的题目时，瓦利扎德暗示他自己的著作应该是用来评判奥维德这本手册的标准。这是一个奇怪但有所提示的选择。

这一解读策略的弱点在名为"紫尘"（Purple Motes）的小型"男性空间"网站的作品中变得更为清晰，这一网站是道格拉斯·加尔比（Douglas Galbi）负责运作的历史博客，他是一个在麻省理工学院进修的经济学家并同样为男权运动网站"男性之音"写作。在《理解奥维德的罗马讽刺爱情诗》一文中，加尔比提出了关于《爱的技艺》的设问："奥维德聪明绝顶，学富五车，在诗歌方面尤其有天分。他为什么还要犯下这种文字上的暴行呢？"他回答道，"多产的博主罗许（Roosh）、黑曜石（Obsidian）和鲁瓦西（Roissy）提供了关于奥维德爱情诗的深刻见解。"在评论这三位博主之后，他为三人起了统称"ROR"，写道："如果你想理解奥维德的爱情诗，就去听 ROR 的咆哮吧。"[43]

在他对奥维德的探讨中，加尔比引用古典学家莎伦·詹姆斯（Sharon James）2003 年的专著《博学淑女与男性劝导》一书。詹姆斯邮件告知他更正一处对她立场的错误表述时，他在一篇后续帖文《更多关于奥维德和罗马爱情诗》中公开回应并告诉她，她没能正视奥维德的男性视角并反复重申如果她能对"男性空间"中新奥维德们的作品更为熟悉的话，也许会对奥维德更为了解。[44]

既然加尔比向罗许致敬，毫无疑问他的观点是瓦利扎德关于奥维德作品也许应得"大战罗马帝国"的标题这一观点的自然延伸。瓦利扎德一面暗示奥维德《爱的技艺》能被视作有价值，只是因为《爱的技艺》与他自己在狩猎指南中的方法论相似，加尔比认为如果不先阅读并理解瓦利扎德——以及阿里·"黑曜石"·木米亚和詹姆斯·"鲁瓦西"·魏德曼——的话，奥维德的地位甚至无法被正确理解。[45] 奥维德不仅和现代泡学家**相似**——他甚至就是其中一员，而如果未能正确意识到奥维德的泡学提倡的话，任何理解其文学目标的尝试，正如加尔比所写，只会导致"完全无法理解男性处境的核心层面"。[46]

　　这一论点能在接受和比较研究的学术作品中找到先例。接受理论主张读者在阅读时构建起对文本含义的理解。由于读者的文化背景必定影响他或她带入特定文本的框架,从理论上讲,晚近的文本可以说会"影响"我们怎样阅读早得多的另一部文本。[47]相似地,尼采在《我们古典学家》(We Classicists)中指出,出于"证明我们当今时代所看重的事物同样被古人重视"这一目的而用古代世界来比附现代,这是错误的,而"正确的出发点恰好相反:从认识现代的变态开始,再往回看,古代世界中许多非常令人震惊的事情就会浮现出深刻的必要性"。[48]

108

　　加尔比主张和现代"爱情导师"一并阅读奥维德能够揭示奥维德在写作文本时的动机。[49]诚然,作者立场和引诱方法论之间的相似之处表明——和许多学者相信的相反——《爱的技艺》可能是一部有操作性的手册,而非仅是一部精致复杂的诗歌游戏。无论如何,奥维德的文本同样能告诉我们怎样能成为当代引诱手册的更好读者。诸多相似之处表明,奥维德和今天的泡学家在女性的能动性、欲望和人格上共享着某些相似观念——他们全都相信,在某种程度上,所有女性都是交际花。一道阅读狩猎建议和《爱的技艺》往往能揭示看似无伤大雅的文字下面令人不安的潜台词。

　　既然我的目标并非把奥维德与现代狩猎指南之间的所有相似之处汇集成完整的目录,接下来便不是事无巨细地罗列它们。狩猎本身太过多样而且有多重面向,而且与奥维德的社会背景太过不同。

关于技巧的详尽并列比较可能是泡学家网站上能找到的一类东西，因为他们的目标是在奥维德的文本中挖掘有用建议并同他们自己的技巧寻求共鸣。[50] 比起比较分析构成奥维德的文本和现代狩猎原则基础的**理论**，我对比较本身没什么兴趣。尤其是，古代和现代引诱指南之间的近似点凸显了两种并行趋势：对男性主导权压倒女性主导权的奖赏，以及逐渐加深对女性边界的侵犯这一目标。

《爱的艺术》和今天引诱手册之间的有些相似之处是相对而言无伤大雅，甚至是显而易见的。比如说，奥维德的导师告诉他的读者，尽管他们不需要特别帅就能接近女性，但干净整洁并穿着得体仍然有所帮助（《爱的技艺》1.505—524）。[51] 比外表更重要的是自信。发挥自身优势，或者正如冯·马可维克一直告诉他的读者"展现高价值"。奥维德建议练习中的引诱者找借口来展现他的长处，不论是他们的长相、歌声或者酒量（《爱的技艺》2.497—506）。他对泡学家所说的"内功"也有明确意识，一种能够让女性自然感觉你有吸引力的自我提升："要被爱，变得可爱 / 这是仅有漂亮脸蛋可不能带给你的"（《爱的技艺》2.107—108）。为了解释这一原则，他告诉读者，尤利西斯通过他的智慧和讲故事的技巧吸引了卡里普索的关注（《爱的技艺》2.123—142）。

然而，其他在建议上的相似之处揭示了更恼人的潜流。比如说，狩猎文学中专门有一类关注"白日狩猎"，即白天在街上、在咖啡馆或者其他任何地方搭讪女性的技巧。相似地，奥维德就哪一处奥古斯都所钟爱的纪念物最可能邂逅美女为他的读者提供建议（《爱的技艺》1.67—90）。2016 年 8 月末，《摩登男士》（*The Modern Man*）上一篇提供怎样接近并搭话戴耳机的女孩的建议的

白日狩猎文章，在网上引发了一场小型争议。一些女性主义者在
Twitter 上和思想文章中认为，这一建议令人毛骨悚然，而且有侵
略性：由于戴耳机通常被视作女性不希望被人接近的标志，原文
的潜台词就是，就那些他们感到有吸引力的女性而言，男性应当
忽略她们的个人边界。其他人则认为原作相对无伤大雅，不值得
大惊小怪。但和《爱的技艺》对比，就能揭示女性主义作者们究
竟担忧什么：

110

> 她害怕她开口索取的，她渴求不曾问及的：你的坚持。
>   继续吧，最终你会得到你想要的。
> 同时，如果她顺势斜倚在躺椅上
>   精巧地掩饰，你当走向情人的卧榻；
> 这样就没人会对你的话表达异议
>   用晦涩的符号尽可能隐秘地遮掩。
> 或者当她在宽敞的廊宇间踱步
> 轻松舒缓地，你要再次兜个小圈，
> 你当时而走在前面，时而落在后面
>   时而赶忙前进，时而放缓。
> 不要为在廊柱之间穿过而害羞
> 或是用你的肩轻轻碰撞她的。
> （1.485—496）

　　第一眼看上去，奥维德叙述者的建议似乎同样无伤大雅：一
个男性接近斜倚在卧榻上的女性，这并不比靠近一个戴耳机的女

性更有侵犯性。但两段文字都迂回地主张，女性没有权利在并未受到任何欲求不满的男性接近的情况下，就从一个地方去到另一个地方；两段文字都鼓励读者忽视女性也许并不会接受这种接触的这些迹象。

这种对边界的侵犯同样延伸到侵占女性私人空间上——而且重要的是，从未寻求过她们的同意。在和女性的身体接触上，奥维德的建议是男性采取主动。他提供了怎样触摸对象的建议，包括把灰尘，哪怕是想象中的灰尘，从跑步的她的身上掸下，或者是在人群中撞到她（《爱的技艺》1.135—156，2.209—214）。[52] 泡学家把这类应用身体接触的策略称作"动觉升级"（kino escalation），指用来鼓励并创造机会触碰对象的技巧。[53] 根据大部分狩猎建议，你应当不断升级，最初是相对纯洁的触碰，之后逐渐加深身体接触，并迫使她在想让你后退时向你发出信号。魏德曼《呆瓜十六诫》中，第 13 条就是"罪在太过大胆的一方"。他写道："第一次约会时不恰当地触摸女性，比起从头到尾没碰过她，会让你离她更近一步。不要被女性对你大胆行径的佯怒动摇；男性激烈追求他所想的并使性方面的企图昭然若揭时，她们内心其实非常享受。"[54] 肯·"豆腐豆腐"·霍因斯基（Ken "TofuTofu" Hoinsky）在"狩猎之上"第 7 部分，引诱分版（"Seddit"，超过 25 万人关注的圈子）上的一个著名帖子中写道：

> 历史上最伟大的引诱者都没办法把他们的手从女人身上拿开。他们激烈地和任何一名他们挑逗的女性在身体接触上升级。他们首先从立刻触摸她们开始，保持着丰富的肢体语

　　　　　　　　　　　　　　红药丸与厌女症

言和眼神交流，在身体接触上极端无耻。即使是女孩拒绝你更进一步时，她也**清楚**你正渴求着她。这很性感，从身体和精神上都撩拨着她。[55]

正当霍因斯基在著名众筹网站 Kickstarter 上寻求资助，试图把这篇帖文出成书时，他遭到了女性主义圈子的大量抵制；这一纠纷的结果是，Kickstarter 在他们的网站上禁绝了此后所有的引诱手册。霍因斯基对这一回应感到惊讶，哪怕这一指南的后续章节中包含类似"不要问她同意。你来主导，强迫她回绝你的进犯"以及"不要让她允许，抓起她的手往你届上放"（原文如此）这种不言自明而有问题的情绪。[56]

亲吻方面，同样地，奥维德的"导师"和现代泡学家都主张，寻求原谅比问得同意来得更容易。奥维德的叙述者指导他的读者： 112

> 她并不给亲。不要等她给，强行索吻吧！
> 也许开始她会还手，然后叫你"怪物！"
> 　　还手回去，她仍想着自己能被征服。
> 只是仔细不要胡乱行事夺得她的吻
> 　　免得弄疼她柔软的双唇，这样她便不能抱怨你太过粗暴。
> （1.664—668）

接吻同样是狩猎圈子中的一大主要执念，因为这奠定了他们所认为的从调情到实质性性接触的"阶段转换"。霍因斯基建议他的读者:"男人的通病就是等夜晚结束了才去接吻……更有效率的做法是约会的时候趁合适的机会偷偷一吻。这能化解性压力的尴尬。抓住她就亲她。在她最想不到的时候偷偷亲一口。"[57]

所有泡学家都**反对**问女性她是否希望被亲。男性亲吻女性的欲望被看得比她被亲的欲望(或者没有欲望)更为重要。在《把妹达人》一书中,施特劳斯放上了一份网上聊天的记录,其中他向其他泡学家寻求建议,因为"转向接吻对我来说是道大坎"。[58]冯·马可维克对跨越这道坎的建议是"我不会只是讲'我不在乎她想什么',我实际上并不在乎她怎么想"。[59]

无须惊讶,整个狩猎圈子因为 2005 年特朗普在《走进好莱坞》上的录像而彻底释然,其中他告诉比利·布什(Billy Bush):"我自动被漂亮女性吸引——我只是开始亲她们,这就像磁铁一样。只是接吻。我根本不等。"[60] 对泡学家来说,这一举动是自然而然,甚至是梦寐以求的。在 Chateau Heartiste 上,魏德曼时常把这种心态称作"去他妈"(zero fucks given, ZFG)。它的意思是,当你不再关心女性是否真**想要**你亲她时,采取接触就变得没那没吓人了。

害羞的入门泡学家,导师通常会推荐他们从"夜巡"开始,因为在黑暗的遮盖下,女性更有可能喝醉,由此更打开边界。相似地,奥维德的导师建议他的学生在对象有可能喝酒的情况下参加宴饮(《爱的技艺》1.229—244)。然而,他们自己不要喝醉——这一建议对应了典型泡学家的台词,即不喝酒省钱,而且避免因为一种被偶尔称为"酒眼效应"的现象而睡了没有吸引力的女人,进而使狩猎清醒犀利(《爱的技艺》1.589—590)。[61] 喝酒,在引诱圈子中的很多人看来，能让你感到自信，但会让你的狩猎策略疏忽草率。奥维德的"导师"赞成这一观点并补充建议道，想要实施引诱的人应当装醉，因为如果他们到时看上去在性方面太过冒进，他们可以把他们自己的行为归结到酒上（《爱的技艺》1.597—600）。

关于酒，给女性的建议就迥然不同了，这也凸显《爱的技艺》即使是第三卷——表面上这一卷写给女性读者并提供建议怎样诱惑和吸引男性——在实际上着眼于解除女性的束缚。奥维德的文本告诉女性，如果她们喝醉的话，就活该被强奸：

> 女人在酒神[62]的塘边睡下？可耻。
>
> 　她活该遭受各种性交。
> 吃过甜点后在原处睡下也并不安全；
>
> 　许多可耻的事情往往在睡觉时发生。
>
> （3.765—768）

114

男性和女性饮酒都给性侵犯找到了借口。如果女性没能保持完全清醒并且远离醉汉的话，她就正好变成了猎物。

这样与大多数泡学家所持相同观点相对应的对女性行为的假设，绝非《爱的技艺》第三卷中的孤例。这一卷中超过四分之一的内容都花在了建议女性怎样以一种最能吸引男性的方式穿戴并打理头发。（相比之下，《爱的技艺》第一卷中只有很短一节提及男性外表，给出的建议也是男性不应当在这方面花费太多精力。）奥维德的"导师"强调，美貌是女性的王牌。正如有钱的男性不需要技法（ars）一样，天生丽质的女性亦然（《爱的技艺》3.257—258）。这一建议先行回应了泡学家的老生常谈，尽管男性需要额外的狩猎技巧才能吸引女性，女性只要长得好看就够了。[63]《爱的技艺》第三卷同样以鼓励女性尽可能多做爱开篇，因为她们没什么可失去的——毕竟女性的一生中并不是只能有屈指可数的几次性交，需要合理分配（《爱的技艺》3.89—94）。这一呼吁表明罗马女性卷入了某种泡学家们称作"反荡妇防御"（anti-slut defense，ASD）的东西，一种女性社会设定的遗存，使得她担心同时拥有太多性伴侣会降低自己的社会地位。考虑到众多"男性空间"网站建议避免和拥有超过一到两个性伴侣的女性发展长期关系（long-term relationship，LTR），这种恐惧无疑是完全合理的。

即使是《爱的技艺》和现代狩猎文本在方法上的区别也能揭示一种相似的气质。奥维德的"导师"时常提供瓦利扎德在他《爱的技艺》书评里称作"贝塔狩猎"，并会被冯·马可维克断定为"展现低价值"的建议。[64]奥维德建议读者送出动人的情书，在目标面前流泪，并且永远站在她的一边（《爱的技艺》1.437—442，455—562；1.659—663；1.487—504）。这些行动全都被当今泡学家看作确认女性的高价值以及男性相应的低价值的行为。最重要的是，奥维德反复告诫他的读者要卖力称赞他的目标读者，尽管你不能言过其实，以至于会被发现说谎（《爱的技艺》1.621—630，2.295—314）。另一方面，他认为委婉表达是理想的——如果她瘦弱得像快要死了，那就应该说她"身材苗条"（《爱的技艺》2.641—662，2.660；Sit gracilis, macie quae male viva sua est）。

他同样告诫读者要持之以恒；只要不放弃，就有足够的时间甚至能够赢得珀涅罗珀本人的芳心（《爱的技艺》1.477；Penelopen ipsam, persta modo, tempore vinces）。相反地，今天的大多数泡学家建议如果一次搭讪草草收场，更容易的做法是及时脱身并在另一名女性身上故技重施，而非尝试加以挽救。[65]

讽刺的是，《情伤疗方》（*Remedia Amoris*）——奥维德《爱的技艺》续篇，一部从爱情中脱身的指南——至少和《爱的技艺》一样，和现代引诱观念有着只多不少的相同之处。和《爱的技艺》中关于怎样称赞目标对象过失的建议正好相反，《情伤疗方》提到怎样把她最有吸引力的特质变成过错："如果是苗条就指责太过单薄（《情伤疗方》328）。"《情伤疗方》中的这一段能够充当起怎样传递"否定"的教科书，而且和魏德曼《呆瓜十六诫》中的第十条非常接近：

> 训练自己的思想使之制服大脑奖励中枢的男性，在想到美丽女性的脸庞时，他与女性的互动会发生神奇的变化……这能帮助你获得思想的正确框架，从而避免使用**火辣**、**可爱**、**精致**、**美丽**这类词来形容一个撩拨你心弦的姑娘。相反地，告诉自己"她很有趣"或者"她也许值得认识"。绝对不要因为外表而称颂一个姑娘，尤其你没有打算发生关系的。把你脑子里崇拜她们的那部分关掉。[66]

奥维德同样在《情伤疗方》告诉读者，冷漠本身也可能是一项有力的引诱策略：

当她见你变得冷漠，就不会再装腔作势

　　（这里你当再次感激我的技艺！）

……

她必定不能太过自满，或者对你轻蔑：

　　振作你的精神，这样她就会对你屈服。

（511—512，517—518）[67]

　　这几条建议和魏德曼其他两条建议相似：诫命2"让她嫉妒"和诫命7"永远有多个情人"。[68]

　　《情伤疗方》被用作教导青年如何保持朴素并不为激情折服的文本，已经有很长的历史，尤其是在中世纪之中，因此《情伤疗方》近似当今男性尽可能多随意做爱所使用的技巧尤为讽刺。[69]然而今天的狩猎技巧最终仍然归结于冯·马可维克给施特劳斯关于如何不害怕开始接吻的建议：别去在意她想什么。如果你不去在意，那么失败的刺痛就自然消失，最有可能的情况是，女性最终为你不稀罕的态度吸引，并更努力地尝试获得你的认可。

　　正是在这种而非其他的心态之下，奥维德的"导师"是泡学家们可能希望效仿的人。女性更低等，他将这一观念深深内化，因而根本无须告诉读者，别去在意她想什么。即使当他建议学生向目标对象撒播赞美，"导师"同样警告这种表露会带来耻辱（《爱的技艺》1.621）。他提议"不要感到可耻（诚然可耻——但也让人倾心）/用你教养良好的手为她拿起镜子"（《爱的技艺》2.215—216）。不管怎样，这里的学生是罗马公民精英男性，而从他的视

117

角看，他的目标对象只不过是交际花——确实是昂贵的妓女，但无论如何也只是妓女。他又为何要屈尊纡贵呢？为何他那教养良好（ingenua，表明他生为自由民而并非奴隶背景出身）的手要举起镜子，以便妓女打扮自己？但"爱情导师"鼓励读者不要担心。社会差别和等级制度并不会彻底扭转，如果你能假装她比你高贵的多，以至于能够说服她和你免费睡觉的话。

尽管引诱世界里只有"达斯·维达"们成功地把他们关于女性人格的看法与奥维德的想法相类同，但大多数泡学指导的目标是在雄心勃勃的引诱者和他的目标对象之间创造一种奥维德式的动态。奥维德的叙述者建议提供赞美，因为他完全确信自己掌握着主导权。今天类似于瓦利扎德和魏德曼的作者**反对**给出赞美，因为他们知道，他们读者中许多人一开始就有种既要把女性物化，又要对女性进行口头奖励的冲动。表面上看，这些建议往往相互排斥，但它们却在同一套原则下并行不悖。

从这个角度看，狩猎圈子将奥维德看作引诱之父的做法就似乎更为阴险——即使是在奥维德的"导师"公开提倡性侵犯之前。

危险狩猎

"男性空间"中的许多人因为女性宣称所拥有的社会权力而感到被剥削并对此深恶痛绝。泡学家们尤其执迷于西方世界女性质量的下滑；在《西方女性已被完全毁灭》中，瓦利扎德写道：

令人惊奇的是，在不到三代人的时间里，女性已然从潜在的贤妻良母变成了一无是处的性玩具。男性曾经能遇到思想传统的处女，但如今深陷平庸婊子的无边泥塘，他们被无数男人舔过屁股。女人就这样被完全而且彻底毁掉了。除了性之外，男性无法从女性身上得到任何价值感，即使他（原文如此）能真的成为世界最棒老爹，而且尽管放心，全然吞没美国的社会堕落也会靠硅谷的特洛伊木马（原文如此）技术散播到整个世界。[70]

在接下来的一章中，我会探讨什么是"红药丸"圈子所认为的性别政治的理想状况，或者说，当瓦利扎德谈论起"潜在的贤妻良母"时他在想的是什么。但泡学家并非生活在一个理想世界之中；他的目标就是在这样一个道德衰败的世界之中尽可能多地做爱。

泡学家们并不认为应用狩猎策略是一种操纵行为。反之，他们将其视之为两个性别间不断升级的军备竞赛之下所必需的武器，而其中女性已然拥有了许多突出的天然优势。从伪进化心理学的角度来看，他们认为能和尽可能多的女性做爱就是男性最高利益所在，而女性的最大利益就是找到并且占有价值最高的男性来供养她和她的后代。由此男性自然而然地比女性更渴望性爱，也就是说女性掌握着资源供给。在这一自然的生理优势之上，社会同样从早年就开始训练女性，通过增进身体魅力的化妆技巧来尽可能地吸引男性。[71]男性**需要**狩猎技巧才能赶上。因此，学习狩猎技巧，就是颠覆"传统"性别政治等级的一种方法，他们声称这种等级偏向女性。对这些男性来说，除了是生活方式和通往欣慰成果的一种手段，引诱在很大程度上就是一种颠覆性的政治行动。

正是在这种把性爱政治化的自发行动之中，泡学家和奥维德最为相似。在《爱的技艺》发表时，奥维德建议的获得性行为的方式几乎违法。在一系列可能旨在鼓励罗马上层社会阶级提高生育率的法案中，奥古斯都规定了对多子女夫妇的经济支持以及对长期单身男女的经济制裁（《尤利亚婚姻法》，公元前 18 年），他同样用流放来制裁通奸（《尤利亚各阶层通奸法》，公元前 17 年）。[72] 罗马史家塔西佗通过一个故事阐明了奥古斯都在这一立法上的认真态度，其中元首把后一部法案施加到他自己女儿和孙女头上（塔西佗《编年史》3.24）。正如古典学家亚历山德罗·巴切西（Alessandro Barchiesi）所见："如果一个人因为《爱的技艺》描写了通奸情事和感官上的愉悦就认为它是一部轻浮的文本，他有可能未能意识到道德和私生活领域在新政权之下根本的重要性。"[73]

奥维德在《爱的技艺》中明言否认违反任何法律，但在对性道德施加限制的年代之下写作一部类引诱手册，他把自己变成了用随性做爱当政治反抗的真正范例。不管奥维德在考虑这种抵抗时有多认真，奥古斯都对此的惩罚是十分严厉的。奥维德在托密斯（Tomis），今天罗马尼亚的一座城市辞世，公元 8 年他被流放于此，用他自己的话说，因为"一部诗作和一个错误"。这里说的诗作，当然就是《爱的技艺》，"这些诗让恺撒贬低我和我的人品 / 因为我许久以前发表的《技艺》"（《哀歌集》2.207，

2.7—8）。

　　尽管奥维德晚期的诗歌充斥着对流放于蛮荒之地的抱怨并要求放他回家，令人惊讶的是，他并不吝惜描述流亡生活的细节。似乎流放并没有让他不再写诗，即使诗歌俨然就是他身遭流放的原因；相反地，在《哀歌集》第二卷，奥维德给出了一封给奥古斯都的长信，它在功能上成了读者"应当"怎样阅读其诗作的系统性范例。[74] 奥维德在这首诗中反复提及，人们对《爱的技艺》的理解太过字面，而奥古斯都如果真正读过而不是读关于它的任何报告的话，他就会发现这首诗并没有鼓励过任何不法行径（《哀歌集》2.239—252）。

　　奥维德是否在《爱的技艺》中提供任何真正违背《尤利亚法》的建议，这一点有所争议，尽管他肯定没有按照法律的精神行事，不然也不会出现这封信了。但这一文本中没有一处比得过奥维德的同行，挽歌诗人普罗佩提乌斯对奥古斯都的道德立法的公然嘲弄，他在许多年前因一部提议实行的单身税法最终失败而公开表示欣喜：

> 高兴吧，卿提娅，法律已经被取消，
> 　　那法律颁布后我们曾久久哭泣，
> 担心它会把我们分开，尽管尤庇特
> 　　也不能把一对恋人违愿地撤散。
> "恺撒伟大！"但恺撒的伟大在武功：
> 　　被他征服的民族都不懂爱。
> 我宁愿让这颗脑袋离开自己的脖颈，

红药丸与厌女症

也不能为了婚娶熄灭爱的火焰。

（普罗佩提乌斯 2.7.1—8 行，王焕生译）

　　奥维德从未做出过这种表态，而且严格地建议不要忠诚于任何一个女性，和魏德曼在他的《呆瓜十六诫》中的"永远有多个情人"如出一辙。但奥维德的颠覆可能比普罗佩提乌斯来得更强，因为他对可能被视为直接违反现行法律的性事提供建议，而不是庆祝一条已失效法律的失败。尽管奥维德的建议表面上针对交际花（meretrices）的通奸，但他同样可能在强调并鼓动违法行动，比如引诱一位已婚女性。此外，在普罗佩提乌斯作品和奥维德作品中间的几十年里，奥古斯都对人口和政治机构的控制已然强化太多。

121

　　更有甚者，奥维德似乎在整部《爱的技艺》中隐晦地激怒奥古斯都，可能还有他的妻子利维娅。[75] 奥维德"导师"在《爱的技艺》第一卷中提议的许多用作白日狩猎和搭讪女性的纪念物，都是奥古斯都所建用来献给他的皇室家族的；奥维德同样指出，用以纪念奥古斯都军事胜利的荣光的凯旋式和模拟海战是邂逅心仪女性的好机会。不难看出为何奥古斯都对《爱的技艺》的感受会和我们看到讲如何制作管制炸弹的网络指南的感受一样：严格来说，文本的发表本身也许并不违法，但它一定会鼓动非法活动。

　　在奥维德自己的诗歌之外，并没有他被流放到托密斯的证据，因此有些学者质疑这一流放是否真实发生过。如果没有的话，这便是一种迷人的虚构，将引诱和传授引诱之法变成某种危险且对政治秩序构成威胁的东西，以至于有可能把一个人丢到世界的另一头去。在流放诗中，奥维德最终把他自己呈现为某种新的"受挫拙男"，一个无可救药地爱上自己故国的人：

> 有些伤痛能用技艺（arte）疗愈——
>> 但至少在很长一段时间以后。
> 当你的建议振奋我踌躇的心灵
>> 而我的心已然穿上你的盔甲，
> 那么我对罗马的爱恋将重归，胜过一切的理智
>> 消解了你的话语所做的一切。
> 怎么说都好——责任，或是柔弱（muliebre）的情感
>> 我承认我那可悲的心脆弱又柔软（molle）。[76]

（《黑海集》1.3.25—32）

奥维德无法用他自己在《情伤疗方》中的建议来减轻这种爱施加在他身上的力量。

讽刺的是，尽管奥维德不情愿地被送去了黑海，今天许多泡学家主动选择去东欧，来追求比在美国所能找到的水准更高的女性。瓦利扎德甚至写了一本名为《爆浆天堂》的书介绍他 2014 年在罗马尼亚的性经验。但这一对美国女性的公开弃绝，甚至是到了移居国外的程度，就其公然反对美国当代性行为规范来说，本身就是一种政治表态。[77] 魏德曼的白人民族主义同样如此，在写"所有人（哪怕不是白人）的直观感受就是，白人女性的阴道就是地球上所有阴道中的 Moloko Bush"并论证白人女性"石膏一样的皮肤是其他种族女性所无法仿效的性诱饵"时，他将性别偏见和种族歧视融为一体。[78]

泡学圈子的大多数成员都是白人，这更普遍地反映了"红药丸"的人口构成。[79]白人是默认设定这一点在有色人种以种族为中心因素选择使用狩猎技巧上尤其显著。被加尔比包装为现世奥维德三博主之一的阿里·"黑曜石"·木米亚，因为批评黑人女性主义和介绍在黑人圈子里引诱怎样不同而在"男性空间"中自成一格。[80]多诺万·夏普（Donovan Sharpe），"王者归来"的作者之一，写过黑人想和白人女性上床应该使用的技巧。[81]瓦利扎德，页面的发布者，一半是亚美尼亚人，一半是伊朗人——这一种族融合在他和"另类右翼"圈子结盟时构成了巨大阻力，后者经常对他施加种族主义的辱骂。无论如何，他时常提及他的基督教信仰，大概是迂回地提醒极端恐惧伊斯兰的"红药丸"圈子，他并非穆斯林。

微观侵犯与微观经济

"男性空间"中其他人——尤其是"男行其是"（MGTOW）——施加给引诱圈子最常见的批评之一就是泡学家们完全依赖于女性的同意。通常使用的确切说法是，他们是"阴道奴隶"以及"把阴道捧在手心里"。花费太多精力使他们对女性来说值得赞许而且有吸引力，这些批评声称，引诱圈子和女权社会沆瀣一气，并把女性看得比男性更重。他们也许**声称**会颠覆性别政治，但他们的确承认了现状。

2016 年初，中世纪研究学术圈子中发生过一次短暂的骚动，

奥维德方法论

当时艾伦·弗兰岑（Allen J. Frantzen）网上所写的东西一度疯传，他是芝加哥洛约拉大学德高望重的中世纪史教授，于2014年退休。弗兰岑公开使用了"红药丸"的概念。然而，他似乎同样或多或少地对整个"男性空间"感到失望，并在现在已经删除的博客发帖中抱怨："男性空间并非关乎男性，而是关于女性以及她们想要什么……博主们谈论着怎样获得女性的关注和钦慕，从而把她们搞上床……这些作者并没有考虑到男性是什么以及男人需要什么。"[82]

弗兰岑这里的洞见是尖锐的，即使最终导向了有问题的结论，即我们生活在一场"女性主义迷雾"之中："受害者化和特权的恶臭混合构成了现代女性主义，并使得女性主义者们用以恐吓和剥削男性。"[83]但他的观点是对的，"男性空间"，这个理应针对男性的群体，其大多数讨论都致力于引导男性成功与女性交往。

124 网上发布的、关于引诱技巧的长篇大论——以及引诱圈子在分析何以进入女阴之中时所投入的大量时间和精力——表明他们确实把和女性做爱这一行为本身看得很重。但在估量女性和估量性爱，毋宁说和女性的性经历之间，"男行其是"忽略了一个关键的区别。女性构成狩猎圈子中大部分讨论这一事实不应当被看作泡学家们看重女性的信号。反之，引诱圈子把获取性爱的过程如此理论化，以至于女性的主体性已经被从等式之中彻底抹掉了。这变成了男性和其他男性谈论及竞争他们成功获得一个昂贵的商品。

对引诱圈子内部动态的仔细审视会揭示这一事实，勾搭女性在很多方面并没有圈子成员之间的纽带和竞争关系来得重要。对圈外人来说，它看上去可能像是一群男性在谈论女性，但往往女性最终只不过是在一伙男性同伴之间建立起威望并积累社会资本的一种工具。尽管"男行其是"声称泡学家需要从女性那里寻求认可，但女性目光在当今引诱圈子的思想之中并不是一个主要关切。女性的外表是至高无上的，但泡学家们被鼓励改进自己的容貌，以此变得更自信，而不仅仅是变得对女性更有吸引力。真正重要的目光是他自己的，之后是其他像他一样的人的目光。施特劳斯写到他从学生到引诱导师的崛起："在我加入圈子之前，我一直害怕在女性面前失败。现在我害怕在男性面前失败。"[84]

这种同性社交元素甚至隐含在了一些被推荐的引诱技巧之中。冯·马可维克"打开合集"——一个人出于猎艳目的而潜入男女混杂的一群人之中——的标准协议是你应当从尝试给男性留下好的印象并征服他们开始。[85] 如果男性是一大威胁的话，那这一准则尤其适用，也就是说他是"群体中的阿尔法男"（AMOG）而非倒霉的"贝塔男"。这些策略包含了一整套关于男女社会交往如何运作的假设。男性永远掌握控制权，哪怕女性才是有权力许可性爱的人。

相似地，奥维德的诗歌就是罗马贵族男性气概的表露。某种意义上，《爱的技艺》和《情伤疗方》就是关于罗马年轻男性应该，又或许不应该做爱。即使《爱的技艺》第三卷声称为女性提供怎样引诱男性的建议，它往往看起来也是为男性读者的利益而设计的。它们是主要给男性读者的书——尤其是特定的一位非常重要的男性读者：奥古斯都。这些都是一位持续在多个层面上考虑怎样制胜其他男性的叙述者和诗人所写的作品——何以先同交际花

125

奥维德方法论

的先生（vir，她的主顾或者也可能是她的丈夫）交好，进而取而代之，以及何以让自己的作品在男性挽歌体诗人所写的爱情诗这一流派中拔得头筹。

任何可能加强同性纽带的事物都不出意外地有可能面临同性恋情的质疑。泡学家们心知肚明，他们比起男同性恋中的绝大多数人，花费了更多精力在梳妆、自我照料，以及穿戴装饰上，而他们对自己非典型的男性化表现所带来的后果感到不安全。这种不安全感往往会引向恐同。被指控为同性恋在狩猎消息板上往往被用作一种侮辱，而在《把妹达人》一书结尾，"大师"对施特劳斯说："你是我生命中最重要的男人……尽量别把这想得基情四射了，好吗？"[86] 此外，罗斯·杰弗里反复地把他的对手和早先的学生大卫·德安杰洛称作"屁眼子大卫"，这很难不让人读出反同性恋的味道。

126 　　把当今美国的性向想象成直—弯的二元对立，不只是简化了事实；这是不准确的。但，在大多数情况下，"男性空间"之中男性就是这样思考的。性和性别方面的微妙表述，对他们来说简直是一场诅咒：唯一可被接受的自我呈现模式就是"异性恋男性"和"异性恋女性"。而这些范式的任何分歧，不管多小，都会造成歪曲。"红药丸"圈子反感非女性化的女性，而对男性来说，所有的偏差——同性恋、跨性别、贝塔男或者是家庭主夫——都被理解成朝向女性化趋势转变（也即"娘们儿"）。

　　罗马挽歌体作家，和今天的泡学家一样，以一种预料之外的反常方式展现他们的男性气概。"性"在古代希腊和罗马，只要我们能说"性"在那时存在，就和今天一样复杂而且具有诸多面向。[87]奥维德这样的罗马挽歌体作家，对那些诗中提到的女性，就自发地采用了一种顺从的态度。这种甘为爱情奴隶的姿态（servitium amoris，与之相对的是像参战一样进入爱情之中，militia amoris）使得这位挽歌体作家面临"mollis"的指摘：柔软，甚至可能是不育。[88]对女性过度的渴望以及与女性过度的相处，可能会让男性在他的同伴面前看上去缺少阳刚之气。

在多数情况下，诗人接纳了这种挽歌体男性气概复杂而且不稳定的结构，但从未达到他们的男性特质真正成问题的程度。这种感觉最著名的反例并非来自奥维德，而是他的先驱之一，生活在公元前1世纪中期的卡图卢斯（Gaius Valerius Catullus）。卡图卢斯因为他赞美和哀悼其情人莱斯比娅的宠物鸟的诗作而著称，同样还有他那名声显赫的浪漫"接吻诗"。[89]其中的一首写道：

> 给我一千个吻，又一百个，
>
> 再一千，再一百，
>
> 之后，当我们数过数千个吻，
>
> 打乱它们，这样我们便不会全部知道
>
> 以至于没有仇敌能用邪恶的双眼下咒，
>
> 因为知道曾有那么多的吻。
>
> （卡图卢斯5.7—13）

127

在几首诗之后，卡图卢斯以他对强迫性行为咄咄逼人的措辞，回应了他所谓的因那些接吻诗而受到的批评：

你，读过这几千个吻，

就认为我不像个男人（male me marem）？

我会肏你的屁股，然后塞进你嘴里。

（卡图卢斯 16.12—14）

这句“不像男人”完美表达了诗中情人和泡学家对自己阳刚之气呈现不足的恐惧。[90]

这种对看上去女性化或者类似同性恋的恐惧，为现代泡学家和罗马挽歌体诗人所共享，它似乎建立在一种微妙的认识之上：教授其他男性怎样引诱女性，在某种意义上需要老师先引诱学生。一个人写作狩猎指南的目标实际上并非引诱女性。他早已经完成这一目标了，尽管他肯定还打算继续这样做。但指南本身似乎对这些目标无益；实际上，如果女性知道一个男性专门学习把妹之术的话，很可能会自行逃走。

相反地，指南本身就是为那些可能成为读者的男性的赞同和购买而存在的。他们所传授并用以协助成功搭讪的技能——讲有趣的故事，展现价值——同样用在给读者看的文本当中，既要让他相信作者面对女性时的成功，又要说服他，这位作者与其他雄
128 心勃勃的泡学导师不同，而且比他们更为动人。尼尔·施特劳斯的魔咒是“泡学家必须当规则的特例”，而贯穿《把妹达人》始终，他隐晦地确立并重申他自己和引诱圈子中其他人的不同。和其他人不一样，他口才好，又有文学素养。他从一开始就声称：“我是有涵养的男人——我每三年重读一遍詹姆斯·乔伊斯的《尤利西斯》当作消遣。”[91]

对学生来说，现代的"爱情导师"已然变成了交际花，那些旨在帮助读者的技艺变得更有技巧了。学生必定为他平易近人而引人入胜的风度所吸引，之后为他的智慧和技法所折服。学生开始感觉到，有导师在他身边，世界将有更多的可能性。当然，学生愿意为实现这种可能性而买单。

围绕着一部分男性给另一部分男性讲授怎样变得在女性面前成功，一整套经济就这样兴起了。有很多书已经推出，有些价格奇高，其中就包括克劳泽的《白日狩猎精通》。另外一些泡学家运营专注于狩猎文章的网站，并从广告收益中获得收入。圈子之中最有创业精神的就是专业的"相亲教练"。即使是论坛版主这种无薪职务都能带来社会资本，而社会资本往往能够日后变现为更多有形收益，比如说卖书。

对罗马诗人来说，成功和名望有时能为他们赢得一位恩主的支持，并为他们提供经济上的保障。贺拉斯和维吉尔有着同样的恩主梅塞纳斯（Maecenas），在梅塞纳斯赠予一座小型的乡村庄园之后，贺拉斯的感激之情横溢而出。在某种意义上，诗人的地位如此就变得和交际花本身并无不同。[92]古典学家特雷弗·菲尔（Trevor Fear）很好地表述了这种矛盾："实际上，我们可以认为挽歌体在两种不同的层面上作为文学卖淫：挽歌体的叙述者试图（通常徒劳无功）在文本内部用自己的诗作换取性爱，与此同时，外部的叙述者借由呈现淫荡妇人来在文本之外用诗歌卖艺。"[93]

奥维德自己的经济模式并不明显，尽管他对自己渴望社会资本这一点从不扭捏：

把我当成先知歌颂吧，人们，为我唱起赞歌：

　　让我的名字响彻整个世界！

我给了你们武器！火神给阿喀琉斯铸造了武器：

　　去征服，像他曾经那样，用我给你们的馈赠。

但不管谁用我的剑打败了亚马孙女战士

　　他必当在战利品上铭刻：纳索乃吾师！

（《爱的技艺》2.739—744）

　　在《爱的技艺》第三卷，奥维德对他的女性读者提出了几乎一样的请求："和年轻男孩一样，在我的队伍之中的女孩们／她们当在战利品上铭刻：纳索乃吾师！"（《爱的技艺》3.811—812）一个人也许会好奇，奥维德对女性更感兴趣，因为她们是引诱的对象，还是因为她们是他诗作的读者（和顾客）。[94] 他甚至公开建议女性如果希望看上去更有文化，他们应当熟读《恋歌》和《女杰书简》（《爱的技艺》3.339—346）。

　　对奥维德来说，能够取悦女性读者，首先必定是社会资本和姿态的问题。《情伤疗方》有着同样的功能——这使得他得以夸耀，他不仅是爱情的导师，而且也是爱的反面的导师。《爱的技艺》的真正读者是罗马的贵族男性。

当"拒绝"等于"同意"

　　在《把妹达人》一书中，施特劳斯给他提到的几乎每位泡学

　　　　　　　　　　　　　　　　　　　红药丸与厌女症

家都提供了大量背景故事。里面有详细的，几乎是用喜剧式的抒情方式描述他们外貌的文字——他以这样一种方式描述这些人中一起"巡视"（也即，外出寻找能够搭讪的女性）过的一个人："葛林伯（Grimble）虽然是德国人，却有大麦一样的肤色，实际上他自称是俾斯麦的后裔。他穿着一件棕色皮夹克，里面是银色印花衬衫……他让我联想到猫鼬。"[95] 施特劳斯告诉读者他们身为受挫拙男时代的历史，以及是什么驱使着他们加入引诱圈子之中，而后列举了他们成为成功泡学家的伟大转变。反而，他特别吝惜笔墨去写他自己的征服细节，除了莉萨，他在全书结尾爱上的女人，帮助他从圈子之中脱身。在她之外，大部分女性都是用她们的单名、职业以及头发颜色来称呼的。

对一起睡觉的女性日常生活不感兴趣，这是狩猎圈子中的典型写法。考虑到"男性空间"中发生的大量人肉搜索（公开某人的个人信息，比如说家庭住址和社保账号），以及报复性的色情片（在之前的性伴侣没有明示同意的情况下公开裸照或者性爱视频），很难让人相信，他们是为了保持绅士，并保护那些他们一起睡过的女性以及她们的匿名权。更可信的解释是，只要他们能控制得了女性两腿之间，他们就完全不在意女性两耳之间发生什么。

施特劳斯留意到了他对征服女性的背景故事细节缺乏兴趣："即使我在进行很有深度的对话，了解一个女人的梦想和观点，我也只是在心里的流程表打上一个对应的钩而已。在与同性的交往中，我正发展出一种对异性的不健康态度。而最令人困扰的是，这种态度似乎让我的把妹过程越来越顺利。"[96] 这并非自我觉察的标志；施特劳斯并非真正在意那些被他剥夺了存在感和人格尊严

130

131

的**女性**。相反，他执迷于他对自己可能造成的伤害。

这种自我中心充斥着他的整本书。在书中，他谈起书中与他最后做过爱的其中一名女性："她有所有的洞：耳朵听我讲话，嘴巴和我说话，阴道容纳我的高潮"。[97] 他的自我沉迷延续到了后续的一本书《真相》之中，书中他放弃了玩弄女性。在欺骗了与他爱的女性之后，他开始了戒除性瘾的治疗，搞一夫多妻，摇摆不定，最终是一段性爱上大胆冒进但情感上空虚的开放关系，直到最后决定，他唯一真正渴望的事情就是和他一度背叛的这名女性进入到单婚关系之中。[98] 塔克·马克斯有着同样的故事线。他2015年的《伙计：成为女性所爱的男人》一书，成为2006年《我愿地狱里供应啤酒》的后续和反转，前一本书的封面——马克斯站在一位面部被削去的女性身旁，并替换上"这里是你的脸"字样——翻转成了马克斯的妻子站在一名男士身边，而他的脸以同样的方式被打码。

施特劳斯和马克斯对他们的生活方式感到不满，这并不值得惊讶。在谈起女性的时候，圈子成员很少谈及她们的名字、职业，或是个人特质。他们把目标称作 HB（hot babe / bitch［辣妹 / 婊子］，也可能是 honey bunny［兔宝宝］）并配上 1—10 的数字来表示她们的吸引力，或许还有区分她的身体特征。即使是圈子之中的一员提议追求 6 分或者 7 分妹而非追求 10 分妹，就像阿里做的那样——尽管他有时候用"十分"（dimes）这一黑人圈子中表示 10 的俚语——他们的理由并不是一个人应当看得更深而非停留于外表。相反地，阿里在其博客"黑曜石档案"（The Obsidian Files）中的一篇帖子中提到，降低标准，你就不容易被拒绝并且能睡到更多人，这能增

132

进你的信心并在未来能吸引更多漂亮姑娘。[99]一旦女性蜕变成 8 分亚裔或者 7 分红发，她们是不是就必然看起来不再像是拥有和男性同等人格的人了呢？

罗马挽歌体诗歌也有着抹杀女性主体性的相似趋势。挽歌体作家给他们的缪斯取外号，理论上是为了保护她们的身份，但实际上是把她们当作诗歌灵感的主要来源加以标记。卡图卢斯的莱斯比亚和奥维德的科琳娜，二者都选自前代女诗人的名字（莱斯比亚意味着"莱斯博斯岛的女性"，也即萨福）；提布卢斯的提莉娅（Delia）和普罗佩提乌斯的卿提娅（Cynthia）都来源于阿波罗，诗歌之神的头衔。即使这些女性在诗中被呈现为对那些倾慕她们的男性有着巨大的力量，诗歌本身仍然充当着男性控制的工具，而诗歌强调的也是男性的情爱经历。女性被仰慕、被称颂、被斥责、被久久渴求，但她们很少被赋予内在生命。[100]在《恋歌》中，当奥维德斥责科琳娜流产时，他揣测她的动机是不想在自己的肚子上留下妊娠纹（《恋歌》2.14）。但读者并未得到科琳娜的视角——只有奥维德因为这样一个未曾征得他同意的决定而感到的愤怒。

在引诱并非独一目标的情况下，女性的同意就变成了另一道需要跨越或者绕道而行的障碍。在引诱回忆录《30 人战》中的若干回忆片段里，瓦利扎德对这一心态毫不掩饰："前戏花了四个小时，而且在我阴茎插进她阴道之前，至少重复了 30 次'不，罗许，不要'。'不'就是'不'——直到它意味着'是'为止。"[101]由于作为结果的性行为从行为上来说是两相情愿，这很难被归为性侵犯——但它无疑揭露了这一事实，瓦利扎德相信他能够判定，有些对性行为的拒绝不应该被认真对待。

相似地，奥维德在《爱的技艺》中对女性同意漫不经心的无视往往使学者和理论家感到惊讶。我之前已经举过两个例子，奥维德确信男性的渴望最终将带来女性的默许，而且女性**渴望**男性偷偷强吻，除此之外，通过告诉读者女性希望被强迫而她们的拒绝往往也是虚心假意，奥维德最终把这一逻辑带向了无法避免的结论：

> 不论谁夺去亲吻后不一并攫取其他的
> > 那他必定活该失去那已被给予的。
> 亲吻过后，你几乎已经拔得头筹了！
> > 哎呀——那不是谦虚，而是木讷！
> 你想的话就说是强迫，强来总是能取悦女孩子的；
> > 她们所喜欢的，往往也愿"违心"拱手相让。
> 谁曾被爱神紧紧的一抓而感到衰渎
> > 就会感到快乐，而邪恶反被当作一种服务。
> 而她，本可以被强迫，却又全身而退？
> > 虽然强颜欢笑，她将黯然神伤。
> 福柏一度遭受暴力，那加诸她姐妹身上的暴力，
> > 而被劫的人对劫匪都满心欢喜。
>
> （1.668—680）

当奥维德说女性"开心"的时候，选用的词是 gaudet——通常是女性性高潮的委婉说法。"导师"建议男性，强奸能够给女性

带来性快感。

有些学者相信奥维德在这里并不真诚，他在取笑读者并且玩弄读者的预期。罗马挽歌体诗歌中充满了强奸"写作"，其中挽歌体作家用假设性的说法谈论强奸，奥维德在这里的建议可以被解读为对这一方式的一种自发评论。[102] 终究，奥维德是著名的专家，擅长看上去同时在支持以及颠覆文化习俗。但不论我们是否论断奥维德并不认真，都必须牢记，"男性空间"认为奥维德在这里的想法实际上是确切的——女性通常都**希望**被强奸。[103]

在博客帖文《当"拒绝"意味着"同意"》中，瓦利扎德似乎和奥维德的"导师"在同样的原则之下行事。他写道："尽管每个女性主义者都喜欢重复'不就是不'的说法，但实际上要看情况。"他继续道：

134

> "不"在你试图脱掉她牛仔裤或者衬衫时意味着……"你要让我再性奋一点。"
>
> "不"在你试图解开她胸罩时意味着……"五分钟后再试试。"
>
> "不"在你试图脱掉她内裤时意味着……"现在不要停！"[104]

最后一种现象在引诱圈子中被称作"最后一刻抵抗"（last minute resistance，简称 LMR），也即女性试图阻止性交从而避免被当作荡妇的这一倾向。关于怎样"冲破"最后一刻抵抗，网上有大量可以看到的信息，因为泡学家们论断这种抵抗是一道需要

145

跨过去的坎，而非女性拒绝性行为的标志。瓦利扎德在同一篇帖子里指出，如果女性自愿在男性面前脱掉衣服，她就是希望做爱，因为"一般男性因为他作为动物的天生弱点而情不自禁，其生存就全部依赖于能否成功交配"。[105]

引诱圈子试图用伪科学来论证自身合理的趋势，这一危险的方面在他们的信念中昭然若揭，他们相信任何程度的女性性兴奋一旦和男性本能的性冲动相结合，其结果只能是两相情愿的性爱。[106]瓦利扎德就在《30人战》中尽可能直白："我完全有权做任何我想做的，只要有吸引力。这就是为什么你能偶尔把手指插进女孩的肛门里而她如果不喜欢的话就会礼貌地把你的手挪开，而非向你认怂。"[107]

这是否和性侵犯相等同，要取决于遭遇这些的女性怎么看。即使她事后感到自己被冒犯，这点我们不难想象，双方很难对簿公堂。不考虑法律定义，瓦利扎德对何以构成强奸的个人界定似乎难以置信得狭隘：除了主张性兴奋表示同意手指插肛门，以及脱衣服表示同意做爱，他还认为哪怕和喝得烂醉的女性性交都不构成强奸。[108]

瓦利扎德自己承认，他曾经犯下法律上能被判定为性侵犯的罪行，包括和喝得烂醉的女性睡在一起，尽管他仍然主张"指控我是强奸犯是居心歹毒的谎言"。[109]他远非引诱圈子中的唯一一个强奸犯：在《泡学猎手自白》中，索恩描述过一份她在快速引诱论坛网站读到过的"上床报告"，其中就描述了一次基本毋庸置疑的强奸。[110]另外在 2015 年，生活在圣地亚哥的三名泡学家——亚历克斯·史密斯（Alex Smith）、乔纳斯·迪克（Jonas Dick），以及詹森·柏林（Jason Berlin）——因强奸被指控。史密斯选择接受审判并最终被宣判有罪；另外两人认罪。他们是"实时社交动态"（Real Social Dynamics）泡学论坛的用户，并且精通他们所称的"接龙局"，其中，每当一个男性和这个女性发生完性关系，另一名朋友立刻接上来，通常不会问及女性是否同意。[111] 史密斯在论坛中写道："她通常会短暂地崩溃……让你的伙伴加入进来并开始做任何想做的，升级，之后起身离开，换你的伙伴继续。"[112] 他和乔纳斯·迪克被一家名为"成功搭讪"（Efficient Pickup）的公司聘请为约会教练。[113]

如果像其辩护者声称的那样，狩猎的要点在于教授男性怎样在面对女性时更有技巧，那么强奸就显然并无必要。同时能够在奥维德和当代泡学家那里找到的对性侵漠然的态度，就表明这些文本的目的，不论它们宣称什么，都**不是**教授男性怎样变得对女性有吸引力。毋宁说，这是在告诉他们，男性的欲望比女性的边界感要来得重要——女性渴望什么、想什么，以及赞同什么，都无关紧要。

冯·马可维克《秘技》一书，原本的题目是"爱术手册"（The Venusian Arts）。[114] 这一题目是有计划的，因为人类被设定要生存和繁衍这一想法对他的世界观来说至关重要。能够帮助生存的技术就是武艺，从罗马战神马尔斯（Mars）得名，而帮助繁衍的技艺就是爱术，源自罗马爱神维纳斯（Venus）之名。

奥维德同样把他的作品看作战神和爱神之间的一场矛盾。他在《恋歌》的开篇声称他原本打算写作战争，但丘比特从他长短

短格六音步诗中偷走了一个音步，从而使之变成了挽歌体双联
（《恋歌》1.1.1—4）。在《爱的技艺》中，对奥维德的叙述者来
说，爱情本身就是战场：男性情人往往被比作特洛伊战争中的英
雄，而女性情人就是亚马孙女人（《爱的技艺》3.1—2）。[115] 而在
《情商疗方》中，奥维德教授男性和女性何以从爱情中疗愈，他想
象丘比特正看着这部书的标题并认定奥维德正在对他"准备开战"
（《情商疗方》2；Bella mihi, video, bella parantur! ）。

　　延续这一战争主题，在《爱的技艺》第三卷中，奥维德的讲
述者承认，他担心通过给女性提供怎样诱惑男性的建议，他将有
效地武装起敌人："让我们把一切都交出来（我们已然向敌人敞开
城门）/ 以及，在我们不守信义的背叛中，让我们守约。"（《爱的
技艺》3.577—578）在维纳斯命令他写作一部教授女性何以引诱
男性的著作之后，奥维德感到痛苦：

137

　　　　我在做什么——我疯了吗？为何对敌人袒露
　　　　胸膛，
　　　　　　并给他们提供证据以背叛自己？
　　　　鸟儿不会告诉捕鸟人哪里最能
　　　　　　抓到自己；
　　　　鹿不会告诉可恶的猎狗怎样追逐。
　　　　（3.667—670）

　　但如果就引诱而言，女人是一大敌人，那么《爱的技艺》前
两卷比最后一卷要更有破坏力。毕竟，女性读过前两卷可能就已

经学会了怎样分辨男性的引诱技巧，并加以回避，而用起第三卷中的建议的女性，就是这场狩猎中的积极参与者。此外，《爱的技艺》前两卷似乎是在给真正的敌人——可能最后参与到引起对象注意这场竞争中的其他男性提供建议。

对这一反对意见的明显回应是，奥维德并非完全认真。尽管奥维德诚然从来完全认真，但男女从某种意义上互相开战这一说法，揭露了文本中关于性别互动的若干假定。这甚至可能会指向同引诱圈子心态之间的相似之处，其中性是一场零和博弈，因为男性的天职是和女性睡觉，而女性的天职是限制性爱发生。[116]罗斯·杰弗里给出了这一概念最为简洁的表述：**"对男性来说，发生关系是一种义务。对女性来说，发生关系是一种选择。"** 杰弗里在他的导言中以"闲话少叙。我们男的来打一仗"作结。[117]

对这些男性来说，性爱就是战争，而女性就是要攻陷征服的敌人。女性被告知，她们的外貌就是最大的优势，因而泡学家们总是通过想方设法迂回地批评她们的长相来否定她们。女性始终被社会压力和娱乐媒体警告，不要"疯狂"行事，因此魏德曼建议在社交应用 Tinder 上用"那你有多正常？"这一问题当作开场白。[118]狩猎策略就是为利用女性弱点而设计的，尤其是社会所构成的那些弱点——尽管他们肯定会说，女性从生理上就被编定，需要寻求男性的认同——从而操纵女性进入到除了片刻肯定之外什么都不能提供的性交之中。[119]

瓦利扎德引诱丹麦女性却失败的经历证实了引诱技巧对那些身处情感和社会弱势地位的女性最为奏效。[120]在他 2011 年的《别打丹麦炮》一书中，乍看上去他对丹麦优秀的社会服务给予了赞

138

赏："丹麦人并不知道缺医少药或者求学无门是怎样一种感受。他们并不害怕无家可归或者永久失业。政府令人宽慰的手总会抓住每一个跌落下来的人。"他继续写道，"如果你有钱美国就很好，但丹麦对每个人来说都很棒。"[121] 每一个人，除了那些来这个国家只是为了和丹麦女性睡觉的性游客之外。

事实证明，丹麦女性对标准的引诱策略免疫，因为她们并不需要依赖男人才能获得各种支持：

> 几万年来，女性努力与财力雄厚的最强男性结婚，以期能过上舒适生活（或者仅仅是为了活下来），但在丹麦，这些完全没有必要。丹麦女性不需要找男性，因为政府会照料她和她的猫，而不管她在求偶方面是否成功。她的生活质量并不会因为她独身终老而受到任何负面影响，那时候她的猫还能根据丹麦法律继承她的遗产。[122]

139　　　这一让瓦利扎德伪进化心理学失效的经济平等，其结果就是丹麦女性"不太想采用一种更可能吸引男性的、更宜人的姿态或者风格行事"。[123] 此外，丹麦是个"高度女性主义的国家。这个地方的女性认为她们和男性平起平坐，甚至地位更高，她们热衷于阉割男性来展现自己的阳刚之气"。[124] 瓦利扎德对丹麦女性的外貌极端不满，他留意到丹麦最有吸引力的女性利用她们的美貌来当模特或者妓女。而对其他人，"她们所有的只是阴道以及你根本不想听的观点。就是这样。我在世界上碰到的最不像女人而且雌雄同体、机器人一样的女性之中，丹麦女人拔得头筹"。[125] 他向丹麦女性求欢的尝试是如此失败，以至于他决定转而靠恶毒咒骂她们来找寻快感："我对丹麦女性有着这般深仇大恨，我试着尽我所能毁掉她们，从而让这个世界变得更好。"[126]

丹麦的社会主义服务使得丹麦女性对性游客来说缺少吸引力而且难以触及。丹麦女性，在瓦利扎德看来，在身体和气质上和美国女性接近，他将这一评价视作严重侮辱。然而，美国女性仍可以被猎艳，因为她们还在从男人身上寻求经济支持和情感肯定。似乎一个社会越父权制，引诱策略就越能发挥作用——尽管这一观察和泡学思想直接相矛盾，后者依赖于这一观点，越是社会进步的地方，猎艳就越必要。

尽管瓦利扎德无意中描绘了丹麦的一幅乌托邦情景，他同样揭露了在其他引诱指南背后令人不安的事实，其中就包括了奥维德。尽管引诱指南声称男女要公平竞争，实际上泡学家往往在打压女性的社会中大量涌现，而泡学指南则教授男性怎样尽可能开发他们相对女性无穷无尽的社会优势从而收获性爱。

通过树立男性应该怎样引诱女性的榜样，这些文本同样暗中描述了合理的**女性**行为。那些对引诱技巧做出恰当回应，或者符合期待的女人，就获得"女人的"这一描述作为嘉奖，而那些未能遵从标准引诱流程的女性，就是不正常和不女人的。这些指南不仅给男性提供建议，它们同样调节读者，使之期待特定种类的女性行为，并允许他们在女性不按照这些行为规范表现时感到震怒。22 岁的埃利奥特·罗杰（Elliot Rodger），2014 年 5 月在伊斯拉维斯塔（Isla Vista）枪杀 4 人，伤 16 人，一度在最近倒闭的网站恨PUA 论坛（PUAHate）上频繁发帖，在这一在线论坛中，那些未能成功使用引诱建议的男性互相挑动彼此对泡学家和女性的憎恨。

引诱导师们声称传授男性怎样在面对女性时取得成功，但他们实际上在传授怎样识别并利用女性的社会弱势。引诱建议同样让狼子野心的泡学家敢于猛烈攻击那些拒绝他们的女性。奥维德《爱的技艺》甚至也告诉读者怎样虐待交际花从而达到对她而言将他接受为一个潜在顾客是最好的程度。在一个女性得到支持并受到重视的社会之中，留给泡学家们唯一可行的方法就是实施性侵犯。诚然，《别打丹麦炮》就以瓦利扎德迫使一名 18 岁的处女和他睡觉并反复思考为什么看到被单上的血迹让他如此兴奋作结。[127] 由于左翼的社会进步让猎艳策略失效，泡学家们无疑会渴求那已然逝去的种种古代罗马习俗。

在 2017 年 Chateau Heartiste 上的一篇文章《权欲运动》中，魏德曼建议那些身处恋爱关系中的男性从背后接近他们的伴侣，用手臂搂住她，并且告诉她不要回头：

> 现在她被迫脸朝前看，也许是朝着厨房水池，发现窗外树叶在夏日的阳光下成熟，她完全没入我的身体之中，而我的父权主义压进了她的背后。我掀起她的裙子，或是解开并脱下她的裤子，就像旧日白人殖民者一样四下探索。她始终屈服于我含情脉脉的调戏，她的后背就是我的；她从未锁定目光。这种男性权力、威风凛凛以及她感官脆弱的混合，对女性大脑的边缘系统来说是致命的，把她的树突细胞炸成了火山喷发出的熔岩灰烬。[128]

除了魏德曼明显对他自己的冒犯行径洋洋自得，这篇有趣的
文章同样揭示了很多情况下泡学家们是怎样考虑问题的。显然，
魏德曼相信他已经挖掘到了某种自然而且生理性的真相：她神经
系统中的"树突"（dendritic fuses）隐晦地把她的"边缘系统"
和"树叶在夏日的阳光下成熟"相连。（dendron 在希腊语中就是
树的意思。）但贯穿始终，他同样强调了何种程度上她的欲望受到
社会调节：她站在厨房水池旁边，而他的勃起是"父权主义"，他
的触摸被比作殖民主义。尽管引诱圈子声称他们的策略从进化心
理学中演化而来，但实际上完全依赖于社会调节，并反映了作者
的社会背景。

奥维德《爱的技艺》对引诱圈子的吸引力很容易理解：一部
两千年之前的诗作所给出的建议和今天四下散布的如出一辙，这
种存在本身就有力地验证了泡学家们的观念。奥维德作为文坛巨
匠的地位是一种巨大的加成，就像他的作品（比如说我在第一章
中已经讨论过的《变形记》）已然被所谓的"社会正义斗士"视为
"危险"一样。

142

不幸的是，奥维德的文本对泡学家在理论上更有用，而
非实践上。在书评中，瓦利扎德称阅读它的文本为"一项苦
差"。[129] 魏德曼评价"其中建议非常有失公允"。[130] 这一文本对他
们的用处只限于确认他们关于历史、性别与性的观念以及借由赋
予他们古老血统来肯定他们的"技艺"。

如果用来论证现代猎艳建议，那奥维德的文本实在价值有
限，但它非常有力地点明了泡学思想之中的过错和风险。单独来
看，《爱的技艺》往往被学者们看作一部有趣的文字游戏，引诱指

南则作为两性游戏常识性的制胜秘诀而被原谅了。但当我们把两者放在一起，就要以不同的方式分别看待了。如果一个人能意识到今天引诱圈子中类似的观点何其广泛的话，那奥维德随意提及性侵犯似乎就更为罪恶，而不那么讽刺了。正如奥维德展现的那样，对一些特定男性来说，最有吸引力的想法就是掌握了爱的技艺——也即，学会怎样以一种能为社会所接受的方式去侵犯女性的边界——可以同时作为社会评论和政治反抗。

第四章
何以拯救西方文明

在"王者归来"2017 年的一篇文章《虚假强奸指控的问题阴魂不散》中，作者克里斯托弗·利奥尼德（Christopher Leonid）声称："身负一两项强奸指控正越发变成一位有价值男性的标准惯例。"关于虚假指控这一主题的文章在"红药丸"各大论坛中非常常见而且受人欢迎，但这篇文章是以一种反常的文学和古典风格构建起来的：其副标题为"希波吕托斯之死"，文章的英雄画像是荷兰画家劳伦斯·阿尔玛-塔德玛爵士（Sir Lawrence Alma-Tadema）于 1860 年所绘的同名作品。[1]

希波吕托斯（Hippolytus）及其继母斐德拉（Phaedra）的神话故事，在千年间被不断讲述和重述。故事的具体细节在各个讲述版本之间差别很大，但在每一个版本中，雅典国王忒修斯之妻斐德拉都和继子希波吕托斯热恋。希波吕托斯是个很明显的贞洁少年，他喜欢打猎而不是女人，而当他拒绝斐德拉时，后者向丈夫谎称希波吕托斯强奸了她。忒修斯由此将其生父海神波塞冬的诅咒降到希波吕托斯之上。希波吕托斯在一场可怕的车祸中身亡，而斐德拉也自尽身亡。

将塔德玛的画作和利奥尼德的文章并列，这一修辞策略对读到这里的人来说意图都是显而易见的。这一图像暗示，虚假指控是一种一直留存到今日的古老问题，因为做出惩罚性的虚假指控的冲动，在本质上就是女性的"天性"（一种反复出现的"红药丸"式执念），而且始终如此。比如"红药丸"套话，"所有女性都这样"（AWALT）。此外，赞颂这一古典化风格以及这一塔德玛作品的主题素材，也就赞成了欧洲传统西方艺术的霸权地位和上乘质量。无论利奥尼德还是其编辑选用的这一图像和这一副标题，这些运用都无缝贴合了"王者归来"整体上的风格与气质。

虚假强奸指控是"红药丸"圈子内部众多不同派别之间的一大共同执念。大流士·"罗许"·瓦利扎德，泡学家派别中的一大代表人物，时常就这一主题写作。在 2015 年的帖文《男性应该开始用隐形相机记录性爱》中，他提议男性应当秘密对所有的性交进行录像，从而杜绝任何受到虚假强奸指控的可能——即使是在若干个州中，未经同意就摄录某人这件事本身就是违法的。[2] 他在一篇 2014 年的博客帖文中同样主张，"所有公开的强奸指控都是假的"，这一点我将在本章稍晚处回顾。[3]

2010 年，男权运动网站"男性之音"发布了一篇保罗·伊拉姆所写的文章《强奸审判的陪审意见？无罪！》。伊拉姆事后声称这篇文章是"故意煽风点火"，他曾写道："**如果我被叫去做强奸案审判的陪审员，我会公开投无罪票，即使是面对指控成立的压倒性证据**"，因为"强奸犯走在大街上，这总好过一个只会嘲弄正义并奴役另外一个无辜男性。"[4]

MGTOW 网上的一条帖子宣称"假强奸远比强奸恶劣",这一网站是"红药丸"中"男行其是"部分的线上中心。关于错误对等,这一"红药丸"最爱用的修辞误导技法,这是绝好的一个例子。这一帖子的作者宣称,就受到虚假指控而言,"**精神 / 情感上的创伤将持续更久因而更为严重,从而毁掉一个人的幸福**";他同样相信"女性不仅在大多数情况下并未受到伤害,她们还享受得很。女性就是想找坏男人以及在爱情上占主导的男性。她们就喜欢被这样对待以及被男性虐待(这些不是天方夜谭而是已被证实的生活事实)"。在女性天性使她们更容易享受强奸这一评价之后,他总结道:"只有女性主义者会说这两种情况相互等同或者强奸更糟糕……而显然**虚假指控后果的严重程度和时间的跨度上都要大许多**。"[5]

关于虚假指控的文章、博客帖文以及 Reddit 帖子太多了,以至于我们很容易就能把它们区分成明显的分支流派:有的文章提供怎样避免虚假指控的建议或者如果遭到指控该怎样应对,有的文章专门强调虚假指控和更高教育水平之间的关联,有的文章剖析公开的强奸指控从而论断它们是虚假的,还有的文章提议对做出虚假指控的人进行适当惩罚。

考虑到这种对虚假指控的痴迷以及"红药丸"圈子时常引用古典文本来支持他们反女性的政见,我们可以预想,"红药丸"会对一部关于虚假强奸指控而且有着灾难性后果的古代神话感兴趣。但利奥尼德的文章是少见的例外。即使希波吕托斯的神话似乎完美符合"红药丸"叙事,在最流行的"红药丸"网站和分版上检索他的名字，只能找到寥寥无几的结果。[6]考虑到"红药丸"最喜欢的古典作家创作了这一神话的文学版本，这种意兴阑珊尤其令人惊讶：建议尼禄皇帝控制情感却未曾成功的斯多亚哲学家塞涅卡，以及因为写作被称为"现存最古老的猎艳书"而被流放黑海的奥古斯都时代诗人奥维德。在塞涅卡和奥维德手中，斐德拉似乎独特地适用于证明，急于指控男性强奸是历史上女性心理的恒定现象。

尽管"红药丸"对希波吕托斯和斐德拉的兴趣很少，我却相信在"红药丸"思想的背景下阅读这一古代神话，仍然是值得的。这些男性对虚假指控深感着迷而且相当程度上持一种宿命论的看法；正如利奥尼德文章标题所称的"这一问题……阴魂不散"。[7]但所谓的虚假指控不可避免，并非像利奥尼德和伊拉姆这些人所宣称的那样，是男性在我们"女性中心"社会下受到不公待遇的证据。相反，如果斐德拉的神话能够告诉我们什么的话，那就是即使在最为父权主义和最为苛刻的条件下，虚假指控仍然可能发生。仔细审视这一神话，将回绝"红药丸"对产生虚假指控的性与性别政治所做的错误而有误导性的叙述。

女性主义者们往往通过援引统计数据试图证明虚假指控数量过少以至于不值得专门关注来回应这些关于虚假指控的讨论。[8]由于统计数据本身就相当难以解读，因此这一策略鲜有成效。一种更为成功的策略，可能是挑战"红药丸"对虚假指控假设背后构成其基础的种种概念的定义：对这些男性来说，同意究竟意味着什么？而强奸又意味着什么？在何种情形之下，他们相信男性理当为其性行为受到惩罚？他们希望生活的世界，其中的性别政治是什么样的？

2015年，瓦利扎德发表了（在当时）备受争议的博客帖文《女性的行为和决定权必须把握在男性手中》。在这一帖文中，他提出了这一问题："男性就平均而言，比女性做决定更好。如果你相信这一点为真，这并不比接受柠檬都是酸的这一论断更难，那么为什么女性能自己做出决定，而不需要先从更为理性和稳健的男性那里寻得赞成？"他主张，虚假强奸指控是给了女性自己做决定这种不劳而获的权利所带来的自然后果。"当你在国家的全力支持下，坚定不移地给予一个女性社会信任，她会做什么？**出于报复而错误地指控一个男性强奸和滥用暴力，或者只是为被抓到出轨的自己找个借口**。"[9]

瓦利扎德为虚假强奸指控给出的解决措施是授予男性控制女性亲属的权力。他援引历史来论证这一观点的合理之处："就人类历史的主体而言，她们的行为方式明显受制并服从于部族、家庭、教会、法律，或者严苛文化准则这一整套体制的同意。"[10] 正如他所提出以及我将在本章中晚些时候回过头来讨论的，这种想法非常陈旧。在古代雅典，女性生活在一位男性监护人（kyrios）的控制之下，通常是父亲或者丈夫。在罗马，"父家长"（pater familias）对他的妻子、子女和奴隶有着相当大的控制。

"红药丸"中写作关于古代世界的那些男性，往往要让他们的读者相信，从古代世界到今天有着一条直线，男女行事方式上存在着一种连续性。然而正如我先前一直主张的，这种关于延续性的幻觉实际上是一种意识形态导向的策略，意图在当今世界**复元**古代的种种规范。男权活动家、泡学家，以及"另类右翼"用古典学说来支持他们激进而开倒车式的性别政见，似乎不仅正常合理，而且从始至终都是传统意义上欧洲的。

对斐德拉故事的仔细考察将揭示虚假指控怎样在关于强奸的神话创造的核心运作。这一古代神话揭示了关于女性性行为和女性信任的焦虑，而这种焦虑很大程度上在今天的美国仍然存在——"红药丸"男性所玩弄和挑拨的层层焦虑。这一修辞策略是推崇白人社会的这一更大计划中的一部分，在这一社会之中，女性对性行为的同意将变得无关紧要，而因此，女性声称她并未表示赞成——一种强奸指控——将不会带来什么后果。

强奸迷思与关于强奸的迷思

任何关于虚假强奸指控的可信讨论都应当首先确定表述：什么是强奸，以及什么会构成虚假强奸指控？由于决定何者能构成性侵犯的最终权力掌握在政府的手中，因此这一关于术语的讨论实际上是关乎政治的讨论。确切来讲，是父权主义之下关乎性别的探讨，因为女性主义关于强奸的定义和"红药丸"关于强奸的定义建立在我们社会有多父权主义以及应该有多父权主义的预设之上。

对虚假指控的讨论往往充满情绪，因为这些讨论触及了我们对社会何以处理和看待强奸方面最深的不适。残酷的事实就是，从旁观者的角度来看，强奸和合意性交之间的区别通常也就是有一方拒绝了，或者甚至没有同意。除了受害的心灵，强奸往往不会留下任何踪迹。在缺少实体证据的情况下，斗争的焦点就在于谁的叙述能够取胜：她说的，还是他说的。另外，就像我在第一章中所讲的，在"红药丸"中的中心关切就是对抗"叙事"。

我们法律体系的核心信念之一就是在证明有罪之前被控告者无罪。但许多女性主义者愿意相信和支持那些声称自己是性侵犯受害者的人。那么，我们应该如何调解这两种立场在根本上不可调和的这一事实呢？如果我们相信受到指控的强奸犯在被证明有罪之前无辜，那么在某种程度上，我们也不得不相信受害者可能说谎，直到他们能证明自己所讲的是真话？

这一显而易见的矛盾是"红药丸"中应对强奸指控的方式的自然延伸。这同样不必要地被简化了，因为指控者和被指控的双方都可能是在讲他们所认为的真相，而可能并不存在双方能达成一致的客观真相。然而我们比起接受这种程度的细微差别，更容易推断女性是天生的骗子。正如两位社会学家指出的："[虚假指控]这一术语代表了一种僵化的结构：一个简单粗暴的概念，其中存在着巨大的错误归因……这种归因是由刻板印象式的信念和假设指导的；迷思。女性'喊狼来了'。这只是从认知上更容易说得通。"[11]

换言之，理解"撒谎植根于女性天性之中"这一观点更为容易，而非试图确定虚假指控是否像一部分女性主义者声称的那样，发生得太少以至于是一个不存在的问题；还是说像"红药丸"网站上所呈现的那样，如此寻常，以至于男性需要始终加以提防。现有关于虚假指控的最佳统计是，大约8%的强奸案件是由存心捏造的人所报告的。（1994年尤金·卡宁的一项研究时常在"红药丸"

论坛中被引用，这一研究表明 41% 的指控是假的，但因为其使用极端错误的方法而受到广泛批评，包括把所有的撤诉统计为虚假指控。）[12] 但即使是这一来自联邦调查局（FBI）和司法部 1996—1997 年间报告的 8% 的数据，充其量也是过时的。[13] 8% 是一个小数目——尽管并没有小到能表明虚假指控太少以至于不值得讨论的程度。

在《如果警察审问你性交经历该怎么办》中，一个用假名"怒雷"（Relampago Furioso）的"红药丸"作者写道："女性总是说谎来报复男性，而虚假强奸指控就是我们社会中的一大严重问题。女性甚至会捏造出全套的性经历来毁掉一个男性的名望和声誉。犯罪统计能证明这一点。如果你想考虑得更哲学一点，一个世纪前的一位大哲学家把它称作女性'伪装'的内在本能。"怒雷"继而引用阿瑟·朔彭豪尔（Arthur Schopenhauer），"男性空间"中最受欢迎的厌女哲学家之一："也许不可能有完全诚实又不遮掩的女性。"[14]

"怒雷"的"数字表明［虚假指控］每天都在发生"这一论断正确吗？并不全是，因为虚假指控的"数字"远未被一致认同，[15] 即使"怒雷"承认"关于有多少强奸指控是诬告的数据鱼龙混杂。低的估计说 1%—2% 是假的，高的说 90% 是假的"。[16] 与其说追求统计上的准确，毋宁说他援引朔彭豪尔的哲学观点来支撑他自己的观点——在这一点上，这种论证策略对本书的读者来说已经是再熟悉不过的了。

没人能否认虚假指控的存在，尤其是在近年来众所周知的少数案件之后——最著名的是 2006 年杜克大学曲棍球队三名成员受到的指控，以及"杰姬"（Jackie）前后矛盾的故事，她是《滚石》（*Rolling Stone*）对弗吉尼亚大学（University of Virginia）兄弟会中强奸文化的文章《一起校园强奸案》（A Rape on Campus）一文的主人公。[17]但在既不知道有多少起强奸发生了却没有被报案，也不清楚有多少报了案的强奸实际发生了的情况下，我们不可能判断虚假指控有多频繁。

实际上，更为本质性的一大问题就是，哪怕在究竟什么意味着一场强奸"真正发生"这一点上，我们都未能达成一致。[18]何为虚假指控的定义就分歧更大。[19]是不是只有当某人知道强奸并未实际发生时怀着恶意做出的强奸指控才能被看作是诬告？还是说如果受害者对发生了什么并不清楚并且无意中给出了误导性或者不准确的信息，我们也可以说是虚假控告？比如说，我们可以设想，某个人在聚会上被下药强奸，而且完全不知道是谁干的。他们向警方报案，尽他们所能提供了最清晰的线索，而警察之后逮捕了错的人。这是不是虚假控告？有些人甚至会说任何未经确认或者无法证实的强奸指控都是假的。这一用法暗示，**任何**被判定无强奸罪的人都算遭到过针对他们的虚假指控，这就消除了真相与法庭上可以证明的事实二者间的巨大距离。

由于"红药丸"对强奸的定义非常狭隘，这一圈子对虚假指控的定义尤其广。正如我在前面章节中提到的，泡学家们相信有时候"'不'意味着'是'"，他们自我训练从而期待能克服性行为发生前的最后一道障碍，也即所谓的"最后一刻抵抗"。在这一背景下，我们很难想象他们能接受**任何**被归为典型约会强奸的性骚扰是"真正的强奸"。不幸的是，法律对强奸的定义似乎往往和"红药丸"的定义相似：正如朱迪思·赫尔曼（Judith Herman）所写的："在实践上，构成强奸的标准并非依照女性对侵犯的感受来设置，而是略高于男性可以接受的胁迫程度。"[20] 结果就是，关于强奸的定义如此狭隘，以至于在这一定义之下，没几个女性可以完全确信地声称她们自己遭到过强奸。[21]

恨婊（SlutHate）网站上的一篇帖文用特别赤裸的话明确说出了"真实"和"虚假"强奸之间的区别。一个自称"迪安·萨克斯顿兄友"（Brother Dean Saxton）的人列举了他所谓的"强奸哲学"，并讲道："我的意思很简单：女性就是财产。女性一顶嘴，男性就应该把她痛打一顿，直到闭嘴为止。此外，当荡妇们参与到滥交和其他罪恶的行径之中，就应该用强奸她们来加以匡正。"他在后续的帖文上进一步阐明：

> 我们想要告诉男性，尽管现在只要合意性交的同伴发生买主［原文如此］反悔，一个无辜的男性就可能比以往更容易地被判处强奸罪，现在一个有罪的男性同样更容易全身而退——**只要按照我们强调的方式办：真正的强暴强奸，比如说黑巷子里，戴着滑雪面具，陌生人强奸。**[22]

"强奸哲学"分版以及相关博客都已被关停；即使是在"红药丸"圈子中，这些也是极端见解。然而，萨克斯顿对"强暴强奸"（rape-rape）的定义可能在圈子之中被广泛接纳成唯一一种"真正"的强奸——以及支撑其哲学的基本论断，即"女性是财产"这一想法是"红药丸"（尤其是"另类右翼"）性别政治中主流一派的

152

基础，我将稍后讨论这一点。

在这个话题范畴的另一侧，一部分激进的女性主义理论家已经指出（或者我们认为已经指出）**所有**父权主义之下的异性恋中的性行为都是强奸。"红药丸"中的男性享受嘲弄学术上的女性主义理论，但他们发现了这一条特别的理论，它和第二波女性主义中安德里亚·德沃金（Andrea Dworkin）和凯瑟琳·麦金农（Catharine MacKinnon）紧密相连，比其他任何理论更加荒唐。实际上，德沃金和麦金农从来没有做出过这一论断，至少没有说得这么直白。德沃金实际上写的是：

> 性交发生在普遍而无可争议的权力关系背景之下。这种行为发生的背景，无论这一行动自身的意义何在，其中都是男性掌握着对女性的社会、经济、政治以及肉体权力。有些男性并不对所有女性掌握所有这些权力；但所有男性对所有女性都有一些权力；而大部分男性对所谓的"他们的女人"掌握控制权——他们肏的女人。这一权力由性别预先决定，由身为男性决定。[23]

这一立场比"红药丸"中男性所呈现的要微妙得多，他们将德沃金描述成一个对男性滥用仇恨言论而从未遭到批评的人——尽管他们自己就因为直言不讳以及不够"政治正确"而被妖魔化。2015 年，"男性之音"的一篇文章《所有女性主义者的确都是这样》甚至把德沃金称作"女性主义中的大卫·杜克"。将德沃金和前三 K 党（Ku Klux Klan）大帮主（Imperial Wizard）大卫·杜克（David Duke）相提并论，这公然利用了由最极端和最臭名昭著的反黑种族主义形式挑起的愤怒——在大卫·杜克成为"红药丸"圈子中蒸蒸日上的白人至上主义派中的英雄人物之前的一些年里——来质疑女性主义学者为推进性别平等所做的努力。[24]

但就连其他女性主义者也曾以相似的方式描述德沃金和麦金农的论断："安德里亚·德沃金和凯瑟琳·麦金农长久以来一直主张，在一个父权主义的社会之中，所有的异性性交都是强奸，因为女性，作为一个整体，并非在一种强大到可以给出有意义许可的社会地位之上——对女性个人自主权的侵犯，这让人不由自主地想起以前关于女人不应享有政治权利的论点。"[25] 德沃金和麦金农的立场，在这一表达方式之下，就是男性和女性的性交在概念上类似奴隶主和委身为奴的人之间的性关系，或者医生和患者，教师和学生，清醒的人和醉鬼。权力动态朝其中一方的方向偏斜得如此严重，以至于另一方不可能真正有同意的权力——或者，更为重要的，有**保留**同意的权力。除非我们生活在一个不那么父权主义的社会之中，诚如德沃金和麦金农所主张的，所有女性对和男性性交的赞成在某种意义上都是被胁迫的。用麦金农的话说："已然证实强奸如此难以界定，因为其无可争辩的出发点一直是强奸在定义上有别于性交，但对女性来说，在男性主导的条件下，二者难以区分。"[26]

这一立场，以及被归于德沃金的观点，通常因抹杀女性的能动性和自主权而招致批评。但所有异性性交都是强奸的这一观点的确是某种稻草人女性主义，是对已经是刻意挑衅和夸张的思想的进一步操纵。真正的问题似乎是，在何种程度上，我们能同意，我们生活在一个如此父权主义的社会当中以至于所有女性，无论阶级和种族，都被否认了拥有自主权和能动性的可能。[27]

无论一个人是否赞成德沃金和麦金农，认为这一描述是可以被有意义地应用到当今美国的，我认为也不会有人质疑古代雅典和罗马确实是严重限制女性自主权的社会。那么古代世界中所有的性交也都但是强奸吗？还是说——正如有些学者所指出的——古代世界中并**没有任何一种**性交是我们今天所理解的"强奸"？这些问题可能一度只有古典学学者感兴趣，但在这样一个世界中就有了新的迫切性，其中"红药丸"的作者们正公然尝试，要复元古典世界的性行为规范。

古典世界中的强奸与婚姻

何为强奸文化？这一术语用得很多，但其含义却鲜有共识。在今天的美国，什么能被认作强奸文化？在大学校园之中呢？在那些狂热投入到橄榄球队的高中里呢？许多为"红药丸"网站写作的男性会强烈反对，认为强奸文化在我们国家中根本不存在。反而，举例来说，他们指向了穆斯林移民或者"强奸移民"所犯下的性侵案件，并以此来证明伊斯兰才是真正的强奸文化——在修辞上把指摘从美国（以及，这里所暗示的，白人）男性身上转移给了外国的穆斯林男性。无论如何，许多人也许会赞同这一基本的定义：强奸文化存在于特定社会群体之中，他们将强奸合理化，从而达到这样一种程度，即强奸犯所承担的后果微不足道或者根本不存在，而惩罚强奸犯被看得比强奸本身更为野蛮。

考虑到这一定义，强奸文化在古代希腊和罗马兴盛，这一点似乎不容否认——尽管有些学者费尽精力试图为古人开脱这一指控。但宣判希腊人和罗马人并非强奸文化上的同谋共犯，这一需求本身就是一种露骨的行动，凸显了一些历史学家在和古代世界保持批评和情感距离这一需要上感觉有多迫切。然而无论一个人对古典世界的性别政治做何感想，女性对性行为和婚姻所给出的同意，显然没有像今天这样受到重视。

古希腊人并不认为神话和历史之间存在着清晰的边界，因此他们是否会把哈利卡那索斯的希罗多德在公元前 440 年前后所写的《历史》（*Histories*）当作我们定义中的第一部历史文本，这一点不甚明了。[28] 无论如何，西塞罗授予了希罗多德历史之父的头衔——尽管西塞罗同样常常被称作谎言之父，因为古人和我们一样，意识到了很难准确呈现历史。重要的是，希罗多德的《历史》，也是欧洲历史研究建构的基础，是以一系列强奸开篇的——或者说劫掠，因为在希罗多德的文本之中，强奸和劫掠（harpagē）之间的界限并不明确。

希罗多德在《历史》的开篇声称，他的意图是讲述希波战争的故事，但在事实上，他的著作容纳了比这更多的材料。这部作品不仅关于历史，同样也是人类学、民族志，甚至是旅行写作。古典学家詹姆斯·雷德菲尔德（James Redfield）影响甚广的文章《旅行家希罗多德》指出了对历史的这种探讨为何如此有吸引力同时又问题重重："实际上，旅行家四处游历只是为了当异乡人，也就是说，他旅行是为了回家。他将其文化带到了不得其所的地方，从而发现了他自身的文化，将其文化带到不得其所的地方，从而发现其特殊轮廓……由此文化相对主义变成了民族优越感，并得以加强旅行家自身的标准。"[29] 希罗多德对其他文化的探索使得他通过对立面定义了身为希腊人究竟意味着什么，而他的作品在创建起希腊性这一概念中扮演着主要角色。[30]

在第一卷第一章中仅在文本开篇的几句话之后，讲述希腊人和波斯人相互敌对的原因时，希罗多德就告诉读者，这一纠纷在腓尼基人劫掠伊娥（Io）时就已经产生了，伊娥是生活在希腊城市阿尔戈斯（Argos）的一位女性。劫掠伊娥催生了后续的一系列劫掠，每一次都意图报复对方。希腊人先劫掠了欧罗巴（Europa），之后是美狄亚（Medea）。鉴于这些事件，帕里斯（Paris）决定"他想在希腊通过劫掠获得一个妻子，因为他确信他无须为之受到惩罚"。（希罗多德 1.3.1；ἐθελῆσαί οἱ ἐκ τῆς Ἑλλάδος δι᾽ ἁρπαγῆς γενέσθαι γυναῖκα, ἐπιστάμενον πάντως ὅτι οὐ δώσει δίκας.）在这种考虑之下，他将斯巴达的海伦（Helen of Sparta）从她的丈夫墨涅拉奥斯（Menelaus）那里诱拐了。[31]

这种循环在这一节点上分崩离析了，因为希腊人选择不再用另一场惩罚性的劫掠来加以回应，而是派遣了一支军队来寻回海伦：

> 直到那时为止，这只不过是互相劫掠妇女的问题。但从那时开始，根据波斯人的说法，希腊人最应受到指摘，因为在波斯人侵略欧罗巴之前，他们就已经直入亚细亚了。他们说劫掠女性的男性是不义的，但想替被劫女性报仇的男性是

156

傻瓜。明白人是不会介意被劫掠的妇女的，因为显而易见的是，如果她们自己不想的话，她们是不会被劫走的。波斯人说他们并不关心那些被从亚细亚劫走的女性——然而希腊人，却因为一个斯巴达女性，纠集起大军并来到亚细亚，摧毁普里阿摩的政权。从那时起，波斯人就把希腊人看作敌人了。

（希罗多德《历史》1.4）

女性并不被当作人看：她们只是商品。由于劫掠女性并非战争罪行而是一种财产盗窃，因海伦而开战就被看作不可原谅而极端的行径，并值得几个世纪之久的相互敌对。[32]

希罗多德对这一观点并不负有责任。他声称只是在报告波斯方面关于女性赞成劫掠的看法，他纳入这一看法，是为了公平地展示这一争论的正反双方。（哪些波斯人？又是对谁所讲的？希罗多德并未展开讨论。）同样在这种公平精神之下，他也留意到腓尼基人就最初劫掠伊娥，讲了一个完全不同的故事：这并非一场强奸，而是虚假强奸指控，以此来掩饰怀孕后伊娥与她认可的爱人私奔的决定。（"红药丸"中的男性会偏好这个版本的故事，因为它完美地符合他们关于女性"惯于伪装"这一倾向的叙事。）希罗多德完全忽略了伊娥故事中我们最为熟悉，尽管不得不承认是最不可能的一个版本，其中宙斯诱拐了她，并把她变成了一头牛，以此在妻子赫拉面前掩盖他的不忠。

希罗多德描述的就是我们所谓的强奸文化吗？从我在上文的定义来看，似乎如此，尤其是他偶然提到波斯的观点，即女性应为她们自己被劫掠负责，而且她们本身也是同谋共犯（"如果她们自己不想的话，她们是不会被劫走的"），以及帕里斯劫掠海伦不会带来任何严重后果这一乐观信念。实际上，希罗多德间接地参与到两种独立的强奸文化之中。前者是神话世界，其中强奸是极端寻常的事件。后者是公元前 5 世纪的希腊世界，其中作者对强奸敌人的女同胞来报复敌人的司空见惯的态度并不反常，反而是典型的。

关于强奸和女性主体性的同样态度能在许多其他希腊文本中找到。这样的文本之一，演说家吕西阿斯（Lysias）所做的一次演讲，就是学生们在学习阿提卡方言时最先阅读的希腊文原文作品之一。吕西阿斯是现代意义上的演讲写手：他以替别人撰写演说稿为生。这里讨论的演说被推定为替一个名为尤菲利托斯（Euphiletus）的男性所写，尤菲利托斯因杀害埃拉托色尼（Eratosthenes）而面临谋杀审判，而埃拉托色尼或多或少被和前者的老婆捉奸在床（in flagrante delicto）。[33] 在辩护的过程中，尤菲利托斯留意到，勾引被看作是一种比强奸更严重的罪行。这一 158 和直觉相反的习俗背后的考量就是，如果强奸了某人的妻子，你只需对损毁财物负责，但如果是诱奸，那就是在毁灭他的家庭，因为它破坏了丈夫和妻子之间忠诚的纽带，并且造成了这一婚姻之中后代的亲权问题。[34]

雅典的妻子似乎并不会认为强奸比通奸来得更好，但她在这一问题上的看法并非重要考量。希罗多德笔下双方交相劫掠的妇女的观点同样如此。事实上，意外的是，希罗多德对特洛伊方面劫掠海伦的动机并不关心，因为她是希腊神话和历史中罕见的个案，一个女性赞成与否构成了相当多讨论和论争的主题。古代演说家偶尔会在海伦是否应为特洛伊战争负责这一问题上做出假设性的论争，并以此来展示他们的修辞技巧，而这些表演性演说之中的一大关键考量就是，海伦和帕里斯一起从斯巴达出发是两相情愿还是遭到胁迫。[35]

但希罗多德为了帕里斯偷走海伦的理由而完全忽视了海伦的动机。在这一过程中，希罗多德抹去了希腊神话中女性很少才有的主体性，而海伦正是为数不多被授予这种主体性的女性之一。比如说，荷马《伊利亚特》中的矛盾就是从阿伽门农（Agamemnon）偷走阿喀琉斯（Achilles）的情妇布里塞伊丝（Briseis）并引发阿喀琉斯愤怒开始的。阿伽门农犯下这一盗窃罪行，就是因为在克律塞斯（Chryses）向阿波罗祈求给希腊军队降下瘟疫之后，他被迫把自己的情妇克律塞伊斯（Chryseis）退还给她的父亲克律塞斯。阿喀琉斯和阿伽门农为他们的财产权争论不已的同时，布里塞伊丝的偏好就被完全忽略了。[36]

和希罗多德相似，罗马史家李维把强奸用作呈现历史的一种主要叙事手法。在他关于"自建城以来"（Ab Urbe Condita）所有事件的142卷历史中，罗马建城之父罗慕路斯（Romulus）就是在马尔斯神强奸维斯塔贞女蕾阿·西尔维亚（Rhea Silvia）之后所生的。李维对这一事件本身的描述相当简短："维斯塔贞女被武力强奸"（李维《自建城以来》1.1.8；vi compressa Vestalis）。[37] 罗慕路斯转而决定，确保他新城市人口增长的最佳方式——那时几乎单独只有男性定居——就是邀请邻近的萨宾人加入罗马之中，劫掠萨宾女性并迫使她们怀上罗马人的孩子（李维《自建城以来》1.9—13）。最终，引发罗马王政覆灭并推动共和国建立的事件就

159

是小塔克文（Sextus Tarquinius）强奸卢克莱提娅（Lucretia）（李维《自建城以来》1.57—58）。[38]

卢克莱提娅的故事尤其可怕。按李维所讲，她的丈夫科拉提努斯（Collatinus）向一群男性炫耀——其中就包括小塔克文——他的妻子卢克莱提娅比其他人的妻子更有道德而且更为贞洁。这一群人前去拜访卢克莱提娅并看见她正忙于织布，而非像他们自己的妻子那样，在铺张的宴饮上出现。小塔克文立即渴求卢克莱提娅，"不仅是因为她的美貌，还有她的贞洁"（李维《自建城以来》1.57.10；cum forma tum spectata castitas incitat）。几日过后，小塔克文单独造访卢克莱提娅。起先，他抄起一把剑并威胁她，如果不顺从的话就要杀掉她；而当她拒绝时，他便威胁要杀掉她和一个奴隶，使之看上去就像是卢克莱提娅和奴隶通奸。卢克莱提娅屈从淫威，但她之后告诉她的丈夫和父亲发生了什么。卢克莱提娅声称，尽管她的身体遭到了侵害，她的精神是纯洁的（ceterum corpus est tantum violatum, animus insons）；在求得科拉提努斯发誓为她报仇之后，她自尽而亡（李维《自建城以来》1.58.7）。

至少，卢克莱提娅很清楚，小塔克文强迫她做出的、对性行为的同意是在身遭胁迫的情况下做出的，因而是无效的。[39]她的丈夫和父亲相信她并免除了她的罪过。尽管同意对现代定义下的强奸至关重要，但它在古代对性侵犯的界定中并不清晰。希腊文和拉丁文中用来描述性侵犯的词汇几乎不能对应到我们自己的术语上。在这一章中，我已经使用过了**强奸**、**劫掠**以及**偷窃**这几个词。这种不严密是由于希腊文和拉丁文之中一致性的不精确。尽管在古代希腊神话和文学中非常频繁地出现性侵犯，希腊人并没有准确表示**强奸**的词。但他们有好几个大致接近我们强奸这一概念的词，但没有哪个在意义上只有"性"的含义，其中就包括harpagē（劫掠或者偷窃）、bia（暴力行径），以及 hybris（罪行或者粗暴行径，通常包括暴力）。[40]

和我们的社会一样，希腊罗马并没有用缺少或者不能给出对性行为的同意来定义强奸。在某些情况之下，和不情愿的女性或者男性发生性关系会被认为有问题，但并非总是一种犯罪。是否有罪严重取决于具体情况，尤其是侵害者的意图：他是不是被一种羞辱和玷污女性的欲望所驱使？[41] 和某人的奴隶发生关系绝不会算作强奸。另一方面，夺走处女之身**是**一种罪行——对她父亲的冒犯，而父亲将遭受财产损失，因为处女之身对觅得好女婿来说可谓是奇货可居。[42] 强奸自由民出身的女性是一项非常严重的罪行，甚至有可能会导致犯罪者被判死刑，这一判决远远比我们社会中的任何惩罚严重得多。然而如果夺走女性贞操的男性有钱有势，而且提出愿意以迎娶受害者进行赔偿，那么罪行就被抵消了，因为财产上的损失减轻了。

这样的事情在今天看来很怪异。那些希望强奸受害者能始终合法流产的人，他们所持的一个观点就是强奸犯可能会以某种方式获得对孩子的亲权，迫使受害者与强奸犯以家长的身份进行交往，从而使受害者再次遭受创伤。然而，在古代希腊罗马，强奸犯和受害者事后结婚就能减轻强奸处女的罪行，这一想法并不被看得太过可怕。事实上，这类情景在希腊喜剧作家米南德以及罗马喜剧作家普劳图斯和泰伦提乌斯的剧作之中经常出现。[43] 让受害女性和当事强奸犯结婚，似乎不仅被理解成可行措施，而且是一大潜在的幽默来源。

就婚姻而言，在古典雅典——希罗多德和吕西阿斯的社 会——新娘的同意并不必要。对新娘的决定权完全掌握在她监护人（kyrios）手中，监护人是一个拥有对她完全法律权力的男性亲属。在婚礼上，她是被动的对象，而非主动的参与方，而婚姻契约（engyēsis）只是将监护权（kyrieia）从之前的监护人转移到了丈夫手中，后者由此成为新的监护人。[44] 然而，先前的监护人仍然能对她的嫁妆保留着某种控制。[45] 法律上来说，古典时代雅典女性几乎没有任何在婚姻同意方面的权利，同样当时也并不存在婚内强奸的概念。"红药丸"圈子想要回到这类监护制度（以及其在罗马的对应，tutela）之中，并视之为控制女性行为的理想权力结构，其中就包括对男性提出虚假强奸指控的能力。

和希腊人一样，罗马人也没有专门表示强奸意思的词。相反地，他们使用大量词汇来描述性暴力，而所有这些词汇都有着和性无关的额外含义。Raptus 字面意思是盗窃，从这个词我们得到了强奸（rape）一词。其他表示盗窃的词也可能这样用，比如说 iniuria（侮辱）、vitiare（玷污／亵渎），这就表明，强奸并非对受害者本人的罪行，而是针对那些对他或她负责的人的罪行。罗马女性几乎完全处于她一家之长，父家长（pater familias）的控制之下。在父家长过世之后，女性就转移到了一位保护人（tutor）的监护之下，这一保护人对她承担法律责任并控制她；这一关系被称作保护（tutela）。如果她遭到强奸，她怀上合法子女的能力就会受到损害，因而父家长或者保护人有权对强奸犯寻求惩罚性的措施。

　　并非所有的罗马强奸词汇都以偷窃和财产损失为中心。Comprimo，李维用来形容马尔斯对蕾阿·西尔维亚所做之事的动词，通常被用来描述性侵犯，和 vis（武力）一样。就如 raptus 和 iniuria，vis 可以是一种罪名，类似今天在美国所称的暴力强奸（forcible rape）。Violare（施暴）有着类似的含义，同样也是卢克莱提娅用来形容小塔克文对她身体所做之事的词。Stuprum，冒犯，是熟人强奸或者诱奸情况下使用的另一种罪名。

　　在希腊和罗马，从法律上来说，男性无法强奸他的奴隶，因为后者没有被授予保留同意的特权。[46]男性同样不可能强奸其妻子，但在罗马，令人惊讶的是，同时有法律和文献证据表明，新娘的同意是婚姻的必要条件：西塞罗在为自己的女儿图利娅考虑三位丈夫人选时，排除了一位可行人选，因为他认为无法说服图利娅接受他。[47]几个世纪之后的法律材料同样支持，合法的婚姻需要新娘、新郎以及双方父亲的同意——如果双方父亲还在世的话，有位学者估计，这是元老阶层中一半罗马女性和三分之一罗马男性初婚时的情况。[48]当然，对同意的定义彼此差别很大，从"积极同意"到"不反对"到"被迫同意"，因此我们很难说，多大程度上新娘的赞成只是一种象征性的姿态。[49]

　　奥维德《变形记》中的一个著名场景，普洛塞庇娜（Proserpina）——更为人熟知的是希腊文名字珀耳塞福涅（Persephone）——被普鲁托（Pluto）神强奸。而普洛塞庇娜的母亲刻瑞斯（Ceres）向朱庇特表达她对强奸的愤怒时，后者回应道："但要看清事情真相：让你的话／符合真相。这到底是盗窃

（iniuria）/ 还是爱的行动？如果你愿接受他，/ 那也是个值得骄傲的女婿。"[50] 这一策略——将受害女性一方视角下这一事件的可怕替换成了语义上的讨论，探讨描述男性行动和动机所应使用的准确词汇，并强调这最终导致的合法婚姻——不仅是古代文献中的惯用伎俩，现代学术作品也是这样。

既然古代对性侵犯的定义如此难以确定，那么强奸这一概念 163 应用到古典世界真的有意义吗？有些学者主张我们不应当使用"劫掠"这种委婉的说法，而直接"称之为强奸"。[51] 另一位古典学家爱德华·哈里斯（Edward Harris）对使用"强奸"一词的反对建立在我们不应该把我们现代的概念加诸古代世界这一基础之上。他指出，尽管性暴力在古代世界俯拾即是，希腊人和罗马人对不同的行为做出了不同的反应，对我们来说，这些行为都属于强奸的范畴，而我们的情绪反应从愤怒到宽容，范围相当广。因此他主张，古人对何种类型的性骚扰属于犯罪的这一概念和我们自己关于强奸的观念如此不同，以至于将二者相提并论并不会有所成果。[52] 他在《古代的强奸：希腊罗马世界的性别暴力》一书的书评中尤其直白地提出了这一主张，他称这本书"总体来说是一部有价值的关于并不存在的主题的文集"。[53]

在何种程度上古代希腊罗马的女性真正受到了压迫，这一点古典学学者们未能达成一致，而且有许多人认为，性别政治的社会现实远没有法律线索让我们所怀疑的那样凄凉。一个人也许会认为这样的说法有道理，也许不会；不管怎样，关键问题是，在古代雅典或者罗马做一个女性有多糟。没有学者会认为，古代世界女性权利的总体状况值得仿效，或者我们的社会能从相似的法律和习俗中获益。但这的确是"红药丸"中思想领袖们近来所信奉的观念。

希波吕托斯之死

"红药丸"中的男性相信我们生活在一个"女性中心"的社会之中，他们主张虚假强奸指控普遍存在，以及那些声称自己遭到侵犯的女性被给予信任，就是两大证据。本章开篇的文章中，利奥尼德主张：

> 问题并非正义没有实现这样简单，而是正义得以建立的若干基础原则被抛弃了，以至于，法律权威的最高来源——我们社会的宪法本身——就是女性的话语。这就是这种暴政奥威尔式的完善，人们仍然真心实意地相信我们正生活在一种"父权制"之下。[54]

父权制和信任强奸指控的社会，利奥尼德提出的这一二元对立是错误的。无论怎么看，公元前 5 世纪的雅典和公元 1 世纪的罗马一度都是相当父权主义的社会，但关于虚假强奸指控的焦虑在这些背景之下，仍然是相当大的一种担忧。由此虚假指控并不是女性中心主义的病征。这些有可能是某些关于女性心理深层真相的表征，以及"所有女性都这样"的证据，但这些不可能是男性在我们社会中受到女性压迫的证据。

分析这些故事的确能揭示一些东西——并非女性内在的疯狂或用心歹毒，而是关乎男性主导的文化，这一文化产生了诸多遭到指控的强奸犯。同样的方法应用到斐德拉和希波吕托斯的神话上，是有帮助的。仔细审视斐德拉的故事将展示，她成功地提起虚假指控依赖于这一基础，即她是"正确的"一类控告者并指控了"正确的"一类强奸犯。她有着**男性**所定义的完美道德记录，而被指控的强奸犯希波吕托斯却未能遵从男性气概的标准信条。最终，对他的惩罚是由那些掌权男性所决定的，他们代表着既定规范而且掌握着既得利益，能够惩罚游离在这些规范之外的男性。斐德拉的虚假指控在她社会的父权制结构之中完美地发挥了作用。

斐德拉的故事已经被讲述过好几十次，而且主要是男性作者 在讲。斐德拉是宙斯的女儿：宙斯在劫掠欧罗巴之后，将她带到了克里特，她在那里生下了好几个孩子。最大的是米诺斯，成了克里特的王；他和帕西法厄（Pasiphaë）结婚并育有两女，阿里亚德涅（Ariadne）和斐德拉。

现存最早的完整讲述斐德拉神话并对她展现出最为同情态度的作品，是雅典剧作家欧里庇得斯所作并于公元前 428 年初演的悲剧《希波吕托斯》。[55] 欧里庇得斯《希波吕托斯》以爱神阿芙洛狄特的亮相开篇。阿芙洛狄特告诉听众，希波吕托斯并不尊重她。希波吕托斯从不向她祈祷，从不为之献祭，从不参与到仪式当中——也即，他仍然是处子之身。由于这一侮辱，阿芙洛狄特决定对其施加惩罚。她选定的复仇工具就是希波吕托斯的继母斐德拉，并使之与希波吕托斯相爱。

在全剧开始，斐德拉试图掩盖她的痛苦并决心在揭露自己的隐秘情欲之前自杀；她在过去的三天里一直饿着自己，现在虚弱又迷乱。而阿芙洛狄特不会允许斐德拉在这一行动过程中成功："然而她的情欲不能就这样结束"（《希波吕托斯》41 行；ἀλλ᾽ οὔτι ταύτῃ τόνδ᾽ ἔρωτα χρὴ πεσεῖν）。在阿芙洛狄特因希波吕托斯发挥能动性并选择不发生性关系而对他施加惩罚时，她完全否定了斐德拉的能动性。

剧中歌队和乳母的好意恳求让她疲倦不堪，这名乳母是一个奴仆和母亲般的人物，已经服侍斐德拉多年，斐德拉最终打破沉默并袒露了她的痛苦。乳母最初感到惊恐，之后决定——在未经斐德拉知情或者同意的情况下——代表女主人向希波吕托斯求爱。后者的回答不仅强调了他公开的独身主义，而且将女性作为一个类别凌驾于斐德拉作为一个个体之上：

166
宙斯啊，你为何要把女人播种在阳光之下？他们对人类来说是虚伪的罪恶。如果你真想延续人类的族裔，你就当使得没有女性，人类也能生育。男人反而应当按其所能承担的，用铜、铁或者金子买得后代，之后生活在没有女人的家里面。（616—624 行）

这一无女性的乌托邦想象，尤其与赫西俄德和西蒙尼德的厌女幻想相似，后两个人我已经在第一章中提到。希波吕托斯俨然"红药丸"中"男行其是"圈子的古代原型，彻底从性交市场中退出。

斐德拉听到了他的爆发。她的第一反应是，害怕希波吕图斯

　　　　　　　　　　　　　红药丸与厌女症

如果违背了他的誓言并告诉忒修斯发生了什么，忒修斯可能会剥夺他们二人子女的继承权（《希波吕托斯》715—721行）。为了先发制人地让希波吕托斯名誉扫地，斐德拉悬梁自尽并为她丈夫留信，说希波吕托斯强暴了她，而她无法怀着屈辱继续生活。这是她在整部剧中唯一一次发挥自己的主动性。

忒修斯找到信时，他情愿相信希波吕托斯是有罪的。尽管一直没有明说，但作者一直强烈暗示，情场老手忒修斯长久以来一直被他儿子坦率的贞操激怒；由此，一意孤行地，他似乎很高兴地发现，这种表现是伪善的面具。忒修斯声称："我警告所有人：避开像他一样的男人。他们会用甜言蜜语俘获你，哪怕他们正在策划着可耻的行径。"（《希波吕托斯》995—957行）

由于忠诚是对妻子提出的严格要求，斐德拉先前的忠贞就是支持她这一故事版本的要点所在。而由于人们设想男性会用情不专，希波吕托斯（缺少）的情史——他未能按照社会规范展现男性气概——使得其他人对他有所怀疑。希波吕托斯做出回应，试图向他父亲用逻辑解释为什么他强奸斐德拉是无稽之谈，其中就使用了这样的论断，指出斐德拉不够美丽而不值得冒这个风险："她有全部女人中最美丽的身体吗？"（《希波吕托斯》1009—1010行；πότερα τὸ τῆσδε σῶμ' ἐκαλλιστεύετο / πασῶν γυναικῶν.）忒修斯并没有被这一老生常谈的论断所说服，他流放了希波吕托斯并诅咒了他。[56]

由于忒修斯是波塞冬神的儿子，他的诅咒远不仅是说说而已。[57] 在一段合唱歌之后，一个报信人回来并宣告希波吕托斯遭遇了一场可怕的车祸，生命垂危。希波吕托斯被带回到台上，而忒修斯心中矛盾；尽管他感到希波吕托斯受到的惩罚超出了应有的程度，他无法因自己的儿子受苦而感到真正的快乐（《希波吕托斯》1257—1260行）。然而，这一矛盾因阿尔忒弥斯（Artemis）女神出场并向忒修斯宣告希波吕托斯无罪而斐德拉才是说谎者而最终消解（《希波吕托斯》1286—1289，1296—1312行）。希波吕托斯死在父亲的怀里，全剧结束。

欧里庇得斯的《希波吕托斯》是一部难以观看的剧目。剧中没有明确的英雄也没有明确的反派。每一个人物都有过失，又被误会。歌队以"潮水一样的泪水将向我们一再涌来"收场，对这样一部充满痛苦而没有明显道德的故事，这似乎是唯一的合理回应（《希波吕托斯》1464行）。但对斐德拉的描述问题重重而且前后矛盾。一个人怎么能同时做出谋杀性的虚假强奸指控却仍然大体上是个好人？[58] 在被阿芙洛狄特加害之前，斐德拉是一位模范妻子。她从未在不正当的激情之下行事，而且在剧中她从未接近希波吕托斯，甚至是没有任何直接接触。她受到乳母和歌队的关爱，后者似乎真心担忧她的健康和安全。[59] 即使是她最后的表现，斐德拉也意在保护她孩子的遗产。

晚近版本的斐德拉神话和欧里庇得斯现存的《希波吕托斯》相比，将斐德拉描绘成一个带有更深道德缺陷的人物。[60] 在这些晚近的神话变体中，斐德拉通常被赋予了更多能动性：她接近希波吕托斯并向之求爱，之后寻求报复。然而，即使是在这些版本中，斐德拉的决定仍然受到了她身处其中的父权主义的严重限制。在欧里庇得斯《希波吕托斯》中，斐德拉的命运几乎完全被希波吕托斯的选择决定；在这一故事的罗马版本中，正是她父亲和丈

168

夫的行动构成了她的行动。

斐德拉在奥维德的作品中多次出现：她在《爱的技艺》中被简短提到，而希波吕托斯有机会在《变形记》中用更长的篇幅来讲述他版本中的这一故事。[61] 但奥维德同样在《女杰书简》——《爱的技艺》之前所写的一部作品——其中的一篇里从斐德拉的视角讲述了这一故事。《女杰书简》是神话中的女性用诗歌体裁写成的情书，其中也有一些是情人所写的回信。斐德拉致希波吕托斯的书信，试图用文字引诱他进入到一段关系之中，这一点是反常的；这些诗歌中大部分是控诉性的，在故事中男主人公已经抛弃女主人公并另寻新欢的节点上写成。也许《女杰书简》中这一篇的原型书信是斐德拉的姐姐阿里亚德涅在忒修斯抛弃她之后所写的信。这一片段为拉丁版本的斐德拉和希波吕托斯神话投下了黑暗阴影，即使这一情节发生在数年之前。此后奥维德和塞涅卡都将斐德拉的心理和她家族的历史密不可分地联系起来。

忒修斯不只是斐德拉的丈夫；他同样在没有明显原因的情况下把她的姐姐阿里亚德涅抛弃到了遥远的纳克索斯（Naxos）岛上。阿里亚德涅在帮助忒修斯杀掉她和斐德拉同父异母的兄弟——恶名昭著的米诺陶上发挥了关键作用，在此之后这一背叛就尤为阴险。和斐德拉、阿里亚德涅一样，米诺陶是帕西法厄的孩子，但在帕西法厄说服匠人代达卢斯为她做机械牛的服装，以便满足自己对动物的欲望之后，他就成了牛的孩子。

斐德拉出身一个女性因毁灭性的激情而著称的家族，而她嫁给了一个因风流成性和无情无义出名的男性。对奥维德和塞涅卡的斐德拉来说，这些都是重要因素，这两个版本中的斐德拉在劝 169

阻自己不要因对丈夫不忠而怀有任何负罪感时感到毫无困难。《女杰书简》中的斐德拉甚至把她和希波吕托斯都曾受到忒修斯糟糕对待这一事实当成二人之间的薄弱联结。"除非我们要否认明显的一点,"她写给希波吕托斯,"忒修斯爱庇里托俄斯胜过斐德拉,爱庇里托俄斯胜过你。这也不是他所做的唯一一件对不起我们的事。"(《女杰书简》4.111—113)

斐德拉并非完全错误。庇里托俄斯,忒修斯毕生的朋友和同伴,可以说是唯一一个对雅典王真正忠诚的人。他们始终彼此陪伴,经历了英雄般的历险并把女性抛在了忒修斯的生活之外。他们更为著名和麻烦不断的冒险是他们约定一起和宙斯 / 朱庇特的女儿睡觉。在忒修斯实现这一英雄般的壮举,诱拐了年少的斯巴达的海伦并给她开苞之后,二人决定前往下界使得庇里托俄斯能和珀耳塞福涅睡觉。在塞涅卡的《斐德拉》中,普鲁托发觉了这一计划并把二人扣留在下界之中,因此斐德拉独自一人留在家中,没有丈夫来阻止她把自己的欲望施加在自己的继子身上。[62]

塞涅卡的《斐德拉》从多个不同来源获取灵感:奥维德版本的故事、欧里庇得斯的版本,以及塞涅卡独树一帜的斯多亚主义。[63]当我们初见塞涅卡的斐德拉时,她并没有像欧里庇得斯的版本里那样试图绝食而死。相反,她坦诚直言她对希波吕托斯的欲望以及她对那无情无义丈夫的不忠,近来展现于她尖酸地称作"他惯常的忠心"这一行动(《斐德拉》92 行;quam solet Theseus fidem)。

170　　尽管欧里庇得斯《希波吕托斯》中斐德拉的乳母鼓励她的女主人从希波吕托斯身上寻求性方面的慰藉,塞涅卡的乳母以一种斯多亚"修习者"的方式行事，如同塞涅卡自己在书信中劝告卢奇利乌斯一样建议她："熄灭那火焰，不要纵容自己沉迷于这种可怕的希望：谁能把情爱驱赶回最初的起点，谁就是胜利和安全的。但一旦有人用甜言蜜语滋润了邪恶的心田，屈服于枷锁，再想抗拒就来不及了。"(《斐德拉》131—135行)斐德拉无视她斯多亚式的哲学劝导并坦言："我知道你所说的是对的：但我的疯狂迫使我采取更坏的行动。"(《斐德拉》177—179行)斯多亚主义强调不要赞同错误印象并对处境做出理智的回应，而非屈从于强烈的情感（pathē），因此在任何形式上，斐德拉对欲望有意的、不理智的屈从对斯多亚哲学来说是一大禁忌。[64]

　　塞涅卡的斐德拉接近了希波吕托斯并向他坦诚自己的感受。她感到自己与之陷入爱情是不可避免的。她对年轻继子的渴望是对姐姐渴求一个年轻版本的忒修斯自发自觉的回应（《斐德拉》646—666行）。希波吕托斯做出回应，一贯地以长篇大论指责斐德拉比她的母亲帕西法厄以及同性别的其他人更为邪恶。这是他在这部剧中的第二次厌女发言；第一次甚至是在了解斐德拉对他的渴望之前就发布的："女人就是万恶之始。作为计谋的制造者，她占据着男性的思想。她在性方面的过错已经毁掉了太多城市，引发了太多战争，摧毁了太多国家，压迫了太多人民！"(《斐德拉》559—564行)尽管斐德拉在这个故事的不同古代版本中有所改变，希波吕托斯固执地保持不变，随时准备顷刻之间即兴谴责一个他没有多少经验的性别及其不道德。[65]

　　强奸指控在塞涅卡的剧作中是乳母的想法，而不是斐德拉的。但斐德拉满心热情地实施了这一计划。和欧里庇得斯的斐德拉不同，后者在遗书中留下了强奸指控，塞涅卡的斐德拉图谋留下物理证据。在他们见面时，希波吕托斯拔出了他的剑；当她握着剑指向自己的胸膛请求杀掉自己时，希波吕托斯在厌恶中丢掉了剑（《斐德拉》704—712行）。斐德拉继而用这把剑当作道具，告诉忒修斯希波吕托斯在暴烈强奸她后落下了这把剑（《斐德拉》896—897行）。听过她的故事，忒修斯使用了父亲涅普顿留给他的三个愿望之中的一个来诅咒希波吕托斯。在希波吕托斯死后，斐德拉回到了舞台上并歇斯底里地坦白罪行，之后用先前当作伪证的剑自刎身亡（《斐德拉》1191—1200行）。

在这个故事的每个版本中，忒修斯都完全相信斐德拉。没人质疑或者推测绝食可能会让她的记忆不甚可靠，或者她所声称的希波吕托斯强奸她时，她穿着什么。由于斐德拉的举止一直白璧无瑕，她是少数容易被相信的女性，因此她的虚假指控对被控告的人意味着严重后果。

在自杀之前，在她生活其中的父权社会的标准下，斐德拉就是模范女性。她甚至将遵守女性行为社会规范的压力内化于心。在欧里庇得斯《希波吕托斯》中，斐德拉沉迷于她的 aidos，她的耻感。她竭力维护她的美名和完美无缺的声誉，而一旦她对希波吕托斯的感情被发现，这一小心翼翼建立的 aidos 就会被撕成碎片。但是，除了用来惩罚那些未能遵从社会规范的人的负面情绪反应之外，还有什么是可耻的？在一部对希腊文献中的 aidos 里程碑式的研究中，道格拉斯·凯恩斯（Douglas Cairns）将之界定为"阻止人们采取社会上不能接受的行动的那种压抑感"。[66] 应用到斐德拉这里，她的 aidos 就是她成功遵守男性所设立的女性行为规条方面的展现。

她甚至把耻感称作一种快感（*hēdonē*），这一表述让许多学者感到困扰——但女性可能从完美无瑕地遵从父权主义的妇道理念中获得快感，这一想法不难理解（《斐德拉》383—387 行）。[67]

斐德拉的姐姐阿里亚德涅就是颠覆性的一个。阿里亚德涅就是那个选择忒修斯做丈夫并为之背叛父亲的姐姐。但阿里阿德涅已经遭到了被忒修斯弃绝这一行为的惩罚。斐德拉和她的姐姐不同，是被她的父亲嫁给忒修斯的——也许和她意愿相左，比如塞涅卡版的斐德拉就在第一次发言中明言这一点（《斐德拉》89—91 行）。然而她也一样，被她那淫乱而残忍的丈夫一时兴起而抛下。她的欲念和后续的虚假指控，就是由一个男性沙文主义深重的社会引起和塑造的。[68]

172

红药丸婚姻

虚假强奸指控通常被"红药丸"作者们用作我们生活在女性中心、厌男的社会之中的终极证据。但分析围绕虚假指控的叙述，不管是古代的还是今天的，都将表明他们的对立面是正确的。苏珊·布朗米勒（Susan Brownmiller）对强奸迷思开创性的女性主义解读，将之定义成"关于强奸、受害者和强奸犯满怀偏见的、刻板印象的以及虚假的信念"——诸如虚假指控常见，或者女性私下里希望被强奸，或者被强奸可能很享受这样的概念——展现了强奸迷思在维持强奸文化上是怎样运作的。[69]正如科琳·沃德在 20 年之后基于布朗米勒的创建而提出的：

强奸迷思在父权社会中助长了性暴力，并且导致了身为性侵犯受害者的女性所遭受的不公待遇。作为女性的压迫者，男性更可能坚持强奸迷思并指责和诋毁性暴力的受害者。这使得男性得以保持权威地位并控制女性，将之约束到社会中无权无势的地位中。[70]

173　　但我们甚至可以更进一步。并非只有虚假指控横行的信念是父权社会的产物；虚假指控真正发生的罕见情况同样也是父权社会的产物。

　　2014 年 12 月 7 日，大流士·瓦利扎德在其视频《所有公开的强奸指控都是假的》中这样讲：

　　　　我现在就这样讲，所有公开的强奸指控，只要女方在向警察报案之前先找媒体或者打媒体热线电话，都是假的。每当女性公开播报遭遇强奸，而非使用合理渠道，而非向当局求助，就意味着她在撒谎而事实上并没有遭到强奸。[71]

　　瓦利扎德写出了强奸受害者合理的行动方式。她必须立刻把自己交到司法系统手上，而这一系统是由男性立法者建立起来，并由主要是男性警力执行的（88.4% 的男性，根据 2013 年 FBI 的一项研究）。如果她并没有以这种方式行事，将正义放到当局的这些男性结构手中的话，"她就在撒谎而事实上并没有遭到强奸"。[72]

　　瓦利扎德在非常具体地偷换概念。像瓦利扎德所暗示的那样，女性会因为一个随机而未经证实的主张就打给媒体并期望未经审视就获得大量关注，这一想法是缺少逻辑和证据的。但媒体这一"稻草人"为他更笼统而且更为恶毒的结论提供了基础："当女性喊自己被强奸时，看看证据，以及在法庭上男性在庭审过程中受到的有罪判决。但除此之外，她就是一脑子屎。所以这就是我想说的。要有所怀疑。"[73]

最后这几句话的想法是荒唐的。瓦利扎德似乎认为他正提出什么革命性的东西，似乎他是对抗自动相信所有强奸指控这一默认回应的唯一理性声音——而事实是，他的对立面是对的，而"自动相信受害者"的情况远非主流。凯瑟琳·麦金农三十年前主张"女性主义建立在相信女性对男性应用和滥用性的叙述这一基础之上"，但近来在 2014 年，杰西卡·瓦伦蒂（Jessica Valenti）的断言，我们应该"开始相信所有受害者"，在《时代》周刊上一篇文章中被称作"尤其骇人听闻"因为"破坏无罪推定同样对女性不利"。[74]瓦伦蒂的文章的存在本身以及对这篇文章的抵制，表明了我们相信受害者的意愿并非瓦利扎德所暗示的那样。此外，对被诬告男性所受的影响关注不足这个想法，当法官们甚至担忧那些**确实有强奸罪**的年轻白男的生活会不会就此被毁掉时，就尤其滑稽——而正像瓦利扎德要求的那样，竟然存在"法庭上男性在庭审过程中受到的有罪判决"。[75]

"红药丸"圈子中的男性占压倒性比例的是白人，尽管一项虚假的强奸指控肯定会毁掉一名白人男性的声誉，但基本不可能导致他被收监，甚至不可能会提起审判。如果受到指控的强奸犯是白人，许多人的第一反应是根本不相信叙述者的可信性并转而质

174

疑受害者的记忆或行为。哪怕我们愿意相信性关系的确发生了，所做的假设也是女性提供了某种形式的默许，比如穿了挑逗性的衣服或者说"不"不够坚决。一篇关于虚假指控的文章指出，女性和儿童"被定义为可信的，但在性方面，却没有**被信任**"。[76]

从女性主义视角看，斐德拉的故事中最重要而最不可能的一个侧面是，忒修斯相信她并立刻行动，而且这一信任果断坚决。但她的虚假指控的确，如同瓦利扎德所规定的那样，使用了"合适渠道"：她向丈夫雅典王忒修斯报告了强奸，后者之后召唤波塞冬神并实现了超自然的复仇。[77]

忒修斯、斐德拉和希波吕托斯的社会对"红药丸"中的男性来说不仅是神话世界：简直是梦寐以求的。他们同时向前和向后看，寻找一个时间点，其中从女性主义的角度看，异性恋中的性行为都是强奸——而在父权主义的视角下，几乎没有性关系会是强奸。"红药丸"中的各派男性在他们恢复不仅过时而且全然陈旧的性别政治这一愿望上，近年来变得越发坦率——恢复古代世界中的男女社会状况，而在这一世界中，我们不可能对德沃金提出任何异议，也即性交会发生在"男性掌握着对女性的社会、经济、政治以及肉体权力"的背景之下。

这一章中早些，我提到瓦利扎德自从 2015 年就开始强调"女性的行为和决定权必须把握在男性手中"这一观点——这一观点与古代模式相当接近，其中女性要生活在 kyrios 或者 pater familias 的监护之下。他主张：

防止女性做出她们明显错误的决策，有两种不同选项。

175

红药丸与厌女症

一种是指定一位男性监护人对所有涉及她幸福的决策给出许可。这样一位监护人应当默认是她的父亲，但在缺少父亲的情况下，也可以指定另一位男性亲属……

她必须就饮食、教育、男友、旅行、交际、娱乐、锻炼方法、婚姻和外表，包括衣着选择寻求监护人的赞同。女性在和任何男性发生关系、穿戴任何服装、把头发染绿、和女性朋友到西班牙海岛过暑假之前必须征得监护人同意。

如果她违抗监护人，一系列逐渐升级的惩罚会施加到她身上，最终是监护人的全时监管。一旦女性出嫁，她的丈夫就将逐渐承担起监护责任，并严格监控妻子的行为举止。[78]

第二条提议是"严苛文化规则与性特定法律的结合"，让人想起欧里庇得斯《希波吕托斯》中斐德拉内化于心的 aidos。

瓦利扎德对这一观点的论述似乎从他学习古代斯多亚文本过程中内化得来的观点之中提炼而来：

我诚心推荐这些并非出于愤怒，而是坚信我的女性亲戚如果在任何决策之前都需要征得我同意的话，日后的生活肯定会更好。她们肯定不会喜欢这样，但由于**我是男性而她们不是这一事实，我分析决策的能力比她们更强**，因而绝不会犯她们的错误，也就意味着，她们做出合理决策的真诚尝试会有更高的失败率，除非我能为她们决定。[79]

他不会为愤怒所趋势，以及男性比女性更善于分析而更不情绪化，他的这些论断都被"红药丸"斯多亚主义所证实。正如我在第二章中提到的，"红药丸"圈子很大一部分人阅读斯多亚文本是为了强化他们的理念，只有他们自己足够理智，能够冷静地理解世界，他们因此应当掌权。死白男知识巨匠的吸引力同样在这一意义上发挥作用，而瓦利扎德用危言耸听的说法给他的文章收尾，迂回地提醒读者关注他们的思想遗产："除非我们立刻采取行动并重思女性现在所拥有的种种自由，**不然西方文明的存续就岌岌可危。**"[80]

自从 2015 年这篇文章发表以来，瓦利扎德就转而继续提出更具体的政策建议。在博客帖文《何以拯救西方文明》中，他提倡："我们必须废除联邦宪法第十九修正案所开启的妇女选举权。一旦完成这一点，我们将不再需要任何有计划或者有意识的行动来解决我们社会的几乎全部弊病。"他指出，如果只有男性能够投票，他们就会推行亲男性的法律，使得每个人从中受益，进而开启一种朝向越发父权主义社会的坚定趋势，这会改善所有人的生活。[81]

对种族的看法编入了瓦利扎德的观点之中，但很少明确表述。他对第十九修正案的执迷就是一个说明——尽管这一修正案禁止因为性别而否认公民的投票权，但在修正案合理化的几十年后，有色人种女性仍然因为她们的种族而未曾获得投票权，直到 1965 年《选举法案》最终压倒限制有色人种公民权利的吉姆·克劳法。然而执迷于 1920 年并把第十九修正案视作美国错误转向的时间点，瓦利扎德表明他的观点以白人女性的选举权和行为模式为中心。尽管瓦利扎德没有彻底说明这一点，在他声称控制女性行为

红药丸与厌女症

和"西方文明"未来之间的关系时，这种意图就是清晰无误的了，而后者就是所谓"另类右翼"的主要兴趣。

瓦利扎德还不够白，以至于不能被"另类右翼"中最极端的一部分白人至上主义者接纳，但他们的观点和他相似。与其像瓦利扎德所做的那样寻求古代范例，新纳粹主义者安德鲁·安格林现在正在提倡他所谓的"白人沙里亚"。当一张白人民族主义团体 Identity Evropa 头目内森·达米科拳打一名女性反法西斯示威者的图片浮现时，安格林以一篇称颂达米科体现"白人沙里亚在行动"的文章加以回应。在人肉搜索这个抗议者之后，安格林分享这些图片以记录，用他的话讲，她从"甜美好看的恶小姑娘"到"典型恋毛癖"的堕落。他悲叹道："这贱人15岁的时候，你可以真心实意地称她为'雅利安公主'。她长得越来越美，我非常确定，非常甜美，会咯咯地笑，如果你和她调情会脸红……但'自由'和大学体系把她变成了街上骚乱的多毛色情怪物。"他继续写道：

> 你纵容女性自由的程度就是她们将毁掉自己以及她们身边每个人的程度，而且最终会达到**毁掉整个文明**的程度……
>
> 我们必须把十几岁大的女孩强行嫁给那些**能照顾她们**的男性！
>
> 我们**想要**女性得到照料，因为她们就是做饭、清洁、带来性愉悦以及繁衍哺育后代的东西！白骑士们才不在乎保护女性！白骑士们只会摆脱他们的**男性**责任，拒绝生理义务，不能以**真正**方式保护女性，这只涉及保护她们自己不受他们

自己伤害，而不是什么外部威胁！[82]

当安格林写到"女性"的时候，他想说的是"白人女性"。而正是女性的自主权，对他来说，构成了对我们整个社会的一大威胁。

类似的论调近来同样在 Chateau Heartiste 上出现，这一网站整合了引诱建议和"另类右翼"观点。在文章《单身白女想把她们的腿朝全世界敞开》中，詹姆斯·"鲁瓦西"·魏德曼主张白人女性无法控制她们对有色人种男性不可抵挡的迷恋。他总结，我们必须"取缔并剥夺单身白人女性的选举权"以及"让更多白人女性在年轻的时候出嫁并怀孕"。[83] 在这里，这些作者对控制女性的欲望和他们的种族焦虑之间的联系就显而易见了。

这三个"红药丸"的突出作者——瓦利扎德、安格林和魏德曼——都把女性的自由（尤其是性方面的自由）和社会倾覆联系在一起。拯救西方文明的唯一道路就是限制女性行为，尤其是白人女性的生育：男性必须是决定女性在什么年纪以及和谁发生关系的人。这些男性并不关心女性的同意，因为他们相信，女性所想的往往对她们自己不利。他们主张，古典世界存在的家长制控制对创造一个能使男女都从中受益的社会来说是绝对必要的。

这些想法同样能在"红药丸"世界中最黑暗的角落之一找到："incels"圈子（involuntarily celibate，非自愿独身的缩写），这些人在性方面的失意让他们心中充满了对女性整体有毒而且偶尔杀机重重的愤怒。[84] 关于"强制结婚"的价值在 incel 论坛中时常出现，比如 r/incel 分版，这一分版在 2017 年底因为鼓动对女性的暴力而被站方关停。Incel们时常声称，由于女性到目前为止一直选择不和他们发生关系，女性就不应该有任何选择性伴侣的权利。

在这一"红药丸"乌托邦中，对强奸的定义往往极端狭窄——然而，从女性主义的角度看，在高度强迫的情况下任何性行为都有可能发生。强奸在这样一个社会之下并非针对女性本人的犯罪：由于她在性方面的选择完全受到男性监护人（通常是父亲或者丈夫）的裁决，强奸是未能获得**他的**同意，而非她的。她的同意基本上是无关紧要（尽管并非完全如此，比如卢克莱提娅故事所表明的）。这一"红药丸"乌托邦中的性别政治奇怪地和古典雅典以及晚期共和国到早期帝国之间的罗马非常相似。实际上，罗马的妻子甚至可能生活在更好的状况之中："红药丸"作者们从来没能阐明，女性究竟能否拥有财产以及在进入婚姻前是否必须征得她们同意。

180

这就是所有"红药丸"中关于强奸及虚假强奸指控必须阅读的背景知识。在这一设想的理想未来，虚假强奸指控仍然可能在极端有限的情况下发生：斐德拉和希波吕托斯的故事证明，即使是在女性完全被男性控制的情况下，这样的情况仍然可能会发生。斐德拉神话在"红药丸"中并不能作为对我们所处世界的真实反映：在他们**希望**我们身处其中的世界里，这是一种最坏情况。

正如我已经讨论的，仔细阅读斐德拉的故事将解释，这一悲剧更多地归结于斐德拉男性亲属的行为以及她生活其中的父权制社会，而非任何她性格上的过错，或者说因此而论，广泛意义上的女性心理。不管怎样，同样有女性主义学者对她并不赞成。

2015 年 5 月，杰出的英国古典学家伊迪丝·霍尔在她的博客 The Edithorial 上发表了帖文《为何我恨斐德拉和希波吕托斯的神话》。这篇值得长篇引用，因为霍尔总结了女性主义立场中的诸多方面，其中有一些我在虚假强奸指控这一点上感到有问题：

> 汉普郡警方周五最终向一名温彻斯特的强奸受害者就处置不当道歉。2012 年，她 17 岁的时候向警方报案。他们威胁她将以她谎报遭袭而治罪。我记得一个男性"朋友"在 2013 年对我洋洋得意地讲，她就是大量所谓"像斐德拉"的女性之中的一位，因为他们遭到拒绝或者只是出于恶意就构陷无辜的男性有性犯罪。
>
> 当警方最终不堪其扰，决定对她提供的衬衫做法医鉴定时，他们意识到她提供的证据是完全可信的。强奸犯受到审判并被判有罪。这一案件阐明了我对欧里庇得斯的悲剧《希波吕托斯》出于本能的憎恶，这一部剧有着诗歌上的细腻美感但在想法上有毒，其中希波吕托斯的继母斐德拉就错误地指控他强奸。
>
> 在希腊原作、塞涅卡的《斐德拉》以及拉辛的《斐德拉》之间，更不必说诸如奥尼尔的《榆树下的欲望》和尼科尔斯的《毕业生》这些后辈，这一故事可能几个世纪以来一直在舞台和荧幕上经久不衰。无数女明星，比如伯恩哈特和米伦，渴求扮演这一虚构的假强奸控告者。每一次表演构成了另一重"证据"，证明女性一面之词并不可靠这一集体幻觉——哲学家米兰达·弗里克称之为"认知非正义"并反对这种幻觉。[85]

霍尔并没有走到宣称我们应该不再研究或表演这些剧作的地步，或者说扮演过斐德拉角色的演员都应该对强奸受害者不受信任负责——但这一含义是明显的。正如斐德拉这一角色令人信服一样，尽管《希波吕托斯》有着"诗歌上的细腻美感"，她相信如果这部剧不曾存在，女性会得到更为坚实的信任。

霍尔并非第一个这样讲的。斐德拉伤害女性可信性这一说法能够回溯到千年之前，也就是在欧里庇得斯这一剧作出演的几十年后。公元前411年，欧里庇得斯的同时代人阿里斯托芬（Aristophanes）的喜剧《地母节妇女》（*Thesmophoriazusae*）上演了。在这部剧中，雅典的女性为一年一度的地母节（Thesmophoria）聚集在一起，这一节庆只有女性参与。她们借着聚集的机会来举办一场审判并决定是否要处决欧里庇得斯，她们的不满就在于欧里庇得斯在剧作中"把女性说得很坏"（κακῶς αὐτὰς λέγω）（《地母节妇女》85行）。结果，雅典的丈夫们变得越发多疑，而雅典的妻子们越发难以假装怀孕、偷取食物，以及同情人私会。182

斐德拉是这部剧中举出的欧里庇得斯式邪恶女主角典型例子。[86]她在剧中被反复提起。第一次提到她的是欧里庇得斯的男性亲戚（化装成了女性），他在这部剧早些嘲笑斐德拉在性爱时肯定更喜欢在上面，因为她可能是性关系中的进攻者（《地母节妇女》153行）。之后，他同样试图在雅典的女性面前为欧里庇得斯辩护，并说："哪怕他责骂斐德拉，那又与我们何干呢？"（《地母节妇女》497—498行）[87]雅典妇人们抓住斐德拉的这一点例子作为典型的恶劣女主人公：

弥卡：难道你不该被惩罚吗？你是唯一一个胆敢替对我

们行不义的男人辩护的，他选择了坏女人的情节。他创造了
墨拉尼珀和斐德拉，但他从未写过一个珀涅罗珀，因为后者
是因为贞洁著称的。

　　亲戚：我知道原因何在。你不应该说任何一个活着的女
人是珀涅罗珀——我们都是斐德拉。

（《地母节妇女》544—548 行）

　　阿里斯托芬公元前 411 年喜剧中女性给出的观点，和 2015 年
伊迪丝·霍尔所给出的基本上如出一辙："每一次表演［《希波吕
托斯》］构成了另一重'证据'，证明女性一面之词并不可靠这一
集体幻觉。"斐德拉的神话，有些人相信，有着影响男性在现实生
活中思考女性行为方式的力量。

　　但斐德拉的故事真正展现的是，男性对虚假强奸指控的恐
惧——现在是而且过去也一直是——在很大程度上没有理由的。
183　指控能够受到重视，唯一的情况就是正确种类的假受害者指控某
个其他人都认为行事像强奸犯的人，之后提供一些能支持她主张
的实际线索。否则，她能被认真当回事的机会基本不存在。在某
种意义上，过去的 2 500 年间没变多少：他们对女性性行为和可
信程度的担忧和我们的相比，相似程度令人惊讶。

　　"红药丸"中的男性声称，在一个真正正义的世界之中，并不
会存在斐德拉。但在他们设想的世界之中，女性在实际上，就像
欧里庇得斯的亲戚在《地母节妇女》中论断的，**都是**斐德拉。只
要一个女性声称男性违背意愿与之发生性关系，这一问题就变成
了她男性监护人和受控强奸犯之间的民事纠纷。她在性行为和生

育方面的权利，被限定在了极其狭隘的范畴，以至于她表示赞同的权利基本上形同虚设。这样可能虚假强奸指控会少得多——以及因此，也会有更少的真强奸指控。"红药丸"对虚假指控问题的解决措施，就是创建一个女性的同意基本上没有意义的社会，因此当女性主张她不同意时，没有人会关心。

　　"红药丸"的幻想能变成事实，是极端不可能的。他们的春秋大梦需要对我们社会的性别政治进行完整重建：在 Chateau Heartiste 上关于白人女性对有色人种不可抗拒的性迷恋的帖文中，魏德曼承认："对女性后脑中这一棘手的认知区域，并没有多少解决措施，能不要求从近期有效运作的政治和社会推演中严肃撤离。"[88] 现实来说，他们的人数太少而观点对"红药丸"而言又太过极端，因此很难有任何重要的政治影响。美国女性无须担忧古代的监护制度（kyrieia）或者保护制度（tutela）会卷土重来。

　　然而抛开可行性，同样的这些极其限制性的古代习俗，对"红药丸"中的男性来说不仅仅是有吸引力：而且是他们梦寐以求的。 184
他们在网上的刻薄提议更让人感到不安，他们相信他们**值得**拥有这样一个社会，而我们的社会——其中女性能够投票，能够选择和谁发生性关系以及和谁结婚——代表着一种对白人男性的结构性不公。他们运用古代文献来论证他们对女性身体的权利感以及对女性的政治权力。

结 论

"红药丸"中的男性以多种方式使用和滥用古典世界。他们从古代希腊罗马找到了大量材料，用以支撑他们的思想，其中从斯多亚的自助手册到奥维德式的引诱建议，再到古代世界父权婚姻的模范。尽管对古代史料的分析不能展现他们对背景和微妙差别的太多理解，"红药丸"作者终究擅长操纵古代史料，并使之为当下关切有意义地发声。他们使用古代希腊罗马的文献和历史来支持他们最格格不入的见解：所有女性都是奸诈堕落的；白人男性在天性上比其他人都更为理性（因而更为优越）；女性在性方面边界感的存在只是为了被操纵和跨越；还有最后，如果男性被赋予为女性做所有决策的责任，特别是性和繁衍方面的决定，社会作为一个整体能够从中获益。

但希腊和罗马古典世界并不只受到另类右翼和"男性空间"中激进青年男性的热爱。它们也被许多女性主义者承认，其中就包括我自己。对女性主义者而言，研究古典文献和历史是有挑战的：古代世界中女性的声音在大体上是喑哑的，而我们从不缺少男性所写的厌女、凌虐以及性侵犯的叙述。无论如何，从波伏瓦到朱迪斯·巴特勒等，进步主义和女性主义思想家用古代希腊罗马来理解父权主义、压迫和抵抗，有着漫长而丰富的历史。颠覆性地使用古代世界的符号来挑战文化价值中的既定观念，同样有着迷人的传统，就像 Jay-Z 引用柏拉图的《游叙弗伦》（*Euthyphro*）一样。[1]

"红药丸"中的男性不愿意接受那些带有自由主义政治信念的人同样能领会古典世界。在我写作一篇文章，鼓励专业古典学家关注并处理极右对古代文献的错误使用时，就直接经历了这种怀疑。[2] 2016 年 11 月，这本书历史中的一个奇怪时间点上，我发表了《怎样在坏皇帝手下当好古典学家》。我在 11 月 3 日提交了初稿，这时距离 2016 年总统大选不到一周——这一场选举我确定希拉里·克林顿（Hillary Clinton）会取得胜利。由于这一确信，我在初稿中花费了大量精力说服读者，"红药丸"圈子值得关注，包括另类右翼，即使我想对大多数读者来说，另类右翼很快就会变成遥远而痛苦的记忆。在大选之后，关于这本书需要实现什么，我的视角转变了，而"怎样当好古典学家"则是这一重新构想过程中的一部分。我主张古典学家需要采取措施，来确保这一学科的未来不会重复它的过去——我们不能回到这样一个世界，其中古典学单独由富有的白人男性来阅读和维护。

可以想见，我成了一轮网暴的对象，而在那些日子以及后续几周里，我收到几百条反犹推文和邮件，其中许多附上了照片，把我的脸（以及我家庭成员的）修成在毒气室或者集中营之中的样子。其他一些则用性侵威胁我，或者细说打算用哪种枪处决我。大流士·瓦利扎德向他的友邻吹嘘，说知道我和我的家人住在哪里，但无须动用任何武力暴力，因为他已经精神强暴了我。至今我依旧每周收到反犹的诽谤。

尽管这一回应让人担忧，但并没有像那些更具体的回应文章那样让我感到惊讶，这些文章指责我仇视并企图摧毁古典学。一个作者写道："如果真按扎克伯格这么办的话，那雅典和罗马的古代智慧可能就要付之一炬了。"另一名推测："我想在内心深处，你是鄙视这些书的。"³ 一位女性主义者享受研究古代世界并能从中找到意义，这一想法对这些作者来说如此不可思议，以至于他们更容易相信我花费了十多年的时间研究那些我私下里厌烦的材料。

这种怀疑是有所启发的。这展现了这些男性享受研习古代世界，因为他们相信，他们和古人共享着相似的信念，而且他们认为，任何一个不像希腊人和罗马人那样厌女和排外的，必定无法真正领会古代文献和文化并愿意对它加以保护。他们相信只有泡学家能真正领会《爱的技艺》，而只有"男行其是"才能理解赫西俄德与西蒙尼德关于反婚的长篇大论。根据一些人的看法，这些构成白人霸权和父权主义基础的文本，只能被那些愿意维持和巩固这些在今天同样压迫性的结构的人所享受和理解。

我们理当认真对待这种想法，因为这与某些政治左派的态度相差不远。"红药丸"中的男性相信，古典学只（至少是尤其）对反动白人男性有意义，而持有进步主义政见并去寻求颠覆或取代西方正典的人，则默不作声地放弃了这一点。这一论争的双方都同意，对古代文献的研究会维持白人霸权；他们只是在这一结果是否应该被庆贺这一问题上有所分歧。

如果我赞成进步派不应该研究那些我认为观点有问题的死白男所写的文本，那么我就不会研究并写成这本书了。我相信，分析"红药丸"圈子**为何**对自身在古代世界得以反映而感到如此舒服会更有帮助，以及承认进步派在研究古代文献和历史的时候感觉不太舒服会更有帮助。这种不适无须回避。我们必须接纳这种不适，并将之作为当今世界有思想、有道德的古典学习中必不可少而有所成效的一部分。

对我 2016 年 11 月文章回应的激烈程度，展现了这些男性有多害怕一个成熟自由的古典研究会动摇他们作为古典传统继承人和保护者的自我呈现。对他们来说，古典学需要加以保护，免于被每一个持进步主义政见的人伤害，因为进步主义政见和对古代世界的领会是不可能共存的。一种生机勃勃的、激进的、交集女性主义的古典学——一种用古代世界来丰富关于种族、性别以及社会正义对话的古典学——这一概念被他们深恶痛绝。这也正是为什么女性主义古典学在今天比以往更让人兴奋也更为必要。

"红药丸"圈子的未来尚不明朗，但极右在线团体对古代希腊罗马的应用就是古典学未来可能，以及可以变成什么样子的线索。古典学者必须接受这一点，在 21 世纪，关于古代希腊罗马历史遗产最有争议而且最为重要的讨论并不在文学、戏剧、学术这些传统领域中发生，而是在互联网上。这并不是坏消息；"红药丸"网站已经最终证明，古代世界仍然是帮助思考今天困扰我们的问题和关切的一个有价值的工具。我并不赞同他们的想法或者方法，但我赞成他们一点，古代希腊罗马仍然和当今世界息息相关。

对我这样的女性来说，"红药丸"已经让上网和发表意见变得相当危险。但在他们的羞辱、引战、威胁和凌虐之外，他们并没能成功地迫使我们离开网络。在用古代世界给他们陈旧的性别规范找寻宽恕之外，他们同样无法成功阻止女性主义者们享受和欣赏斯多亚派和奥维德。

在数据化厌女的时代之下，女性主义古典学家不能忽视"红药丸"这些圈子借用起古代世界来是多么容易。然而，"红药丸"古典学倾向于相对肤浅，而且依赖于其成员是古典世界天然后继者这一未经审视的论断。辩证分析他们对古代世界的挪用将揭示，他们对古典的称引怎样作为一种有力的修辞工具发挥作用；这同样能揭示女性主义对古典学更为细腻的解读能怎样反制"红药丸"的歪曲。这就是我希望能在这本书中实现的。

女性主义者们值得一个更好的互联网。未来世代的读者值得更好的关于古代世界的讨论：摆脱精英主义，既不盲目仰视，也不妄自菲薄。

"红药丸"术语表

AFC	"受挫拙男"（Average Frustrated Chump），面对女性不成功的男性。
alpha male	阿尔法男，社会方面占据主导地位并吸引女性的男性。
Alt-Right	"另类右翼"（Alternative Right），一个新兴的反动白人民族主义运动。
AMOG	"群体中的阿尔法男"（Alpha Male of the Group）。
ASD	"反荡妇防御"（Anti-Slut Defense），一种用以避免看上去滥交无度的女性策略。
AVFM	"男性之音"（A Voice for Men），男权运动的主要网络中心。
AWALT	"所有女性都这样"（All Women Are Like That），同样参见 NAWALT。
carousel	旋转木马，同样被称为"绿帽木马"，指女性一生中的特定一段时间，通常是在 20 岁出头，这一时间段中她往往在最终安定下来之前性关系混乱。
DHV	"展现高价值"（Demonstration of High Value），任何意图证明泡学家拥有高性交市场价值的行动。

DLV	"展现低价值"（Demonstration of Low Value），任何会降低对泡学家性交市场价值预期的行为。
frame	框架，一个人对处境的认识。如果他试图影响其他人使之接收自己的框架，他就在施展"框架控制"。
GamerGate	玩家之门，一场旨在减少社会正义运动在电子游戏和科幻圈子中影响的运动。
gynocentrism	女性中心主义，一种显著关注女性的社会秩序，并且排斥男性的利益。
hamstering	辩解，把无法辩护的行为合理化，之所以用这个词，是因为当女性在试图找到一个能说得通的借口时，"合理化仓鼠"（rationalization hamster）一直在轮子里打转。
HB	"辣妹／婊子"（Hot Babe/Bitch），后面通常跟着一个 1—10 的数字。
hypergamy	高攀，女性的一种总是试图和地位最高的男性成为伴侣的趋势，同样被称作"掘金"（gold-digging）。
incel	"非自愿独身"（Involuntary Celibate）。
IOI	"兴趣指标"（Indicator of Interest），泡学家们寻找并用以判断对象是否愿意接受的种种迹象。
kino	动觉（Kinesthetics），泡学家用以升级亲密感的身体接触。
LMR	"最后一刻抵抗"（Last-Minute Resistance），一种反荡妇防御策略，用以在可能的最后时刻阻止性交。
LTR	"长期关系"（Long-Term Relationship）。
mangina	娘们儿，男性的女性主义者或者将女性利益放在自身之上的"白骑士"（white knight）。
manosphere	男性空间，关注男性利益的一类网络群体，尤其是 MHRM、PUA，和 MGTOW 圈子。"博客空间"（blogosphere）一词由此改编而来。
meme	表情包，一种可以无限复制和伸展的单位，通常是一张图或者图文组合，并且在线上聊天时传达观念。

192

MGTOW	"男行其是"（Men Going Their Own Way），"男性空间"中的一派，主要关注独立于女人生活，某种意义上反婚。	193
MHRM	"男权运动"（Men's Human Rights Movement），"男性空间"中的一派，主要关注父亲的权利并对抗虚假强奸指控。	
MRA 或 MHRA	"男权活动家"（Men's Rights Activist）或者"男权"（Men's Human Rights），"男权运动"中的一员。	
mudsharking	泥巴敲诈，指黑人男性想和白人女性做爱。	
Mystery	秘技，艾瑞克·冯·马可维克，《秘技》一书的作者，同样是尼尔·施特劳斯的回忆录《把妹达人》一书的主要人物。	
NAWALT	"并非所有女性都那样"（Not All Women Are Like That），"男性空间"所回避的一种例外论。	
neg	否定，泡学家随口而出的评论，用以降低对象对其自身性交价值的看法。	
Obsidian	"黑曜石"，阿里·木米亚，黑人男权活动家/泡学家。	
PUA	泡学家，钻研引诱技艺的男性。	
Quintus Curtius	昆图斯·库尔提乌斯，"王者归来"的作者，关注历史、哲学以及伟人。	
r/theredpill	专门讨论"红药丸"概念的分版。	
Return of Kings	王者归来，"男性空间"中最厌女的网站之一，由大流士·"罗许"·瓦利扎德运作。	
Roissy	"鲁瓦西"，詹姆斯·魏德曼，另类右翼及泡学博客"Chateau Heartiste"的创立者。	
Roosh V	"罗许"，大流士·瓦利扎德，网站"王者归来"和 Roosh V 论坛的站长，《狂战》（Bang）、《白日斩》（Day Bang）、《30 人斩》（30 Bangs）以及其他类似标题作品的作者。	194
SJW	"社会正义战士"（Social Justice Warrior）。	
SMV	"性交市场价值"（Sexual Marketplace Value）。	

subreddit	Reddit 上的论坛，专门讨论特定主题。
troll	引战，某人在网上发布挑逗性的材料，目的在于挑动愤怒情绪和争议，从而破坏讨论。
troll storm	刷屏，一系列引战构成的系列行动，用以骚扰特定的对象，通过攻击性的内容冲垮他们的社交媒体活动。
TRP	"红药丸"（The Red Pill），"男性空间"中的核心概念（化用自电影《黑客帝国》）：意识到社会对男人不公这一政治不正确的真相，尤其是针对异性恋白人，而整个被设计得讨好女人。
Vox Day	"今日之声"，西奥多·比尔，科幻作家，以及"人民之声"（Vox Popoli）和"阿尔法游戏"（Alpha Game）的站长。
white knights	白骑士，那些没有"吞下红药丸"的男性，他们为那些不应得到帮助的女性寻求保护并提供支持。
ZFG	"去他妈"（Zero Fucks Given）。

　　　　　　　　　　　　　　　　红药丸与厌女症

注　释

导言

1. 关于维护白人至上主义，参见 Bond 2017。

2. 对纳粹德国使用古希腊题材的古典研究见 Losemann（1977）；Marchand（1996）同样研究了德国亲希腊主义的起源和继承。关于希特勒将罗马和斯巴达用作楷模，见 Losemann 2007，第 208—311 页以及 Roche 2013。法西斯对古典的应用同样是 21 世纪中的一大关切，不仅体现在美国的新纳粹运动之中，同样还在希腊的法西斯政党"金色黎明"；见 Hanink 2017，第 243—250 页。

3. 《特朗普的胜利对男性来说意味着什么》这篇文章为大流士·"罗许"·瓦利扎德（Daryush "Roosh V" Valizadeh）所写，在大选之后的几天发表在了其网站"王者归来"上（Valizadeh 2016b）。我在全书中将反复回到瓦利扎德和"王者归来"。

4. Weiner 2016.

5. 安东的身份最终由《旗帜周刊》（*Weekly Standard*）在 2017 年 2 月揭晓。

6. 两人同样共享对公元前 5 世纪希腊历史学家修昔底德的兴趣：参见 Crowley 2017。

7.　即使是在所谓的"另类右翼"这一白人民族主义运动之中，同样存在时而被称为"另类之光"的这一分裂派别，这一运动更多地关注西方文化以及西方文明，而不是公开的种族政治。第一章将进一步讨论这一区别。

8.　Painter（2010）用"没有，因为种族的概念和'白'人的概念都还没有发明，人们的肤色并不具有任何有用的意义"回答了"在古代世界有'白'人吗?"这一问题。关于白人身份的发明与古典世界，参见 Dee 2003-4 和 McCoskey 2012。

9.　举例来说，参见 Sims（2010），一篇《美国文艺复兴》（*American Renaissance*）上的文章——由臭名昭著的白人至上主义者贾里德·泰勒（Jared Taylor）出版——从古代文献中仔细挑选了例子，从而展现古希腊罗马的精英都是"北欧"后裔。在极右对古典的挪用中，另一个带有种族含义的生动例子就是许多持枪团体都在使用"molōn labe"（过来拿吧）这一说法，普鲁塔克将之归结给斯巴达王李奥尼达，当薛西斯要求斯巴达人交出武器时，他以此作为回答（《拉科尼亚格言》225，c11-12）。尽管古代的波斯人当然不是穆斯林，李奥尼达似乎对恐伊斯兰的持枪派们有特别的吸引力。

10.　对依赖数字人类学方法的这一群体的社会学研究方式，见 L. Kendall 2002 以及 Schmitz and Kazak 2016。

11.　Nagle 2017. 对驱动"红药丸"运动的政治和意识形态力量，内格尔的书是一部非常有用而且生动的介绍，尤其是其中《另类右翼中的葛兰西》一章（第 39—52 页）。然而，内格尔似乎经常借由批评左翼的意愿来获取她评论另类右翼的权威：她的论断时常做出退让，认为另类右翼的不满和愤怒有其合理根源，但发展至了不理智的极端。她鄙夷的进步对象包括女性主义电子游戏、Tumblr 上的指认文化、敏感内容警告和反对极右言论者的抗议活动（第 21 页，第 69—80 页，第 80 页，第 119 页）。

12.　这一论断是 Beard（2017）所做的，并以此作结"对于这些另类右翼的人劫持古典学，如果他们搞得这么一团糟的话，那我们可能没必要太过担心。我们只需要揪出里面的错误"。我更完整地阐明了对这类回应的反对意见，见 Zuckerberg 2017。

第一章 武器与"男性空间"

1. Zvan 2014。这一圈子中有些坦率的头目并非异性恋，其中就包括米洛·扬诺普洛斯（Milo Yiannopoulos）以及"同性恋男性学家"杰克·多诺万（Jack Donovan），参见 O'Connor 2017。然而，在更大的"红药丸"空间中，这些人远未得到广泛认可，往往被贴上"堕落"的标签。

2. 另一个例子是日本的"剩男大联盟"（kakuhido），这一组织将马克思主义和男权结合起来，比如说，抗议情人节的"情欲资本主义"。

3. Kupers 2005，第 714 页。对极权主义与男性气概的另一种经典解读见 Theweleit（1977），Schambelan（2016）中结合川普运动，对此给出了精彩的评论。

4. Wachowski and Wachowski 1999.

5. 比如说，Schmitz and Kazak（2016）将这一圈子划成了两个分组，各自有其突出的意识形态策略："寻求男性气概的网上小伙儿"和"探寻平等的虚拟受害者"。

6. 这些男性很大程度上拒绝对社会正义群体使用群体内的称谓：他们通常把跨性别者称作 trannies，另一方面还为女性主义网站取他们自己的名字，比如说把 Jezebel 说成 Jizzebel。

7. 参见如 Daniels 2009 关于 21 世纪早期互联网上的白人至上主义的研究，尤其是"另类右翼"以现在方式存在之前的 Stormfront 这一类网站。

8. 费舍尔从 2014 年起在新罕布什尔州众议院出任议员直至 2017 年 5 月退休，当时他被 Bacarisse（2017）的文章揭露。这一文章发表之后，费舍尔发布了一份声明，承认他写过 Bacarisse 指出的他的许多原话，但声称这些引用都断章取义。

9. Elam 2012.

10. Rensin 2015。反对意见参见 Serwer and Baker（2015），他们称

伊拉姆的"为倡议做的努力难以被发觉"而且伊拉姆把自己的经历说成是不称职的老爹，就是为了创造生意。

11. 这种相似性并不完全让人惊讶。在 20 世纪 70 年代，男权运动的智识祖父沃伦·法雷尔（Warren Farrell）就是格洛丽亚·斯泰纳姆和芭芭拉·沃尔特斯（Barbara Walters）的伙伴，同时激烈主张废除一切在他看来对两性都有害的性别角色。他的观点变得越发激进，并在 1993 年出版的《男权的神话》（*Myth of Male Power: Why Men Are the Disposable Sex*）一书中达到高潮，正是这本书引发了保罗·伊拉姆所谓的"红药丸"运动。参见 Blake 2015。

12. 在和其他国家男权运动和父权运动的相似性和联盟关系方面，MHRM 独树一帜。比如说，印度男权运动近年来遍地开花，就是由"拯救印度家庭基金"（SIFF）起头的。SIFF 对法律和文化常态提出挑战，而这些都是我们这里并不存在的——印度男权活动家们的主要关切是反嫁妆法律以及妻子的虚假嫁妆骚扰报案。但如同在美国"男性空间"之中一样，印度男权活动家们关注揭穿男性特权的真面目，包括印度在线杂志 *Maggcom* 上的一场广告活动，其中推广了"男性不定罪"标签，并配有"你要**性别平等**吗？拿去吧。我不需要**帮别人开门**，我不需要**给人拎包**，我不需要**让出座位**"的标语。参见 Jha 2015 以及 Nashrulla 2015。

13. Ortiz 2015.

14. "高加索人"并不是美国人口普查中的分类，但基于 2010 年人口普查数据，2012 年 7 月的估算显示全国总人口中非西班牙裔白人占 63%。

15. Valizadeh 2015f.

16. B. Smith 2016.

17. Futrelle（2017）是一部关于"男行其是"圈子的出色介绍，这部作品同样提到了这一运动怎样卷入到了种族暴力之中。

18. 关于另类右翼自身的历史，参见 Hart（2016）。最流行和名声最大的另类右翼指南之一是 2016 年 3 月"布赖巴特"网上阿勒姆·布哈里和米洛·扬诺普洛斯所写的文章《建制保守主义者的另类右翼指南》，我将在本章中分析这一文章。然而，安德鲁·安格林对这篇文章中的许多分析持有异议，并在2016年8月发在"每日风暴"网上的文章《普通人的另类右翼指南》中予以反驳。

19. 关于另类右翼中的少数突出女性，Darby（2017）提供了深刻的研究。

20. 选自《WMBF［白男-黑女］关系怎么了？我不明白》（Anglin 2016b）；"lolwut"是LOL（大笑）和"what"的缩写。关于刺激，参见下方的注释44以及我在本章后半部分中关于"恰当的诱饵陷阱"的探讨。

21. Dewey 2014.

22. 关于另类右翼和另类之光的区别，见Nagle 2017，第6—9页；第11—12页。

23. Valizadeh 2014c.

24. E. Hall 2008，第387页。

25. 对古典学知识孜孜以求的故事之一能从托马斯·哈代的小说《无名的裘德》（*Jude the Obscure*）中找到。古典学的知识同样能为受过教育的女性所利用；参见Prins 2017。

26. Anglin 2016a.

27. DuBois 2001, 17.

28. 同上，第19页。

29. Yates 2015，第3页以及注释9—10。关于"女性主义全盘接受"，见Kavi 2015。

30. 其兴起似乎与艺术家马特·卢布坎斯基（Matt Lubchansky）的以"并非所有男人"为主题的连载漫画的出版不谋而合。"并非所有人"这一人物是"保护受庇护者的独行侠"，警惕地站在一旁，与"反向性别歧视"做斗争。"并非所有人"这种辩护，其历史最早能追溯到1980年女性主义评论家和科幻作家乔安娜·拉斯（Joanna Russ）所写的《上帝罢工》。

31. 如果没有另行注明则均为我自己的翻译。

32. Andramoiennepe 2016.

33. 我将在第四章中回到古典中的婚姻法律及习俗这一主题。

34. 抹杀女性身份在其他苏格拉底对话中也是常见的，其中包括《斐多》篇的结尾。伯里克利在修昔底德第二卷中的葬礼演说里，就提出了著名论断，一个女性所能拥有的最高荣誉就是她的名字从不出现在公共之中（2.45.2）。苏格拉底的妻子赞西佩偶尔被用名字称呼，但更多的时候是被唠叨所指代。

35. "王者归来"上一位使用"布莱尔·纳索"（Blair Naso）名号的作者在 2014 年就这一文本给出了分为两部分的分析，题为《色诺芬的"经济学家"对女性教育有着很有价值的启示》。他以这种方式论证了古代文献对现代的相关性："让我们看看古人留给了我们什么智慧。诚然，年头老不一定就能揭开真相，但不管怎样都值得考虑。"之后就是一段对色诺芬文本的总结，并夹杂着脱口而出的评论，提到 21 世纪女性气质的糟糕状况。

36. 关于这一文本中的性别关系，见 Murnaghan 1988。

37. 关于这首诗更多的学术讨论，见 Braund 1992 and Johnson 1996。

38. PlainEminem 2015。"辩解"是对"红药丸"圈子中所谓"理性仓鼠"的引用，指的是女性被假定的把她们无法辩护的行动合理化的能力。"理性仓鼠"成为女性对认知失调的核心反驳。"男性空间"博客"私家男士"（The Private Man）上 2011 年的一篇帖文《理性仓鼠现在永垂不朽》给出了一种定义："女性做了糟糕决定的时候，仓鼠就会在轮子里打转（即女性的思考）并给糟糕决策创造出某种可以接受的理由。这些决策越疯狂，仓鼠就必须转得越快，从而成功地把这种疯狂合理化。"
   "高攀"一词指的是一种假定的女性普遍趋势，如果高价值男性表示对她有兴趣的话，她们总会抛弃现在的伴侣。

39. Chubbs 2014。他并不完全正确，因为罗马人有有效的口服避孕药；参见 Riddle（1992），尤其是第 16—30 页，以及 Riddle（1999）提供了更广泛的关于口服避孕药的历史。关于许多女性必须自己养育孩子这一可能性（尤其是在战争年代），参见例如 Rosenstein 2004。

40. 关于"男性研究"的初期项目——区别于"男性的研究"，一个大体上属于性别研究的分支——参见 Epstein 2010 和 McGrath 2011。

41. 这一进步主义的观点，其例证是里德学院（Reed College）2016
年开始的抗议运动。称作"里德反歧视"（"Reedies Against
Racism"）的一群人对所有学生必修的人文核心课程提出抗议，
并声称其欧洲中心主义是白人霸权的一种形式并与警员杀害美国
黑人相关。这一课程的关注不只是古典文献。

42. Richlin 2014，第 134 页。

43. K. Johnson, Lynch, Monroe, and Wang 2015。"刺激"（trigger）一
词是俗称，美国精神医学学会（APA）的《精神障碍诊断与统计手
册》将之定义为可能引发"特定生理反应"或者"强烈或长期的心
理困扰"的"内部或外部线索，它们象征或与创伤事件特定方面相
似"；这些创伤事件包括"实际死亡或死亡威胁、重伤，以及性暴
力"。"刺激"一词同样可以当作动词使用，用来描述这些线索引发
生理反应或精神困扰的过程（美国精神医学学会 2013 年）。

44. 触发警告（trigger warnings），同样被称为内容警告，是一种讨
论越发广泛的教学工具，用以在课堂上处置令人不安和有问题的
材料。这些警告背后的理论是，有创伤史的学生——通常是暴力
或者虐待经历的结果——如果遇到那些让他们本能回忆起创伤经
历的文本，可能会经历应激反应综合征。提供警告能够让学生预
先在情感上做好准备，或者如果必要的话，选择避免接触这一文
本。在课堂上使用这样的警告，其功效和得体性在学术界中是
一个被激烈争辩的话题。美国大学教授协会 2014 年的报告《关
于触发警告》写道："学生需要加以保护而非在课堂上直面挑战，
这一预设本身就是幼稚化和反智的。"Lukianoff and Haidt（2015）
延续这一观点。2016 年 8 月，芝加哥大学教务长约翰·埃利森
（John Ellison）发信给新生班的学生并骄傲地宣称："我们对学
术自由的承诺，意味着我们并不支持所谓的'触发警告'，我们
同样不会因为讲演题目可能敏感而取消受邀学者的讲演，而且我
们不会容忍在智识上划立所谓的'安全区'，让个体能在其中避
开那些让他们感到怪异的想法和观点。"这一封信得到了许多支
持，但同样遭受了大力批评，其中就包括一封芝加哥大学教员的

来信。

45.　参见：例如 Noonan 2015，Allen 2015，以及 Timberg 2015。这类批评中很多都有着直白的性别偏见含义，比如说夏洛特·艾伦（Charlotte Allen）对"保守女性主义"网站"独立女性论坛"的批评："珀耳塞福涅和达芙妮的神话，对哥大'文学人文'核心课上小心培育的脆弱女性来说，显得太过强暴［原文如此］了——所以我们就别再读奥维德的《变形记》了。改成抚慰人心地闲谈《美食，祈祷，恋爱》怎么样？"

46.　None-Of-You-Are-Real 2016 以及 AntonioOfVenice 2016。

47.　Hayward 2015.

48.　Case 1985，第 327 页。Richlin（2014）同样主张，父权主义文本的女性主义读者有三种选择：忽视、同化，或者取代。而在那时她似乎接近于赞成第三种选项（第 137 页）。Richlin 的作品是一部出色学术文集中的一部分，这一文集旨在感性地讲授奥维德的文本；这一主题下可供参阅的其他文章和书目还包括 Kahn（2005）、Gloyn（2013）、James（2014b），以及 Thakur（2014），此外关于罗马挽歌体中的强奸，参见 Liveley（2012）和 James（2012）。

49.　Curtius 2015, 第 143—144 页。

50.　Valizadeh 2014c.

51.　Bloom 1987，第 65 页。

52.　这一分类本身就是有所争议的。Galinsky（1992）指出："当前关于'欧洲死白男'的说法并不准确，而且是种族主义和性别主义的：提到希腊和罗马的人，更确切的说法是从浅棕到深棕肤色的近东人和地中海人。"（第 116 页）

53.　Knox 1992.

54.　Alexander 2010.

55.　Beale 2016.

56.　Esmay 2016.

57.　Dreher 2016.

58.　Swann 2016.

59. Connolly（2016）对特朗普的感染力提供了一种弗洛伊德式的解读，他写道："特朗普对大众的吸引力并非植根于理性之中，而是来源于对服从的渴望——对独断专行、自恋、至高无上的父亲一种受虐狂式的迷恋。"

第二章　最愤怒的斯多亚派

1. Valizadeh 2011e.
2. Valizadeh 2015e.
3. Irvine 2008, Pigliucci 2015. 有些人将这种对斯多亚主义兴趣的崛起追溯到汤姆·沃尔夫（Tom Wolfe）1998 年的小说《人生圆满》（*A Man in Full*），其中 Conrad Hensley，一名前仓库工人在监禁中读爱比克泰德的作品。
4. 我之后将提到，皮柳奇在新斯多亚运动中提出了这种他所认为的性别不公，但没有提到特定反女性主义群体中对斯多亚主义兴趣的复活。
5. 有些人可能会发现这一点尤其讽刺，"男性空间"单独关注一小 ²⁰³ 部分强调宇宙中的万事万物都是由 logos 连接起来的哲学，logos 是单一的理性的主导原则，并保证伦理学、物理学和逻辑学彼此密不可分。Rosenmeyer（1986）就 sympatheia 这一概念写道："作为一个一以贯之的斯多亚主义者，一个人必定相信，个体的苦难影响着整体。如果一个人受苦，上天同样应当受苦。斯多亚主义下，物质的流动性要求因果链朝着两个以及所有方向延伸。宇宙的全部组成部分，无一例外，共享着万事万物不断延续的物质性所施加的协同作用。他们同样不可避免地共同承担苦难，呼应着彼此的伤痛并共同维系着。"（第 97 页）
6. 帕内修斯是中期斯多亚唯一受到关注的人物，因为西塞罗最重要的斯多亚著作《论义务》（*De Officiis*）就是一部帕内修斯关于合理行动（kathēkonta，同样被翻译成"义务"）论著的翻译和改编。"男性空间"中对其他主要中期斯多亚人物缺少讨论，比如说波塞冬尼乌斯，或者是主要的智识趋势，比如说同柏拉图主义的若干原则越发融合；参见 Sedley 2003，第 20—24 页。

7. Schofield 1991；就性别规约的部分，特别参见第 43 页。

8. 参见 Gill 1988，尤其是第 193—194 页。

9. Sandbach 1989，第 53—59 页。

10. 不同于建立在三段论基础上的亚里士多德逻辑——比如说"女性更为情绪化，情绪化就是脆弱的表现，因此女性是脆弱的"——斯多亚逻辑是命题式的。所以尽管亚里士多德的三段论基本上是基于普遍事物的——女性、情感、恶——斯多亚三段论的元素可以用命题加以取代，或者说"可断言的""可说"事物中的特定一类。举例来说，"如果女性主义者写了一篇文章，那么'男性空间'中的男性就会写侮辱性的评论；一个女性主义者写了一篇文章，所以'男性空间'中的男性会写侮辱性评论。"显然，这一逻辑可以延伸更远，而且比这一简化的例子复杂得多；参见 Bobzien 1996，1997 以及 1999。斯多亚派第三代学长克里希普斯就是因其逻辑方面的著作闻名，这些著作得以支撑所有斯多亚学说。

204 11. 斯多亚主义相信某种神意——神，或是天意，或是命运，或是智慧的、创造性的火，或者呼吸（pneuma）——根据其意图架构其所有事物。宇宙因而相当程度上是确定论的：每一件事物存在或者发生，是因为天意使然。任何一件看似偶然发生的事，实际上之所以会发生，是因为它受到某种我们未能或者无法发觉的动因驱使。因此，**宇宙**中的任何事情都是彼此相通的，每一件事情都会对其他的产生影响，并受到其他事物影响，这一切按照天意的计划发生。和今天的物理学相比，斯多亚物理学更为形而上学，甚至是更为虔诚的。斯多亚派同样公开拒斥伊比鸠鲁主义的物理学，后者中的一大重要概念就是一切事物都是由混乱运动的原子构成的。他们转而相信，所有事物是被张力（tonos）联结起来的。帕内修斯之前的早期斯多亚派相信，神圣的火创造了宇宙并且会周期性地清理并重建它，这一事件有时会被称作"燃烧"（Conflagration）；关于燃烧的原始文献，参见 Long and Sedley 1987，第 46 页。尽管斯多亚逻辑学仍然对今天的形式逻辑产生重要影响，斯多亚物理学对今天的物理学影响不大。这一学说的价值完全是历史性的。对这一主题更为完整的研究能够在

红药丸与厌女症

Sambursky 1987 和 White 2003 之中找到。

12. 关于中性这一教条的原始材料，参见 Long and Sedley 1987，第 58 页。对这一教条更为完整的描述，参见 Schofield 2003，第 239—246 页。

13. 这些主题从所有现存材料中消失了，除了塞涅卡的《自然问题》（*Natural Questions*）；关于这一时期逻辑学的研究，参见 Barnes 1997。

14. Gill 2007。他同样在偏好斯多亚物理学还是伊比鸠鲁主义原子论物理学之间摇摆不定（参见例如 4.3，10.6，11.18，12.14）。他同样对燃烧理论感到痛苦（10.7）。

15. Brouwer 2014，第 92—135 页。

16. 我们不可能知道西塞罗的批评究竟来源于哪里，是在任何意义上真正的有所保留还是他在试图腹诽斯多亚主义的其他批评者，进而有机会对他们加以驳斥。

17. 关于塞涅卡之死，见 Ker 2013。

18. R. Hughes（2011）称之为"古代世界举世无双的伪君子"（第 104 页）。最近，Beard（2014）和 Kolbert（2015）在他们各自对 Romm（2014）和 Wilson（2014）的评论中提起了同样的指控。

19. Wilson（2014）指出，塞涅卡就像是在给他母亲赫尔维娅所写的慰问书信之中一样，在理论上对流放持中性的态度；然而，在实践上，他的感受不然。Romm（2014，第 28—29 页）也有类似的一篇论文。 205

20. 穆索尼乌斯的翻译均选自 King 的译本（Musonius 2010）。

21. Weaver 1994.

22. 尽管通常被看作一位斯多亚思想家，马可·奥勒留实际上只提到过一次斯多亚主义，而且从来没提过芝诺或者是克里安西斯，只提到过两次克里希普斯（《沉思录》5.10，6.42 以及 7.19）。

23. "Mailbag: June 2015". 2015.

24. Ceporina 2012，第 45—46 页。

25. Hadot 1995，第 85 页。塞涅卡在他的一封书信中写道："我们需要反思所有的可能性并让我们自身坚强，克服各种可能出现的困难。在你的头脑中想象（meditare）这些：流亡、折磨、战争、船难。"（91.7—8）在"预见罪过"（praemeditatio malorum）这一实践背后的原则对任何一个接受过认知行为治疗的人来说都是熟悉的；参见 Robertson 2010，尤其是第 207—226 页。

26. "Mailbag: June 2015". 2015.

27. AsianAway 2015.

28. Valizadeh 2015c.

29. Valizadeh 2016a.

30. Jansen 2015.

31. Black Label Logic 2016.

32. Cleary 2016.

33. Goldhill 2016.

34. Holiday 2016b.

35. 霍利迪在主流媒体和"红药丸"圈子之间保持一种微妙的平衡，他一面明确反对特朗普和米洛·扬诺普洛斯这一类争议性的人物，同时称赞他们是出色的媒体操纵者。

36. 《推荐给男性的十部伟大的书——第一卷》，2017 年。塔克·马克斯在"男性空间"中的地位并不稳固。托名图特摩斯（Tuthmosis）的"男性空间"作者在他的私人博客中写道："21世纪互联网驱动的男性气概复兴，塔克·马克斯是其唯一创始人物——这一运动我们现在称之为'男性空间'，或者是'红药丸'。他的著作和论坛最先实现了传统男性气概、引诱圈子，和反政治正确三者之间的整合。"（Tuthmosis 2014，强调为原文所加）。然而，最近马克斯在很大程度上已经失宠了而且被指控抄袭"红药丸"作者迈克·切尔诺维奇（Mike Cernovich）的作品。二人之间的不睦似乎发生在 2013 年马克斯的网站"相亲场"（The Mating Grounds）上线的时候，当时他在网站上指控那些崇拜他的泡学家是"反社会的、胡说八道的骗子"。关键的是，在那时图特摩斯将霍利迪排除在马克斯的倒台的罪责之外。

37. 尽管特朗普总统大体上在这一圈子中受到欢迎，但他偶尔干涉主义的外交政策，包括 2017 年初轰炸叙利亚和阿富汗，在另类右翼之中受到了广泛的批评，后者相信他应当把精力单纯地聚焦在美国本土。

38. Holiday 2014, 第 8 页。

39. 同上，第 46 页，强调为原文所加。

40. "Is MGTOW the Idea of Ancient Stoicism Repeating Itself?" 2015.

41. 我们并不清楚这里长篇大论讨论婚姻的安提帕特究竟是大约在公元前 150—公元前 130 年间出任学长的安提帕特，还是推罗德的安提帕特（公元前 1 世纪）。

42. Nussbaum（2002）指出，尽管在字面上，对引诱（moicheuein）者和被引诱（moichenesthai）的人来说惩罚是相同的，但对男性来说什么才算是引诱，比女性被认为受到引诱的情况要狭隘得多。（第 287—288 页，第 304—306 页）

43. Strategos_autokrator 2015.

44. Curtius 2015, 第 143 页。

45. Curtius 2016a.

46. Curtius 2015, 第 16 页，强调为我所加。

47. Holiday 2014；引文见第 3 页。

48. Goldhill 2016.

49. 参见 Hill（2001）第 26 页。希尔对那些主张塞涅卡是女性主义者的人尤为强硬："塞涅卡的女性主义倾向，特别是对我而言，被过度高估了。"(第 23 页)那些主张塞涅卡应是女性主义者的人，参见 Hill（2001）第 23 页注释 63。

50. 马克思主义历史学家克罗阿（G. E. M. de Ste. Croix）如此认为，参见 de Ste. Croix（1981）第 110 页。

51. Forney 2013.

52. Forney（2013）声称，"如果女孩子是金币，那送她们去学院就像是把她们浸到硝酸里"，由于他在小标题名为"上大学使女孩失去吸引力"的章节这一语境下使用的这一比喻，似乎他相信，硝酸会溶解黄金。事实上，硝酸对纯金毫无效果，甚至有时还会用作珠宝清洁剂。

207

53. Nussbaum 2002, 第 303 页。

54. 同上，第 300 页。

55. Asmis（1996）基于安提帕特"一对夫妇是一双手或者一双脚"的类比来提出自己的论断（第 76—80 页）。然而，相反的观点参见 Engel（2003），后者主张"安提帕特的伦理 / 政治思想并未挑战和触及标准婚姻的行为，以及父母—女儿、未婚夫—未婚妻关系"。（第 284 页）

56. 关于古代文献中整体欠缺女性和她们奴隶发生关系的记载，参见 Parker（2007）。

57. Savage 2016.

58. Asmis 1996，第 71 页，第 87 页以下。

59. Graver（1998）引用《图斯库姆论辩集》，主张道德"保留了在文化上同男性以及男性行为规范的联系，即使它援引了几个世纪以来的哲学，特别是斯多亚派关于道德目标的思想"（第 607—608 页）。关于罗马的道德，参见 McDonnell（2006），尽管 Kaster（2007）对 McDonnell 将道德单一界定成武力的高超技艺阐述了严重担忧。

60. Manning 1973，第 171 页。

61. 参见 Graver 1998，第 611 页。

62. Nussbaum 2002，第 288—293 页。

63. 斯多亚主义的确比其他古代哲学更有资格称得上是原始女性主义。这一流派唯一的竞争对手是柏拉图在《理想国》第五卷中对婚姻作为一种社会制度的批评，后者向来被当作早期女性主义文本阅读——尽管斯托拜乌斯提到，爱比克泰德对这一文本，以及相信柏拉图主义能够提升她们社会地位的那些女性同样蔑视。爱比克泰德甚至据称一度说过柏拉图"最初废除了这类婚姻，又给城邦引入了一种新的取而代之"（斯托拜乌斯《选集》6.58=爱比克泰德《残篇》15）。参见 Aikin and McGill-Rutherford 2014，第 16—17 页。关于女性主义和《理想国》，参见 Pomeroy 1974、Annas 1996，以及 Vlastos 1997。然而，尽管在《理想国》中男性和女性可以扮演同样的社会角色，苏格拉底向他的

208

　　　　　　　　　　　红药丸与厌女症

对话者提问："你知道有什么工作是男性无法超越女性的吗？"
（《理想国》455c；οἶσθά τι οὖν ὑπὸ ἀνθρώπων μελετώμενον, ἐν ᾧ
οὐ πάντα ταῦτα τὸ τῶν ἀνδρῶν γένος διαφερόντως ἔχει ἢ τὸ τῶν
γυναικῶν.）正如我们所期待的，他们达成一致，并不存在这样的
工作：尽管有些女性在特定任务上可能比一部分男性做得更好，
在总体上，男性胜过女性（455d）。无论如何，柏拉图对女性的
态度无疑比亚里士多德更为宽容，后者在《政治学》中有着著名
论断"男性在天性上更强，而女性更弱；其中一方统治，另一方
服从；这一原则必然拓展到全人类的范畴"（《政治学》1254b）。
关于女性生理层面的劣势，参见 Yates 2015。Sedley（2003）留
意到早期斯多亚主义明显对亚里士多德的想法不屑一顾，即使二
者时代大致相同。

64. Cleary 2016.

65. Tomassi 2013.

66. Kimmel 2013.

67. 同上，第 2 页。

68. Tomassi 2014.

69. Tomassi 2014 及 2017。

70. 更多关于古代世界的愤怒，参见 Braund and Most 2007 中的
论文。

71. "The Myth of Female Rationality" 2016.

72. 关于愤怒黑女比喻的分析以及从社会学标准上，黑人女性比其他
人口族群更不愤怒这一论点，参见 Walley-Jean（2009）。

73. Walley-Jean 2009，第 83—84 页，以及 Ashley 2014。

74. Holiday 2014, 第 20 页。

75. Coates 2015, § 8.

76. Jansen 2015. 在詹森的辩护中，爱比克泰德自己在《论集》中给
出了相似的论点，爱比克泰德称赞第欧根尼，因为后者合理地对
主人表示不服从（4.1.114—117）。然而格利乌斯在《阿提卡之
夜》中给出了一个不同的故事，普鲁塔克的一个奴隶试图讲道理
来逃避挨打，他说愤怒不适合哲学家——对此普鲁塔克回答道，

209

他一点也不生气，并且继续殴打（1.26）。

77. Engel 2003, 第286—287页。

78. Hill 2001，尤其是第15—17页。

79. Nussbaum 2002, 第302页。

80. 努斯鲍姆努力创造出这一哲学的改进版本，她将之称作新斯多亚主义。这一版本的斯多亚主义吸收斯多亚主义的情感理论，将情感视作其对象对我们有多大价值的评判标准，同时拒斥了一种纯正斯多亚主义观念，反对因为非理性而将这些判断抛弃。

81. Aikin and McGill-Rutherford 2014，第10页，之后是Hill 2001。

82. Nussbaum 2002，第322页。

83. hooks 1995，第26页。

84. Lorde 1981.

85. Engel 2003，第288页。斯多亚派在生育权问题上相当不一致。根据Dickison（1973），早期斯多亚派认为生命在出生时开始，因此流产在道德上是可以辩护的（第165页）。然而，塞涅卡称赞赫尔维娅从未流产，而穆索尼乌斯则把流产称作对诸神和国家的一大犯罪（塞涅卡《致赫尔维娅书》16.4；穆索尼乌斯《讲座》15.30）。

86. De Beauvoir 1948，第29页。

87. Vogt（2006）主张，波塞冬尼乌斯和塞涅卡都把愤怒界定成一种驱使人复仇的情绪冲动。

88. Jansen 2015.

89. Curtius 2015，第68页。

90. Valizadeh 2016a。瓦利扎德对马可·奥勒留哲学的解读和马可·奥勒留的历史状况并不相符：帖子上甚至有评论回应道"奥勒留远非和平主义者！"（Antonius 2016）将斯多亚主义认定成原始基督教，这一想法是重要的，因为宗教和无神论在这一圈子之中都是伪概念。尽管"红药丸"圈子中的许多人自认为是无神论者，圈子之中仍有浓厚的基督教氛围："王者归来"上用假名"奥勒留·莫内尔"（Aurelius Moner）的一名专栏作家就是他们的"常驻和尚"。斯多亚主义能够容纳这两种不同观点：斯多亚

作家探讨某一位神，或者宙斯，而这种神灵可能和基督教中的神 210
相似，但宙斯似乎也是一类普遍化的神灵力量——理性（logos），
有时也会被翻译成"神意"，也即引导全宇宙的理性统辖原则；
参见 Asmis 1982，第 459 页。关于无神论和现代斯多亚主义，
参见 Sulprizio 2015。关于古代世界的无神论，参见 Whitmarsh
2015。

91. Rutz and Rihmer 2007；Bilsker and White 2011。有些学者主张，
这一差异并非因为男性比女性更有自杀倾向，而是比起女性，男
性尝试自杀成功概率更大。参见，例如 Denning, Conwell, King,
and Cox 2000。

92. Cooper 1989.

第三章　奥维德方法论

1. Hejduk 2014，第 3 页，强调为我所加。本章中《爱的技艺》所
有翻译都选自 Ovid 2014，由 Hejduk 翻译。

2. 学者们关于《爱的技艺》前两卷发表时间看法不一，普遍认为在
公元前 1 年到公元 2 年之间，而《爱的技艺》第三卷发表于几年
之后，再之后是《情伤疗方》（*Remedia Amoris*）。

3. Hejduk 2014，第 3 页。

4. Strauss 2005，第 38 页。

5. "The History of Pickup and Seduction, Part I" 2016，以及 Weidmann
2013。

6. 关于情人科琳娜没有预先告诉他就自行流产（这一点让他最初生
气，而不是流产这一行动本身），奥维德甚至写作了两首诗（《恋
歌》2.13 和 2.14）。参见 Gamel 1989。

7. James（2003）写道："符合这种描述的女性——受过教育、明智、
优雅、有魅力、独立、在非婚性行为上积极，以及不断需要昂贵
礼物——我们可以放心地讲，根据罗马的阶级结构，只能是交际
花一级的成员。"（第 37 页；同样参见第 36—41 页）然而，这一
主题缺少普遍共识，Gibson（1998）主张，在交际花（meretrix）
和令人尊敬的主妇（matrona）两大分类之间，奥维德在《爱的

技艺》第三卷中故意模糊了二者的界限。

8. Myerowitz-Levine（2007）写道："尽管奥维德为他特定的罗马读者写作，并唤起了其他时间和地点不同人的共同情感，构成其基础的基本原理是具有普遍性的。每一代不具备专门知识的读者都能几乎自动地为奥维德的情欲指南做翻译，将其从特定的罗马语境转置到他们自己的经验之中，这一点并不困难。"（第258页）

9. Volk 2007，第236页。

10. Burns 2014; Strauss 2005.

11. 这一观点受到了进化心理学的启发。Strauss（2005）写道："所有泡学家必读的书就是关于进化理论的：马特·里德利的《红皇后》(*The Red Queen*)、理查德·道金斯《自私的基因》(*The Self Gene*)、罗宾·贝克的《精子战争》(*Sperm Wars*)。读了这些书，你就会理解为什么女性倾向于喜欢混蛋，为什么男性想要拥有多个性伴侣，以及为什么许多人背着他们的配偶偷情。"（第294页）

12. Volk（2007）给出了最简练的论断反驳这一观点："作为一种社会行为，《爱的技艺》中传授的爱情并非某种各处人们所经历的普遍事物，而是一种由特定地点、时间以及情境所造就的特殊现象。换言之，这是一种文化建构：任何一种文化，任何一个社会都会对'爱'给出不同的定义并以不同的方式展开行动。"（第242页）

13. Burns 2015.

14. Ainsworth 2015.

15. 同上。

16. Kahn 2005。当学生以这种方式标记这一文本时，Kahn描述了她的惊讶："在她的问题之下，学生认为强奸就是这本书主要在讲的，而奥维德就是在提供怎样模仿这些强奸的指导，而非对他所描述的强奸提出批评。对这一传统上被看作是关于人类与诸神变化无常的诙谐故事汇编的文本来说，这无疑是一种新的视角。"（第1页）

17. Thorn 2012，第21—22页。

18. 同上，第24页。

红药丸与厌女症

19. Krauser n.d.，强调为原文所加。

20. 这位老师接下来承认这对翅膀对伊卡洛斯的帮助并不多，而没有意识到这一类比对他自己的方法说明了什么——这是众多线索中的一个，证明他并非像他自己希望展现的那样全知全能，而技艺则有其自身的局限。关于这一幕，参见 Myerowitz 1985，第 151—174 页，Sharrock 1994，第 87—195 页。

21. Volk（2007）表示赞成："因而《爱的技艺》的确类似约会技艺、情事技艺，而不是关于爱的技艺。当然这也正是它本身可以传授的原因：爱情（amor）对奥维德来说不是一种情感，而是一套行为方式，并因此可以通过遵循其教谕诗中给出的特定步骤加以掌握。"（第 242 页） 212

22. 尤其是，情人（amator）是罗马戏剧中的一个固定角色，其设定通常是觊觎剧中某位年轻女性（可能是交际花也可能是处女）的男青年。

23. 尽管相比传说中的"生于十月"效应，艾瑞克·冯·马可维克的情感操纵都显得相对无害，这一效应是泡学家所用的一种技巧，使用催眠术来说服女性和男性一起上床而不考虑她们是否同意。

24. Arrowsmith 2014，第 73 页。

25. von Markovik 2007，第 96—97 页。

26. Fleishman 2013.

27. von Markovik 2007，第 50 页。

28. Strauss 2005，第 142 页。

29. 同上，第 38 页；Jeffries 1992，第 125 页。如果读者没能成功的话，这就提供了一个内置的免责条款：作者可以声称读者努力还不够。Von Markovik（2007）建议新人在一个月内准备多达两百套开场（也即，把他们自己介绍给两百组姑娘）来适应；如果学员所做的开场并没有达到推荐的数目而没能成功成为泡学家的话，这一方法本身无可指摘（第 40 页）。

30. Strauss（2005）之后更加夸张地描述了杰弗里令人厌恶的外貌特征："人很瘦、呆头呆脑的样子，有灰色短须和油亮的皮肤。他

的头顶是半秃的一团又短又乱的灰色卷发，鹰钩鼻非常突出，简直可以把他的外套挂上去。"（第 45 页）

31. Strauss 2005，第 8 页。

213
32. 尽管奥维德全名 Publius Ovidius Naso 的最后一部分表明，和杰弗里以及施特劳斯一样，奥维德的鼻子可能并不是他五官中最精致的（naso 意味着鼻子）。关于罗马人把并不好听的昵称当作 cognomina，参见 Salway 1994，尤其是第 127 页。奥维德的姓是继承的，所以可能的情况是他继承了这个名字却没有难看的鼻子；尽管他频繁地自称"Naso"，但他喜欢这样做是因为这样符合音步。

33. S. Kendall（2014）提到了这些问题并建议亚裔男性"超越种族"。

34. 多诺万·夏普（Donovan Sharpe）在"王者归来"上以黑人男性的视角写作引诱的作品，包括这样的文章，例如《西部黑人猎艳的宜与忌》（2014 年）以及《给想约白女的非白男五点建议》（2016 年）。

35. 真正无可救药的甚至会被称作"欧米茄男"，尽管"今日之声"西奥多·比尔更愿意使用"伽马男"一词。

36. Valizadeh n.d.

37. Watson 2007.

38. Strauss 2005.

39. Valizadeh 2011b，第 68 页。

40. Valizadeh 2012b.

41. Valizadeh 2011d.

42. 同上。

43. Galbi 2010b.

44. Galbi 2010a.

45. Galbi 2010b.

46. Galbi 2010a.

47. Gaisser (2002) 写道，古代文献"不是包着特氟龙的棒球，在不同时代碰撞并被不同时代和不同地方的人不解地加以凝视，直到最终到达**我们**启蒙的领悟；相反，它们是柔韧而黏稠的艺术品，

红药丸与厌女症

被每一代的读者抓住、塑造，并盖以新的含义，它们被其经验不可逆转地改变了，最终才来到我们面前。"（第387页，强调为原文所加）

48. Nietzsche 1990, § 52.

49. Galbi 2010b.

50. 《泡学家奥维德的教导》一文的作者彼得·伯恩斯在他自己的博客"文艺复兴男士杂志"上给出了更长而且更为广泛的对比（2014年）。

51. von Markovik（2007）某种意义上因为热衷于他所谓的"孔雀开屏"而在泡学家中与众不同，开屏这一技巧，他在术语表中定义为"穿浮夸的衣服来展现你在女性面前的生存能力。不受这种行为造成的社会压力影响展现了高价值"。然而，他提醒道："'孔雀开屏'应当是对高社交价值一种独特而主导性的展示；不然的话，它反而只会失去预期的效果甚至可能适得其反。十个人中一个人这么穿的话看起来就像'纯爷们'，两个人这么穿就是同性恋了。"（第26页）艾瑞克·冯·马可维克的大部分照片显示，他画眼线并且戴护目镜，或者是戴彩色皮草做成的帽子。

214

52. 法律赋予了罗马男性不可测知的特性——但重要的是并不赋予女性，关于这一点参见 Walters（1997）。

53. 参见，比如说 von Markovik 2007，第136—142页。

54. Weidmann n.d.

55. Hoinsky 2013.

56. Bustillos 2013.

57. Hoinsky 2013.

58. Strauss 2005，第102页。

59. von Markovik 2007，第104页。

60. Fahrenthold 2016.

61. 在瓦利扎德的帖文《你狩猎吃瘪的五大原因》中，第三条就是"你把酒精当成依靠"（2011a）。奥维德同样提到了酒精的危险，他说："这里，不要对那盏诡异的灯太过自信：/夜晚和纯酒让人心意迷乱，无法鉴别美色。"（《爱的技艺》1.245—246）

62. 吕埃俄斯（Lyaéus）是酒神狄奥尼索斯的另一个名字，这里用来转喻指酒本身。

63. Sharrock（2007）留意到，在《爱的技艺》中"女性应该被传授怎样俘获并留住（以及利用）一个恋人，但很难不去认为，她们真正被传授的是让她们中意的男性掌握一切"（第 28 页）。

64. Valizadeh 2011d.

65. 参见，例如 von Markovik（2007）："比起对现存目标做了错事而修修补补，吸引一个新的女性可能更为容易。"（第 39 页）

66. Weidmann n.d.

67. 尽管《情伤疗方》将其自身定位成《爱的技艺》的对立面，但它更像是延展或者续篇，而非反对后者；参见 Rosati 2007，第 151—157 页。两部文本甚至提供了一些相同的建议：妻妾成群而非一夫一妻，就是为了让你的对象吃醋（《爱的技艺》2.425—460；《情伤疗方》439—488）。

68. Weidmann n.d.

69. Hexter 2007.

70. Valizadeh 2014b.

71. 将情感操纵和化妆等同起来，这一点看似荒唐，但这一对比在回应对泡学家的批评时实际上是一种常见的比喻。2016 年瓦利扎德被澳大利亚禁止入境，一个作者就用假名托马斯·霍布斯（Thomas Hobbes）在"王者归来"上发表了一篇讽刺性的性别对立回应：《国际暴怒：世界上的男性试图阻止泡学大师开展授课之旅》（Hobbes 2016）。奥维德写了一整部长篇大论《女性面部化妆》（*Medicamina Faciei Femineae*）来给女性提供化妆建议；M. Johnson（2016）提供了对这一文本新近的精彩研究。

72. 《尤利亚各阶层通奸法》同样允许，在特定状况之下，父亲和丈夫有权处决出轨的妻子及其情人。关于奥古斯都的道德立法，参见 Mette-Dittmann 1991。

73. Barchiesi 1997，第 4 页。

74. Gibson 1999.

75. Barchiesi 2007。此外，尽管奥古斯都推行了一系列道德立法，但他本人据称参与了一系列的通奸之中；苏埃托尼乌斯在《奥古斯都传》中提供了选编的几个故事（第69—71页）。

76. Welch（2005）分析，在普罗佩提乌斯的作品中，爱情（amor）可能是罗马（Roma）一词的回文；这一原则可能对奥维德同样奏效。

77. Valizadeh（2013）赞成流放。

78. Weidmann 2016a 以及 2016d。

79. Preston（2010）写道："'猎艳'中几乎所有的泡学家都是白人，'引诱圈子'在更广泛的意义上可以描述成白人基因存续的微观政治运动。"（第338页）

80. Galbi 2010b。阿里在很长一段时间中是个高产的博主，但最近转向为更大的"男性空间"网站写作这一类文章，例如《为什么我变成了黑人男权活动家》（2015b），以及《黑人女性主义失败的五大原因》（2015a）。

81. 参见，例如 Sharpe 2014 和 2016。

82. Frantzen 2016.

83. 同上。

84. Strauss 2005，第214页。

85. "如果一个女生和一个男生在一起，就假设他们只是朋友，接近他们并主动和他开始聊天。和他成为朋友。一旦你解除了他的武装，你就到了问'你们怎么认识的'这一节点。他肯定会告诉你。如果他是女生的男朋友，你只是交了个新朋友，甚至没向女生介绍过自己，这样你就不会惹祸上身了。而如果他不是她的男朋友，那她就是绝好的猎物。"（von Markovik 2007，第119页）

86. Strauss 2005，第423页。

87. 关于这一主题已经有大量学术作品，但最为基础的文本仍然是 Foucault（1978—86）；Halperin, Winkler, and Zeitlin, eds.（1990）；以及 Davidson（2007）关于希腊性行为的著作；以及 Hallett and Skinner（1997）关于罗马性行为的著作。更为晚近的作品参见 Hubbard 2014。

88. 性别的角色与操纵，可能是拉丁挽歌体中研究最多的一个侧面，在这一主题上有大量的学术作品。Greene（2012）是一部好的导论；同样参见 Ancona and Greene 2005 中的文章。Wyke（2007）说得好："考虑到罗马的性关系建立在主动和被动、统治与服从、高与低的概念之上，这种关系投映到性别上就是男性和女性，并和主人与奴隶的关系相一致。普罗佩提乌斯频繁出现的策略，将男性情人放到了顺从和奴性的角色之中，并与他冷酷无情的女主人相对，这无疑干扰了罗马的性别规条。男性自我（ego）扮演了一个忠诚、顺从以及柔顺的女性角色。"（第 168 页）

89. 关于卡图卢斯在罗马挽歌体作家正典边缘扰人的地位，参见 Wray 2012。

90. 关于卡图卢斯的男性气概，参见 Wray 2001，尤其是第 64—112 页。

91. Strauss 2005，第 9 页。

92. Greene（2000）提到，普罗佩提乌斯与梅塞纳斯之间的关系，同样可以是一种爱（amor）。（第 250—251 页）

93. Fear 2000，第 220 页。

94. "这就是《爱的技艺》对我们所做的：把我们紧紧抓住，控制着我们，让我们着迷，用文本中的情欲拥抱我们。"（Sharrock 1994，第 24 页）

95. Strauss 2005，第 41 页。

96. 同上，第 87 页。

97. 同上，第 398 页。

98. Strauss 2015。

99. Ali 2013.

100. Wyke 1987.

101. Valizadeh 2012a，第 71 页。

102. Liveley（2012）做出了这一解读，与其说是给奥维德开拓的借口，毋宁说是一种教学技巧，用以帮助学生在大学课堂里以一种免于刺激的方式探讨奥维德（第 545—546 页）。James（2012）主张，奥维德是在"揭露掠夺性的男性气概"而非加以提倡（第 554 页）。

103. 这一观点也许在 Reddit 用户"redpillschool"那里得到了最好的表述——后来这个人被认出是新罕布什尔州的前政治家罗伯

特·费舍尔——他写道："每个女人都希望自己吸引力大到自己被强奸的地步。这就像是男人欲望的巅峰，无论什么都不能让他停下。"（R. Fisher 2015）

104. Valizadeh 2010.

105. 同上。

106. Denes 2011.

107. Valizadeh 2012a，第 28 页。

108. 瓦利扎德甚至在他恶名昭著的博客帖文《怎样制止强奸》中提到，把强奸合法化能够给女性动机，让她们控制自己饮酒。（2015b）

109. Valizadeh 2015a.

110. Thorn 2012，第 45—46 页。

111. Zadrozny 2016.

112. A. Smith 2012.

113. Zadrozny 2016.

114. Strauss 2005，第 241 页；von Markovik 2007，第 2 页。真正从女神名字派生而来的英语形容词是 venereal，但我们完全可以理解，为什么他选择不把自己这一套方法叫作性病技艺，哪怕这样说可能更为确切。

115. Cahoon（1988）主张，奥维德偏好这一比喻，是因为在他的概念中，爱情是暴烈的。相似地，Sharrock（2007）指出，《爱的技艺》第一卷中所有神话方面的偏离都参与到了"对暴力的浪漫化"（第 32 页）。

116. 他们的考量，当然是伪进化心理学的：女性不愿参与到性行为之中，是因为她们可能会怀孕。

117. Jeffries 1992，第 2 页（强调为原文所加），第 4 页。

118. 除了原帖给出的这一开场白，魏德曼写了一篇后续的帖文，并配上了读者发来的截图，证明这一技巧的确奏效（Weidmann 2016c 以及 2016b）。

119. 考虑到瓦利扎德散布诸如"她高潮与否并不重要"的论调，性满足似乎并不可能（Valizadeh 2008）。奥维德建议女性，尽管她们应该和男性一样享受性爱，如果她们做不到的话，她们应当尽可

218

能令人信服地假装享受（《爱的技艺》3.797—804）。

120. Baker 2013 提供了精彩的分析。

121. Valizadeh 2011c，4—5 页。

122. 同上，第 6 页。

123. 同上。

124. 同上，第 10 页。

125. 同上，第 20 页。

126. 同上，第 38 页。

127. 同上，第 64 页。

128. Weidmann 2017a.

129. Valizadeh 2011d.

130. Weidmann 2013.

第四章　何以拯救西方文明

1. Leonid 2017.

2. Valizadeh 2015d.

3. Valizadeh 2014a.

4. Elam 2010，强调为原文所加。

5. Supremo 2016，强调为原文所加。

6. 几年之前我同样无意地创造了实验条件，而结果则强烈地表明，"男性空间"并不想谈论斐德拉。在 2015 年 7 月，我在女性主义网站 Jezebel 上发表了《他说，她说：虚假强奸指控的神话史》，这篇文章的浏览量很快超过了 10 万。我事后知道，这些浏览中一部分人可能是从"男权"分版，一个有 17 万关注的圈子上一篇帖子过来的，其标题为《石破天惊：Jezebel 论虚假强奸指控》。这篇帖子暗示，我的文章表明女性主义网站罕见地承认了虚假强奸指控的确存在这一事实（Eaton80 2015）。而我对古代文献的使用则被完全忽略了；其中有评论甚至写道："她喋喋不休地谈论斐德拉时，我就半道停下不读了。我确信的是，jizzabel〔原文如此〕故意这样做，因此他们就可以说'我们承认虚假强奸指控确实发生过，所以看吧，我们写了篇相关的帖子'。"另一篇则抱怨这篇文章"胡乱地引用了很多虚构的东西"。

7. Leonid 2017.

8. 这一类论调在回应虚假指控都是编造出来的故事时尤其常见，其中就包括女性主义对电影《消失的爱人》（*Gone Girl*，以及更小程度上，这本小说原作）的抵制。女性主义者们认为，这部电影厌女而且有毒，并且强化了一种错误观点，认为虚假强奸指控俯拾皆是。比如说，女性主义者琼·史密斯（Joan Smith）在《卫报》上写道："《消失的爱人》重拾强奸迷思，这是一种令人作呕的歪曲。"（Smith 2014）不出所料，"红药丸"圈子喜欢这部电影。在论坛"男性之音"上，有人发帖称，这部电影："必看无疑。尤其是你对红药丸／男权运动／男行其是运动感兴趣的话……很长、很长一段时间以来我看过的最红药丸的一部电影。"

9. Valizadeh 2015g，强调为我所加。

10. 同上。

11. Wheatcroft and Walklate 2014，第 246 页。将控告者归为特定的角色，认知上的轻松感可能同样在这一趋势上发挥某种作用：正如 Crenshaw（1992）指出的，存在这样一种趋势"将控告者划入一系列角色中的一种，包括婊子、挑逗生事、复仇心切的骗子、精神或者情感上不稳定，或者某种情况是圣母。一旦这些观念层面的角色分配完成，'故事'就能自行讲述，通常是补充女性方面的叙述，交代原告和被告之间发生的事情，其中往往是居心歹毒的女性存心误导并引诱那些'无辜'而毫无戒备的男性"。（第 408 页）

12. Kanin 1994。对卡宁的批评，参见 Lisak（2011），这一评论主张："Kanin 1994 年关于虚假指控的文章是一篇挑衅性的意见作品，但对虚假强奸报案这一问题来说，这篇文章远非科学的研究。这肯定不能被用来给虚假指控频发寻找科学基础。"

13. 尽管这一点能够得到 2010 年一项研究的支持；见 Lisak et al. 2010。Buzzfeed 上近来一篇关于巴尔的摩郡警署强奸报案数不成比例的文章，被警方标记为"不实"，其中报案率大约 34%，而指控真实成立的比例大概是 7%（Campbell and Baker 2016）。这篇文章使用了更晚近的 FBI 数据。

14. Furioso 2016.

15. McArdle（2015）主张，"强奸统计一团糟"，并一次作结"在我们有读心机器之前，关于虚假强奸报案实际上有多普遍，我们唯一能知道的，就是我们对此一无所知"。

16. Furioso 2016.

17. Erdely 2014.

18. Saunders（2012）指出了警方对错误指控的定义和研究定义之间的区别。

19. Wheatcroft and Walklate 2014，第 240—241 页。

20. Herman 1992，第 72 页。

21. 在《斐德拉之恋》（*Phaedra's Love*），萨拉·凯恩（Sarah Kane）根据塞涅卡《斐德拉》大体改编的一部剧中，斐德拉的虚假强奸指控带来了她和希波吕托斯之间一段非常真实且情感上虐待的性关系。凯恩之后说道："希波吕托斯对斐德拉所做的并非强奸——但英语之中并没有对应的词来描述他施加的情感伤害。'强奸'是斐德拉所能找到的最好的一个词，最激烈而且最有力，所以她选用了这个词。"（I. Ward 2013，第 235 页）关于《斐德拉之恋》与强奸迷思，参见 Ward 2013，第 234—237 页。

22. Saxton 2015，强调为我所加。

23. Dworkin 2006，第 158—159 页。

24. DiKaiomata 2015.

25. Patai and Koertge 1994，第 124 页。

26. MacKinnon 1989，第 174 页。

27. 在"红药丸"关于性侵犯的观念中，种族和阶级扮演的角色几乎是完全隐含的——比如说，在利奥尼德的论断之中，我们在这一章开篇引用到，虚假指控是"一位有价值男性的标准惯例"，而这里并没有准确定义他所谓的"价值"到底是什么。

28. 比如说他们也有可能选择荷马的作品当作替代。亚里士多德区分了历史和诗歌，但并未在历史和神话之间做出区分：这一区别是体裁不同，而非内容。他在《诗学》（1451b）中写道，历史处理的是"发生过的事"而诗歌处理的是"可能发生的一类事情"（τὸν μὲν τὰ γενόμενα λέγειν, τὸν δὲ οἷα ἂν γένοιτο）。

29. Redfield 1985，第 100 页。

30. J. Hall（2002）分析，希罗多德对"希腊性"的定义是共同的语言、宗教，以及习俗（第 189—194 页）。

31. Walcot（1978）探讨了希罗多德中的强奸。Harrison（1997）亦然，尽管他只简短地涉及了这一作品的开篇；他只是对他所谓的"硬核强奸"场景感兴趣。Sansone（2016）列举了那些认为希罗多德中相互劫掠"幽默"或者讽刺的历史学家（第 2—3 页）。

32. 爱比克泰德，我在第二章中分析过这位哲学家的作品，他曾设想帕里斯和墨涅拉奥斯一度是挚友，直到"吸引人的诱饵，一位美女，被扔到了他们中间"（《论集》2.22.23）。

33. 尤菲利托斯清楚这件事的发生，并且有意设计来抓他们现形，因此这一行动落在了激情犯罪和冷血谋杀之间。对这一文本中可能的虚构以及许多同喜剧中比喻的比较，参见 Porter 2007。

34. 吕西阿斯 1.32—36。Harris（1990）坚持认为这只是一种演说上的姿态，而 Omitowoju（2002）更认真地加以考虑并认为这代表了雅典女性对性行为的同意（第 66—68 页）。

35. 高尔吉亚的《海伦颂》就是这一类演说中最为人熟知的例子；欧里庇得斯《特洛亚妇女》第 914—965 行是另一个。

36. 关于强奸作为古代世界中的一大战争元素，参见 Gaca 2014。布里塞伊丝的主体性，我们唯独仅有的洞见来源于《伊利亚特》很靠后的部分，布里塞伊丝在帕特罗克洛斯遗体上哀悼，并提到帕特罗克洛斯告诉她，阿喀琉斯会娶她。

37. 尽管如此，在《自建城以来》的前言中，李维似乎对罗慕路斯神圣出身这一传说的真实性表达了某种怀疑，并留意到罗马声称自己的创立者是半神，是出于其强大的国力。

222

38. 全部分析见 Arieti 1997。

39. 尽管 Moses（1993）主张，这里将强暴看作两种罪恶中更小的一种，卢克莱提娅在罗马法之下同样可能被视作给出了同意（第 40—43 页）。

40. 关于 hybris 这一复杂概念，更多参见 Fisher 1992。

41. 由于我这里的重点是比较古代世界和今日异性强奸与婚姻中性别政治，我不会钻研关于强奸男性或者男童在法律上的复杂性。关于古代希腊世界恋童的本质以及何种程度上是一种胁迫关系，已经有许多讨论：在这种关系之下，有导师性质的一方——年长的伴侣指导年轻的一方怎样成为优秀公民——但他们同样有着性关系。这些关系通常涉及猥亵相当年轻的男孩——十几岁的都很少，因为脸上长出胡子被看作是年岁已过的标志，不再适合 erōmenos（被爱者）这一角，尽管 Ferrari（2002）提供了一种更为微妙的观点，比传统的有无胡子二元对立更为复杂，并主张逐渐长出胡子的不同阶段代表着吸引力的不同阶段（第 127—140页）。关于恋童这一主题的经典作品（以及更广义关于希腊同性恋的作品）见 Foucault 1985、Dover 1989，以及 Halperin 1990。Lear（2014）就恋童的古代史料提供了非常有帮助的一部概览。Davidson（2007）拓展了 erōmenos 这一角色的年龄范围并大体上论证，许多同性关系同样发生在年龄相近的男性之间，但这一主张争议很大。

42. Harris 2004，第 60—63 页。

43. 这就包括，在其他作品中，普劳图斯的《一坛金子》（Aulularia）和泰伦提乌斯的《两兄弟》（Adelphoe）。新喜剧中的另一个常见情节就是新婚丈夫在得知妻子在婚前就已经怀孕时，威胁要离开她；而当二人发现，新婚丈夫就是先前强奸她的人，而二人都没有意识到时，冲突就化解了。这一剧情出现在了米南德的《公断》（Epitrepontes）和泰伦提乌斯的《婆母》（Hecyra）之中。

44. 参见 Just 1989，第 28—52 页；Sealey 1990，第 25—40 页；以及 Patterson 1991。

45. 此外，如果女性是女继承人（epikleros），她父亲过世时没有儿子的话，那她关系最近的男性亲属可以取消她现存的婚姻并与之结婚，以此来控制财产；参见 Sealey 1990，第 29 页。

223 46. 关于奴隶和性行为，参见 Cohen 2014。

47. 《致阿提库斯书》5.4.1。

48. Saller 1987，第 33 页。萨勒估计，对其余几个阶层来说，这一数目接近于五分之二的女性和五分之一的男性。然而，其他学者估计，初婚时年龄会更低，其中包括 Scheidel（2007）。古代法律史料是《乌尔比安论著要目》5.2 以及 "乌尔比安论婚姻"，《选集》23.2.2。后者明确指出 "除非每个人都同意，也即结婚的人和对他们掌权的人，不然一桩婚事是无效的。"（nuptiae consistere non possunt nisi consentiant omnes, id est qui coeunt quorumque in potestate sunt.）

49. 乌尔比安同样提到，只有在新郎在某些方面不合适的情况下，新娘才可以拒绝，这就更进一步引出了女性选择自由的问题（"乌尔比安论婚姻"，《选集》23.1.12）。罗马存在两类婚姻，有夫权婚姻（cum manu，对女性的监护权转移到了她丈夫手中）和无夫权婚姻（sine manu，对女性的监护权保留在父亲或者保护人手中）。证据表明，随着时间推移，有夫权婚姻变得越发少见。关于罗马婚姻法的复杂性，参见 Treggiari 1991。

50. Ted Hughes 所译的《变形记》5.524—527（Ovid 1997，第 59 页）。

51. Packman 1993.

52. Harris 2004。James（2014a）指出了这一趋势，往往会在 "社会和文化意义" 的背景下关注强奸，而非个人层面的后果："在那一刻，这一事件的震惊和创伤是在身体上经受的，而非文化上。"（第 29 页，第 33 页）同样参见 Gardner 2012。然而，Walters（1997）指出，插入和侵犯构成了女性身体在罗马何以被想象的重要侧面，这表明了被插入的经历对古代女性来说，其意味可能与今天并不相同。

53. Harris 1997，第 483 页；Deacy and Pierce 1997。哈里斯继而阐明 "这样说并非是在开玩笑"，但这确实不容小觑。

54. Leonid 2017.

55. 斐德拉最初在《奥德赛》中出现，是第 11 卷中奥德修斯所遇到的众多阴影之一。这里只有她的名字——她的家世和历史并未提及。《希波吕托斯》则是欧里庇得斯在悲剧竞赛中取得头奖的三联剧中的一部分——他仅有的五部头奖作品之一，相比之下，他的竞争对手索福克勒斯有 18 部头奖，先驱埃斯库罗斯获得 13 次头奖。

56. 这类论调今天仍然被广泛用来回绝指控；在 2016 年，特朗普对《人物》周刊作者娜塔莎·斯托伊诺夫（Natasha Stoynoff）提出的性骚扰指控做出回应，在 2016 年 11 月的一次竞选集会上，特朗普宣称："你们看看。看看她。听听她说的话。告诉你会怎么想。我不这么看。我不会这么看。"这类论调将男性置于中心地位并暗示，就强奸指控而言，女性的欲望和可信性直接相关。"红药丸"中的男性会发现这类说法特别有说服力，他们时常在 Twitter 上告诉女性，她们太丑或者太胖，不值得强奸。

57. Kohn（2008）主张，忒修斯从波塞冬那里得到三个愿望，这一情节是欧里庇得斯在这个故事中发明的。

58. 反对意见参见 Roisman（1999a），沿袭了 Fitzgerald（1973）的看法并泛泛而谈道，斐德拉工于心计而且欺诈性强。 Roisman（2005）借由同塞涅卡《斐德拉》的对比，进一步推进了这一论断，并主张："她长期拒绝告诉乳母究竟是什么困扰着她，这并非像看上去的那样出于羞耻或者谦虚，而是精心算计的欺诈，用来把乳母拖进她自己的麻烦里……简而言之，欧里庇得斯将斐德拉呈现成了一个欲求不满而诡计多端的女性，她决心要得到她的男人，并用技巧和控制力来操纵她百依百顺的乳娘去代她向希波吕托斯求爱。"（第 74—75 页）

59. 相反地，举例来说，《美狄亚》中的歌队似乎仍然在恐吓美狄亚，即使她们承认美狄亚遭到了丈夫的亏待。

60. 现存版本的《希波吕托斯》是欧里庇得斯这一剧作的第二版，而现已佚失的早先版本中，斐德拉在性方面更为激进而且更为狠毒。二者之间的关系以及现存版本《希波吕托斯》的定年，来源于关于这部剧的古代假设，这一假设通常被归结给拜占庭的阿里斯托芬。尽管目前这一点上已经有所共识——关于为何这一假设仍然是默认的假定，参见 McDermott（2000）——少数学者已经越发怀疑，或者至少提议在假定失传作品年代更早时保持谨慎，其中包括 Gibert（1997）以及 Hutchinson（2004）。Roisman

（1999b）尽管并不反对失传作品是两部作品中更早的一部，主张后续厚颜无耻地求欢在本质上并非关于性，而是政治性的：斐德拉对希波吕托斯提议，他们可以结婚并一起夺得王位。我们并不知道，为什么欧里庇得斯选择再写一部作品并给出一个争议更少的斐德拉。不管考量何在，第二部作品并没有完全免除斐德拉的罪过；在欧里庇得斯《戴花环的希波吕托斯》上演超过 15 年后（现存版本中斐德拉更为无辜），阿里斯托芬喜剧《地母节妇女》中的女性仍然在抱怨斐德拉，就像她是典型的坏女人一样。

61. 对《爱的技艺》的引用，出现在了"爱情导师"告诉学生如何打理容貌这一背景之下。作为男性无须太过担心自我打理的证据，他留意到"斐德拉爱希波吕托斯，而后者打扮不好"（Ovid 2014）。正如我在上一章中提到，和《爱的技艺》中大多数神话例子一样，这个例子未能鼓舞起信心，让人相信导师的建议能够带来成功和快乐的结果。

在《变形记》中，希波吕托斯给水泽仙女厄格利亚（Egeria）讲了这个故事，在他花费 25 行来讲车祸以及摔断腿是怎样一种感受之前，专门留了一行来推测，斐德拉究竟是被什么驱使才做出这一虚假指控：因为害怕被发现，还是因遭到拒绝而怀恨在心。（《变形记》15.503；indiciine metu magis offensane repulsae?）

62. Roisman（2005）主张："借由凸显忒修斯拈花惹草，塞涅卡引发他的读者好奇，如果忒修斯是一个更为忠诚的丈夫的话，斐德拉是不是不会被她那厌女的继子所吸引。"（第 76 页）

63. 塞涅卡个人版本的斯多亚主义往往同哲学最纯粹的形式相去甚远——这一缺陷，正如我在第二章中讨论的，塞涅卡从不害怕承认。关于塞涅卡主人公的文学性，参见 Boyle 1997，第 133—137 页。塞涅卡剧作中究竟展现了多少斯多亚主义，这一点上有很多探讨，这一方面的书目，参见 McAuley 2012，第 65 页注释 1—2。Armstrong（2006）认为，这一部剧展现了"塞涅卡质疑他在其他地方予以接受的斯多亚教条"（第 290 页）。

64. 塞涅卡的斐德拉面临着比欧里庇得斯的斐德拉更为严重的惩罚。从法律上讲，在欧里庇得斯的时代，斐德拉只会犯下通奸罪，而塞涅卡的斐德拉，她的欲望违背了罗马人对乱伦的禁忌。McAuley（2012）写道："在罗马，收继关系之下的婚姻在奥古斯都立法中是非法的，这就导致继母和继子之间的任何性关系，至少在原则上，属于乱伦。相比之下，5世纪的雅典尽管有对继母放肆性行为的恐惧，但似乎并不会有乱伦禁忌，这也许就反映在欧里庇得斯的斐德拉从未被称作继母这一事实上。"（第39—40页）麦考利同样留意到，欧里庇得斯从未使用过希腊语中的继母mētruia一词来指称斐德拉——这就使得塞涅卡对她作为希波吕托斯继母（noverca）这一身份的关注更加引人注目。

65. 直到拉辛的《斐德拉》，希波吕托斯才被赋予了他自己的恋人阿里西亚（Aricia）。

66. Cairns（1993）就《希波吕托斯》中"耻感"一词的使用提供了更为普遍的分析（第330—332页）。

67. 耻感作为一种快乐，参见，例如 Segal 1970；Kovacs 1980；Craik 1993；Williams 1993，第225—230页；以及 Furley 1996。希腊悲剧中的女性往往紧密监控彼此的耻感。在欧里庇得斯的《特洛亚妇女》（公元前415年）中，（Andromache）吹嘘她自己比一般妻子要有道德得多，她说："凡是一个妇人所应有的贤淑的德行，我在赫克托耳家里都全然无缺；首先，不管一个女人有没有别的缺点，倘若她老是在外面走动，那就会有损她的声誉；因此我抑制着那种欲望，长久待在家里，不让女人家的花言巧语进我的门。我天生有着一颗健全的心来引导我，使我自知满足。"（《特洛亚妇女》645—652行，罗念生译）

68. 在对比塞涅卡的斐德拉和美狄亚时，McAuley（2012）给出了相似观点："斐德拉并没有公开挑战束缚她并将她分类的男性中心社会—政治秩序。相反地，她试图在其中运作，来找到某种方法来满足她反常而过度的欲望，可能（就像她一度自欺欺人一样）甚至是通过婚姻将之合理化。"（第57页；《斐德拉》597行）

69. Burt 1980，第217页；Brownmiller 1975。

70. C. Ward 1995，第45页。

71. Valizadeh 2014a。

72. 同上。

73. 同上。

74. MacKinnon 1987，第 5 页；Valenti 2014；以及 Young 2014。

75. Valizadeh 2014a。这一趋势中尤为令人震惊的一个例子就是 2016 年被广泛报道的一个事件，法官亚伦·珀斯基（Aaron Persky）给定罪的强奸犯，斯坦福游泳运动员布鲁克·特纳（Brock Turner）判处三个月的监禁。即使有两个目击者看到特纳正在性侵失去意识的女性——而且提到他试图逃离——珀斯基仍决定从轻发落特纳，并声称是为他的前途考虑。 227

76. Wheatcroft and Walklate 2014，第 242 页，强调为原文所加。

77. Valizadeh 2014a。这一机制在欧里庇得斯所有的虚假强奸指控剧作中是不变的，在《创世记》39 章中关于波提乏之妻和约瑟的相似故事中亦然。虚假控告者所具有的唯一真正力量，就是对男性施加影响的力量。

78. Valizadeh 2015g.

79. 同上，强调为我所加。

80. 同上，强调为我所加。

81. Valizadeh 2017.

82. Anglin 2017，强调为我所加。"白骑士"是"红药丸"中常用的一个比喻，参见术语表。

83. Weidmann 2017b.

84. 比如说，2014 年在伊斯拉维斯塔枪杀 4 人、伤 16 人的 22 岁杀人犯埃利奥特·罗杰，就被认为是非自愿单身。

85. E. Hall 2015.

86. 这些女性同样在抱怨其他的角色，其中包括神话中的阿尔戈斯女王斯忒涅玻亚（Stheneboea），她的性挑逗被骑飞马的英雄柏勒洛丰拒绝。作为报复，斯忒涅玻亚告诉她的丈夫普洛透斯（Proteus）柏勒洛丰强奸了她，而普洛透斯则发起了一系列事件，意图要将普洛透斯置于死地。这一故事展现了和斐德拉故事的相似之处，尽管斯忒涅玻亚是更为直接的反派。欧里庇得斯，和"红药丸"中的其他男性一样，似乎对虚假强奸指控相关的神话有着某种着迷。关于这一主题，他写了至少五部作品，这在他一生所写的大约 90 部作品中是很小但相当重要的一部分。在他的两部《希波吕托斯》《斯忒涅玻亚》和《地母节妇女》中的女性明言反对的剧作之外，欧里庇得斯可能在类似主题下写作了至少两部现已失传的作品：《佩琉斯》(Peleus) 和《特尼斯》(Tennes)。《佩琉斯》这一悲剧关于特洛伊战争英雄阿喀琉斯之父佩琉斯，可能讲述了这一英雄早年的故事，他怎样错误地被指控强奸阿卡斯托斯（Acastus）王的妻子阿斯梯达弥亚（Astydameia），而阿卡斯托斯一度收留了他。同样的神话在抒情诗人品达那里得到了描述（《尼米亚颂诗》5.26—34）。《特尼斯》则是关于一位知名度较低的神话英雄，他像希波吕托斯一样，被继母控告强奸。这一故事相传为希腊旅行作家鲍桑尼阿斯所写（10.14.2）。

228

87. Sommerstein（1994）对这几行做出评论："要点可能是……斐德拉特定的恶行（通过虚假强奸指控来报复一个抛弃过她的男性）并非女性现在所惯常实施的一种。"如果这一分析正确的话，这可能在表明，无论欧里庇得斯写得有多频繁，虚假强奸指控在雅典和今天一样并不寻常。

88. Weidmann 2017b.

结论

1. Padilla Peralta 2015.
2. Zuckerberg 2016.
3. Grant 2016; Curtius 2016b.

参考文献

"10 Great Books for Men—Volume 1." 2017. *Illimitable Men*, June 27. https://illimitablemen.com/the-library/books-for-men/.

Aikin, S. and E. McGill-Rutherford. 2014. "Stoicism, Feminism and Autonomy." *Symposion* 1: 9–22.

Ainsworth, C. 2015. "Sex Redefined." *Nature* 518: 288–291.

Alexander, M. 2010. *The New Jim Crow: Mass Incarceration in the Age of Colorblindness*. New York: The New Press.

Ali, M. 2013. "Quick Hit: Don't Let the Dime Piece Be the Enemy of the Plain Jane." *The Obsidian Files*, September 11. http://obsidianraw.bravejournal.com/entry/137558.

———. 2015a. "5 Reasons Why Black Feminism Is a Failure." *Return of Kings*, April 27. www.returnofkings.com/62306/5-reasons-why-black-feminism-is-a-failure.

———. 2015b. "Why I Became a Black Men's Rights Activist." *A Voice for Men*, January 29. www.avoiceformen.com/sexual-politics/why-i-became-a-black-mens-rights-activist/.

Allen, C. 2015. "Ovid's Metamorphoses Now Deemed Too 'Triggering' for Students at Columbia." *Independent Women's Forum*, May 13.

American Association of University Professors. 2014. "On Trigger Warnings." Report. Washington, DC: American Association of University Professors. www.aaup.org/file/2014-Trigger_Warnings.pdf.

American Psychiatric Association. 2013. "Diagnostic Criteria for Posttraumatic Stress Disorder," in *Diagnostic and Statistical Manual of Mental Disorders*, 5th ed., 309.81 (F43.10). Washington, DC: American Psychiatric Association.

Ancona, R. and E. Greene, eds. 2005. *Gendered Dynamics in Latin Love Poetry.*
Baltimore: Johns Hopkins University Press.

Andramoiennepe. 2016. "To Marry or Not to Marry? An Ancient Perspective."
The Red Pill. Reddit. www.reddit.com/r/TheRedPill/comments/4smquk
/to_marry_or_not_to_marry_an_ancient_perspective/.

Anglin, A. 2016a. "A Normie's Guide to the Alt-Right." *The Daily Stormer,*
August 31. https://dailystormer.name/a-normies-guide-to-the-alt-right/.

———. 2016b. "What Is the Deal with WMBF [white male–black female]
Relationships? I Don't Get It." *Daily Stormer,* September 19. https://
dstormer6em3i4km.onion.link/what-is-the-deal-with-wmbf
-relationships-i-dont-get-it/.

———. 2017. "White Sharia in Action: Nathan Damigo's 'Punch Heard round the
World.'" *The Daily Stormer,* April 16. https://dstormer6em3i4km.onion.link
/white-sharia-rising-nathan-damigos-punch-heard-round-the-world/.

Annas, J. 1996. "Plato's *Republic* and Feminism." In J. Ward 1996, 3–12.

Anton, M. (Publius Decius Mus). 2016. "The Flight 93 Election." *CRB Digital,*
September 5. www.claremont.org/crb/basicpage/the-flight-93-election/.

AntonioOfVenice. 2016. "Remember When We Laughed at SJW Students
Calling Ovid 'Problematic' and 'Triggering'? The University Caved: Ovid
Has Been Removed from the Syllabus." *Kotaku In Action.* Reddit. www
.reddit.com/r/KotakuInAction/comments/3tto1n/remember_when_we
_laughed_at_sjw_students_calling/.

Antonius, M. 2016. Comment on Valizadeh 2016. http://www.rooshv.com
/marcus-aurelius-meditations-is-the-best-manual-we-have-on-how-to
-live#comment-2547458854.

Arieti, J. 1997. "Rape and Livy's View of Roman History." In Deacy and Pierce
1997, 209–229.

Aristophanes. 1994. *Thesmophoriazusae.* Edited by A. Sommerstein. Warmin-
ster: Aris and Phillips.

Armstrong, R. 2006. *Cretan Women: Pasiphae, Ariadne, and Phaedra in Latin
Poetry.* Oxford: Oxford University Press.

Arrowsmith, A. 2014. "Rethinking Misogyny: Men's Perceptions of Female
Power in Dating Relationships." PhD diss., University of Sussex.

artlone. 2014. Comment #4 on "Gone Girl." *A Voice for Men,* Entertainment
Forum, October 5. https://d2ec906f9aea-003845.vbulletin.net/forum

/avfm-central/entertainment/13048-gone-girl?13232-Gone-Girl
=&langid=2.

Ashley, W. 2014. "The Angry Black Woman: The Impact of Pejorative Stereo-
types on Psychotherapy with Black Women." *Social Work in Public
Health* 29: 27–34.

AsianAway. 2015. "Comprehensive Red Pill Books—Redux." *The Red Pill.*
Reddit. www.reddit.com/r/TheRedPill/comments/2mcokc/comprehensive
_red_pill_books_redux.

Asmis, E. 1982. "Lucretius' Venus and the Stoic Zeus." *Hermes* 110: 458–470.

———. 1996. "The Stoics on Women." In J. Ward 1996, 68–92.

Bacarisse, B. 2017. "The Republican Lawmaker Who Secretly Created Reddit's
Women-Hating 'Red Pill.'" *The Daily Beast*, April 24.

Baker, K. 2013. "Cockblocked by Redistribution: A Pick-up Artist in Denmark."
Dissent 60: 8–11.

Barchiesi, A. 1997. *The Poet and the Prince: Ovid and Augustan Discourse.*
Berkeley: University of California Press.

———. 2007. "Women on Top: Livia and Andromache." In Gibson, Green, and
Sharrock 2007, 96–120.

Barnes, J. 1997. *Logic and the Imperial Stoa.* Leiden: Brill.

Beale, T. (Vox Day) 2016. "(((Cathy Young))) Critiques the #AltRight." *Vox
Popoli*, August 28. https://voxday.blogspot.ca/2016/08/cathy-young
-critiques-altright.html.

Beard, M. 2014. "How Stoical Was Seneca?" *The New York Review of Books*,
October 2.

———. 2017. "The Latin Right." *The Times Literary Supplement*, March 31.

Bilsker, D. and J. White. 2011. "The Silent Epidemic of Male Suicide." *British
Columbia Medical Journal* 53: 529–534.

Black Label Logic. 2016. "Seneca and Machiavelli: Brothers in Arms." *Black
Label Logic*, May 20. https://blacklabellogic.com/2016/05/20/seneca-and
-machiavelli-brothers-in-arms/.

Blake, M. 2015. "Mad Men: Inside the Men's Rights Movement—and the Army
of Misogynists and Trolls It Spawned." *Mother Jones*, January/February.

Bloom, A. 1987. *The Closing of the American Mind: How Higher Education Has
Failed Democracy and Impoverished the Souls of Today's Students.* New
York: Simon and Schuster.

Bobzien, S. 1996. "Stoic Syllogistic." *Oxford Studies in Ancient Philosophy* 14: 133–92.

———. 1997. "The Stoics on Hypotheses and Hypothetical Arguments." *Phronesis* 42: 299–312.

———. 1999. "Logic: The Stoics." In K. Algra et al. *The Cambridge History of Hellenistic Philosophy*, 92–157. Cambridge: Cambridge University Press.

Bokhari, A. and M. Yiannopoulos. 2016. "An Establishment Conservative's Guide to the Alt-Right." *Breitbart News*, March 29. www.breitbart.com /tech/2016/03/29/an-establishment-conservatives-guide-to-the-alt-right/.

Bond, S. 2017. "Why We Need to Start Seeing the Classical World in Color." *Hyperallergic*, June 7.

Boyle, A. 1997. *Tragic Seneca: An Essay on the Rhetorical Tradition*. New York: Routledge.

Braund, S. 1992. "Juvenal—Misogynist or Misogamist?" *Journal of Roman Studies* 82: 71–86.

Braund, S. and G. Most, eds. 2007. *Ancient Anger: Perspectives from Homer to Galen*. Cambridge: Cambridge University Press.

Brouwer, R. 2014. *The Stoic Sage: The Early Stoics on Sagehood, Wisdom, and Socrates*. Cambridge: Cambridge University Press.

Brownmiller, S. 1975. *Against Our Will: Men, Women, and Rape*. New York: Fawcett.

Burns, P. 2014. "The Original PUA: Learn to Pick Up Chicks the Way the Ancient Romans Did." *Renaissance Man Journal*, November 5. https:// gainweightjournal.com/the-original-pua-learn-to-pick-up-chicks-the -way-the-ancient-romans-did/.

———. 2015. "Lessons from PUA Ovid: The Original Latin Lover." *Return of Kings*, January 23. www.returnofkings.com/53677/lessons-from-pua-ovid -the-original-latin-lover.

Burt, M. 1980. "Cultural Myths and Supports of Rape." *Journal of Personality and Social Psychology* 38: 217–30.

Bustillos, M. 2013. "Ken Hoinsky on Seduction, Women and Mistakes." *The Awl*, June 24.

Cahoon, L. 1988. "The Bed as Battlefield: Erotic Conquest and Military Metaphor in Ovid's *Amores*." *Transactions of the American Philological Association* 118: 293–307.

红药丸与厌女症

Cairns, D. 1993. *Aidōs: The Psychology and Ethics of Honour and Shame in Ancient Greek Literature*. Oxford: Oxford University Press.

Campbell, A. and K. Baker. 2016. "Unfounded: When Detectives Dismiss Rape Reports before Investigating Them." *Buzzfeed*, September 8. www.buzzfeed .com/alexcampbell/unfounded?utm_term=.mrWbLoBgN#.ioBY6w5LA.

Case, S. 1985. "Classic Drag: The Greek Creation of Female Parts." *Theater Journal* 37: 317–327.

Ceporina, M. 2012. "The *Meditations*." In *A Companion to Marcus Aurelius*, edited by van Ackeren, 45–61. Malden, MA and Oxford: Wiley-Blackwell.

Chubbs, B. 2014. "There Is Little Difference between Women throughout History." *Return of Kings*, April 29. www.returnofkings.com/34258/there -is-little-difference-between-women-throughout-history.

Cleary, S. 2016. "Stoicism Now: Conversation with Massimo Pigliucci." *Blog of the American Philosophical Association*, December 21. https://blog .apaonline.org/2016/12/21/stoicism-now-conversation-with-massimo -pigliucci/

Coates, T. 2015. "The Black Family in the Age of Mass Incarceration." *The Atlantic*, October.

Cohen, E. 2014. "Sexual Abuse and Sexual Rights: Slaves' Erotic Experience at Athens and Rome." In Hubbard 2014, 184–198.

Connolly, B. 2016. "Our Sovereign Father, Donald Trump." *Los Angeles Review of Books*, April 5.

Cooper, J. 1989. "Greek Philosophers on Euthanasia and Suicide." In *Suicide and Euthanasia (Philosophy and Medicine* 35), edited by B. Brody, 9–38. Dordrecht, Boston: Kluwer Academic Publishers.

Craik, E. 1993. "ΑΙΔΩΣ in Euripides' *Hippolytos* 373–430: Review and Reinterpretation." *Journal of Hellenic Studies* 113: 45–59.

Crenshaw, K. 1992. "Whose Story Is It Anyway? Feminist and Antiracist Appropriations of Anita Hill." In *Race-ing Justice, En-gendering Power*, edited by T. Morrison, 402–440. New York: Pantheon.

Crowley, M. 2017. "Why the White House Is Reading Greek History." *Politico*, June 21.

Curtius, Q. 2015. *Thirty Seven: Essays on Life, Wisdom, and Masculinity*. Self-published through Amazon's CreateSpace.

———. 2016a. "The Details on My Upcoming Book *On Duties.*" *Quintus Curtius: Fortress of the Mind*, June 17. https://qcurtius.com/2016/06/17/the-details -on-my-upcoming-book-on-duties/comment-page-1/.

———. 2016b. "When Education Does Not Mean Knowledge: The Case of Mark Zuckerberg's Sister." *Quintus Curtius: Fortress of the Mind*, December 18. https://qcurtius.com/2016/12/18/a-response-to-a-detractor/.

Daniels, J. 2009. *Cyber Racism: White Supremacy Online and the New Attack on Civil Rights*. Lanham, MD: Rowman and Littlefield.

Darby, S. 2017. "The Rise of the Valkyries." *Harper's Magazine*, September.

Davidson, J. 2007. *The Greeks and Greek Love: A Radical Reappraisal of Homosexuality in Ancient Greece*. London: Weidenfeld and Nicolson.

De Beauvoir, S. 1948. *The Ethics of Ambiguity*. New York: Citadel.

De Ste. Croix, G. E. M. 1981. *The Class Struggle in the Ancient Greek World*. Ithaca: Cornell University Press.

Deacy, S. and K. Pierce, eds. 1997. *Rape in Antiquity: Sexual Violence in the Greek and Roman Worlds*. London: Duckworth.

Dee, J. 2003–4. "Black Odysseus, White Caesar: When Did 'White People' Become 'White'?" *CJ* 99: 157–167.

Denes, A. 2011. "Biology as Consent: Problematizing the Scientific Approach to Seducing Women's Bodies." *Women's Studies International Forum* 34: 411–9.

Denning, D., Y. Conwell, D. King, and C. Cox. 2000. "Method Choice, Intent, and Gender in Completed Suicide." *Suicide and Life-Threatening Behavior* 30: 282–288.

Dewey, C. 2014. "The Only Guide to Gamergate You Will Ever Need to Read." *Washington Post*, October 14.

Dickison, S. 1973. "Abortion in Antiquity." *Arethusa* 6: 159–166.

DiKaiomata, A. 2015. "Yes All Feminists Are Like That," *A Voice for Men*, February 18. www.avoiceformen.com/feminism/yes-all-feminists-are-like-that/.

Dover, K. 1989. *Greek Homosexuality*. Cambridge: Harvard University Press.

Dreher, R. 2016. "Re-Tribalizing America." *The American Conservative*, May 25.

DuBois, P. 2001. *Trojan Horses: Saving Classics from the Conservatives*. New York: New York University Press.

Dworkin, A. 2006. *Intercourse*. New York: Basic Books.

Eaton80. 2015. "Hell Has Frozen Over: Jezebel on False Rape Accusations."
     MensRights, Reddit. www.reddit.com/r/MensRights/comments/3f8lcr
     /hell_has_frozen_over_jezebel_on_false_rape/.

Elam, P. 2010. "Jury Duty at a Rape Trial? Acquit!" *A Voice for Men*, July 20.
     www.avoiceformen.com/mens-rights/jury-duty-at-a-rape-trial-acquit/.

——. 2012. "Adios, C-ya, Good-bye Man-o-sphere." *A Voice for Men*, Sep-
     tember 5. https://www.avoiceformen.com/men/adios-man-o-sphere/.

Ellison, J. 2016. Letter to "Class of 2020 Student," University of Chicago, August.
     Published in facsimile in "U Chicago to Freshmen: Don't Expect Safe
     Spaces," by S. Jaschik. *Inside Higher Ed*, August 25, 2016. www
     .insidehighered.com/news/2016/08/25/u-chicago-warns-incoming
     -students-not-expect-safe-spaces-or-trigger-warnings.

Engel, D. 2003. "Women's Role in the Home and the State: Stoic Theory
     Reconsidered." *Harvard Studies in Classical Philology* 101: 267–288.

Epstein, J. 2010. "Male Studies vs. Men's Studies." *Inside Higher Ed*, April 8.

Erdely, S. 2014. "A Rape on Campus." *Rolling Stone* 1223 (December 4).

Esmay, D. 2016. "*To Kill a Mockingbird*: All Men Are Tom Robinson Now."
     A Voice for Men, February 19. www.avoiceformen.com/mens-rights/to
     -kill-a-mockingbird-all-men-are-tom-robinson-now/.

Fahrenthold, D. 2016. "Trump Recorded Having Extremely Lewd Conversation
     about Women in 2005." *The Washington Post*, October 7. www
     .washingtonpost.com/politics/trump-recorded-having-extremely-lewd
     -conversation-about-women-in-2005/2016/10/07/3b9ce776-8cb4-11e6-bf8a
     -3d26847eeed4_story.html?utm_term=.41c2876437ed.

Farrell, W. 1993. *The Myth of Male Power: Why Men Are the Disposable Sex*.
     New York: Simon and Schuster.

Fear, T. 2000. "The Poet as Pimp: Elegiac Seduction in the Time of Augustus."
     Arethusa 33: 151–158.

Ferrari, G. 2002. *Figures of Speech: Men and Maidens in Ancient Greece*.
     Chicago: University of Chicago Press.

Fisher, N. 1992. *Hybris: A Study in the Values of Honour and Shame in Ancient
     Greece*. London: Aris and Phillips.

Fisher, R. [pseud. redpillschool]. 2015. Comment on "Feminists Are Bitter
     Because They're Not Beautiful Enough to Be Raped like Other Women,"

by confessionberry. *The Blue Pill*. Reddit. www.reddit.com/r/TheBluePill
/comments/23848d/feminists_are_bitter_because_theyre_not_beautiful/.

Fitzgerald, G. 1973. "Misconception, Hypocrisy, and the Structure of Euripides'
Hippolytus." *Ramus* 2: 20–40.

Fleishman, G. 2013. "Kickstop: How a Sleazebag Slipped through Kickstarter's
Cracks." *BoingBoing*, June 22.

Forney, M. 2013. "The Case against Female Education." *Matt Forney*, De-
cember 2. https://mattforney.com/case-female-education/.

Foucault, M. 1978–86. *The History of Sexuality*. 3 vols. New York: Random House.

Frantzen, A. 2016. Excerpt from *The Boxer's Kiss: Men, Masculinity, and Femfog*.
Personal website (www.allenjfrantzen.com), January. Available at
http://archive.is/2w3va.

Furioso, R. 2016. "What to Do if Police Are Questioning You about a Sexual
Encounter." *Return of Kings*, August 27. www.returnofkings.com/93929
/what-to-do-if-police-are-questioning-you-about-a-sexual-encounter.

Furley, W. 1996. "Phaidra's Pleasurable *Aidos* (Eur. *Hipp*. 380–7)." *Classical
Quarterly* 46: 84–90.

Futrelle, D. 2017. "Inside the Dangerous Convergence of Men's-Rights Activists
and the Extreme Alt-Right." *New York Magazine*, March 31.

Gaca, K. 2014. "Martial Rape, Pulsating Fear, and the Sexual Maltreatment of
Girls (παῖδες), Virgins (παρθένοι), and Women (γυναῖκες) in Antiquity."
American Journal of Philology 135: 303–357.

Gaisser, J. 2002. "The Reception of Classical Texts in the Renaissance." In *The
Italian Renaissance in the Twentieth Century*, edited by A. J. Grieco, M.
Rocke, and F. Gioffredi Superbi, 387–400. Florence: Leo S. Olschki.

Galbi, D. 2010a. "More on Ovid and Roman Love Elegy." *Purple Motes*,
March 28. www.purplemotes.net/2010/03/28/more-on-ovid-and-roman
-love-elegy/.

———. 2010b. "Understanding Ovid's Satirical Roman Love Elegy." *Purple
Motes*, February 14. www.purplemotes.net/2010/02/14/understanding
-ovids-satirical-roman-love-elegy/.

Galinsky, K. 1992. *Classical and Modern Interactions: Postmodern Architecture,
Multiculturalism, Decline, and Other Issues*. Austin: University of Texas.

Gamel, M. 1989. "*Non Sine Caede*: Abortion Politics and Poetics in Ovid's
Amores." *Helios* 16: 183–206.

红药丸与厌女症

Gardner, H. 2012. "Ventriloquizing Rape in Menander's *Epitrepontes*." *Helios* 39: 121–143.

Gibert, J. 1997. "Euripides' *Hippolytus* Plays: Which Came First?" *Classical Quarterly* 47: 85–97.

Gibson, R. 1998. "Meretrix or Matrona? Stereotypes in Ovid, *Ars Amatoria* 3." *Papers of the Leeds Latin Seminar* 10: 295–312.

———. 1999. "Ovid on Reading: Reading Ovid. Reception in Ovid *Tristia* II." *JRS* 89: 19–37.

———, S. Green, and A. Sharrock, eds. 2007. *The Art of Love: Bimillennial Essays on Ovid's* Ars Amatoria *and* Remedia Amoris. Oxford: Oxford University Press.

Gill, C. 1988. "Personhood and Personality: The Four-Personae Theory in Cicero, *De Officiis* I." *Oxford Studies in Ancient Philosophy* 6: 169–199.

———. 2007. "Marcus Aurelius' *Meditations:* How Stoic and How Platonic?" In *Platonic Stoicism—Stoic Platonism: The Dialogue between Platonism and Stoicism in Antiquity,* edited by M. Bonazzi and C. Helmig, 189–207. Leuven, Belgium: Leuven University Press.

Gloyn, E. 2013. "Reading Rape in Ovid's *Metamorphoses*: A Test-Case Lesson." *Classical World* 106: 676–681.

Gold, B. ed. 2012. *A Companion to Roman Love Elegy.* Malden, MA and Oxford: Wiley-Blackwell.

Goldhill, O. 2016. "Silicon Valley Tech Workers Are Using an Ancient Philosophy Designed for Greek Slaves as a Life Hack." *Quartz,* December 17.

Grant, D. 2016. "The Classics and White Supremacy: A Response to Donna Zuckerberg." *Social Matter,* December 20. www.socialmatter.net/2016/12/20/classics-white-supremacy-response-donna-zuckerberg/.

Graver, M. 1998. "The Manhandling of Maecenas: Senecan Abstractions of Masculinity." *American Journal of Philology* 119: 607–632.

Greene, E. 2000. "Gender Identity and the Elegiac Hero in Propertius 2.1." *Arethusa* 33: 241–261.

———. 2012. "Gender and Elegy." In Gold 2012, 357–371.

Greene, R. 1998. *The 48 Laws of Power.* New York: Penguin.

Hadot, P. 1995. *Philosophy as a Way of Life.* Malden, MA and Oxford: Wiley-Blackwell.

———. 1998. *The Inner Citadel: The Meditations of Marcus Aurelius.* Trans. M. Chase. Cambridge: Harvard University Press.

Hall, E. 2008. "Putting the Class into Classical Reception." In *A Companion to Classical Receptions*, edited by L. Hardwick and C. Stray, 386–398. Malden, MA and Oxford: Wiley-Blackwell.

———. 2015. "Why I Hate the Myth of Phaedra and Hippolytus." *The Edithorial*, May 24. http://edithorial.blogspot.com/2015/05/why-i-hate-myth-of -phaedra-and.html.

Hall, J. 2002. *Hellenicity: Between Ethnicity and Culture*. Chicago: University of Chicago Press.

Hallett, J. and M. Skinner, eds. 1997. *Roman Sexualities*. Princeton: Princeton University Press.

Halperin, D. 1990. *One Hundred Years of Homosexuality*. New York: Routledge.

———, J. Winkler, and F. Zeitlin, eds. 1990. *Before Sexuality: The Construction of Erotic Experience in the Ancient Greek World*. Princeton: Princeton University Press.

Hanink, J. 2017. *The Classical Debt: Greek Antiquity in an Era of Austerity*. Cambridge: Harvard University Press.

Hanson, V. and J. Heath 1998. *Who Killed Homer?: The Demise of Classical Education and the Recovery of Greek Wisdom*. New York: Free Press.

Harris, E. 1990. "Did the Athenians Regard Seduction as a Worse Crime than Rape?" *Classical Quarterly* 40: 370–377.

———. 1997. Review of *Rape in Antiquity: Sexual Violence in the Greek and Roman Worlds*, by S. Deacy and K. Pierce, eds. *Échos du Monde Classique/Classical Views* 40: 483–496.

———. 2004. "Did Rape Exist in Classical Athens? Further Reflections on the Laws about Sexual Violence." *Dike* 7: 41–83.

Harrison, T. 1997. "Herodotus and the Ancient Greek Idea of Rape." In Deacy and Pierce 1997, 185–208.

Hart, A. 2016. "Voxplaining the Alt Right." *American Renaissance*, April 21.

Hayward, J. 2015. "Campus Special Snowflakes Melt upon Contact with Greek Mythology." *Breitbart*, May 12. www.breitbart.com/big-government/2015 /05/12/campus-special-snowflakes-melt-upon-contact-with-greek -mythology/.

Hejduk, J. 2014. Introduction to *The Offense of Love:* Ars Amatoria, Remedia Amoris, *and* Tristia 2, in Ovid 2014, 3–48.

红药丸与厌女症

Herman, J. 1992. *Trauma and Recovery: The Aftermath of Violence—From Domestic Abuse to Political Terror*. New York: Basic Books.

Hexter, R. 2007. "Sex Education: Ovidian Erotodidactic in the Classroom." In Gibson, Green, and Sharrock 2007, 298–317.

Hill, L. 2001. "The First Wave of Feminism: Were the Stoics Feminists?" *History of Political Thought* 22: 13–40.

"The History of Pickup and Seduction, Part I." 2016. *Pickup Culture*, March 17. https://pickupculture.com/2016/03/17/the-history-of-pickup-and -seduction-pt-1-the-pre-60s/.

Hobbes, T. 2016. "International Outrage: Men around the World Try to Stop Make-Up Artist Lecture Tour." *Return of Kings*, March 15. www.returnof kings.com/81845/international-outrage-men-around-the-world-try-to -stop-make-up-artist-lecture-tour.

Hoinsky, K. [pseudo. TofuTofu]. 2013. Reddit post, "Above the Game: Intro and My Story (Preview of My Upcoming Seduction Guide)." *Seddit*. Reddit. www.reddit.com/r/seduction/comments/11ng7n/above_the_game_intro _my_story_preview_of_my/.

Holiday, R. 2012. *Trust Me, I'm Lying: Confessions of a Media Manipulator*. New York: Penguin.

———. 2014. *The Obstacle Is the Way: The Timeless Art of Turning Trials into Triumph*. New York: Penguin.

———. 2016a. *Ego Is the Enemy*. New York: Penguin.

———. 2016b. "How Dr. Drew Pinsky Changed My Life." *Ryan Holiday: Meditations on Strategies and Life*, February 1. https://ryanholiday.net /how-dr-drew-pinsky-changed-my-life/.

hooks, b. 1995. *Killing Rage: Ending Racism*. New York: Henry Holt.

Hubbard, T., ed. 2014. *A Companion to Greek and Roman Sexualities*. Malden, MA and Oxford: Wiley-Blackwell.

Hughes, R. 2011. *Rome: A Cultural, Visual, and Personal History*. New York: Knopf.

Hutchinson, G. O. 2004. "Euripides' Other *Hippolytus*." *Zeitschrift für Papyrologie und Epigraphik* 149: 15–28.

Inwood, B., ed. 2003. *The Cambridge Companion to the Stoics*. Cambridge: Cambridge University Press.

Irvine, W. 2008. *A Guide to the Good Life: The Ancient Art of Stoic Joy.* Oxford: Oxford University Press.

"Is MGTOW the Idea of Ancient Stoicism Repeating Itself?" 2015. *Rex Patriarch,* January 14. http://rexpatriarch.blogspot.com/2015/01/is-mgtow-idea-of -ancient-stoicism.html.

James, S. 2003. *Learned Girls and Male Persuasion: Gender and Reading in Roman Love Elegy.* Berkeley: University of California Press.

———. 2012. "Teaching Rape in Roman Elegy, Part II." In Gold 2012, 549–557.

———. 2014a. "Reconsidering Rape in Menander's Comedy and Athenian Life: Modern Comparative Evidence." In *Menander in Contexts,* edited by A. Sommerstein, 24–39. New York: Routledge.

———. 2014b. "Talking Rape in the Classics Classroom: Further Thoughts." In Rabinowitz and McHardy 2014, 171–186.

Jansen, C. 2015. "Viewing Stoicism from the Right." *Radix Journal,* June 23. https://www.radixjournal.com/2015/06/2015-6-23-viewing-stoicism-from -the-right/.

Jeffries, R. 1992. *How to Get the Women You Desire into Bed.* Self-published.

Jha, R. 2015. "There's Now a Campaign to End Discrimination against Men, or 'Mancrimination.'" *Buzzfeed India,* June 16.

Johnson, K., T. Lynch, E. Monroe, and T. Wang. 2015. "Our Identities Matter in Core Classrooms." *Columbia Spectator,* April 30.

Johnson, M. 2016. Introduction, notes, and translation to Ovid 2016.

Johnson, W. R. 1996. "Male Victimology in Juvenal 6." *Ramus* 25: 170–186.

Just, R. 1989. *Women in Athenian Law and Life.* New York: Routledge.

Kahn, M. 2005. *Why Are We Reading Ovid's Handbook on Rape? Teaching and Learning at a Women's College.* Boulder: Paradigm Publishers.

Kanin, E. 1994. "False Rape Allegations." *Archives of Sexual Behavior* 23: 81–92.

Kaster, R. 2007. Review of *Roman Manliness: Virtus and the Roman Republic,* by M. McDonnell. *BMCR,* February 28.

Kavi, W. 2015. "Feminism Comes Full Circle into Embracing Aristotle's 'Natural Slavery.'" *Return of Kings,* February 3. www.returnofkings.com/54181 /feminism-comes-full-circle-into-embracing-aristotles-natural-slavery.

Kendall, L. 2002. *Hanging Out in the Virtual Pub: Masculinities and Relation-ships Online.* Berkeley and Los Angeles: University of California Press.

红药丸与厌女症

Kendall, S. 2014. "An Open Letter to Asian Men of the West." *Return of Kings*, June 4. www.returnofkings.com/36359/an-open-letter-to-asian-men-of-the-west.

Ker, J. 2013. *The Deaths of Seneca*. Oxford: Oxford University Press.

Khan, I. 2010. "The Misandry Bubble." *The Futurist*, January 1. www .singularity2050.com/2010/01/the-misandry-bubble.html.

Kimmel, M. 2013. *Angry White Men: American Masculinity at the End of an Era*. New York: Nation Books.

Knox, B. 1992. "The Oldest Dead White European Males." *The New Republic*, May 25. https://newrepublic.com/article/77364/the-oldest-dead-white -european-males.

———. 1993. *The Oldest Dead White European Males: And Other Reflections on the Classics*. New York: Norton.

Kohn, T. 2008. "The Wishes of Theseus." *Transactions of the American Philological Association* 138: 379–392.

Kolbert, E. 2015. "Such a Stoic." *The New Yorker*, February 2.

Kovacs, D. 1980. "Shame, Pleasure, and Honor in Phaedra's Great Speech (Euripides, *Hippolytus* 375–87)." *American Journal of Philology* 101: 287–303.

Krauser, N. n.d. Promotional webpage for *Daygame*. *Krauser PUA*. https:// krauserpua.com/daygame-nitro-street-pick-up-for-alpha-males/.

———. 2014. *Daygame Mastery*. Self-published through Lulu.

Kupers, T. 2005. "Toxic Masculinity as a Barrier to Mental Health Treatment in Prison." *Journal of Clinical Psychology* 61: 713–724.

Lear, A. 2014. "Ancient Pederasty: An Introduction." In Hubbard 2014, 102–127.

Leonid, C. 2017. "The Problem of False Rape Accusations Is Not Going Away." *Return of Kings*, April 1. www.returnofkings.com/116992/the-problem-of -false-rape-accusations-is-not-going-away.

Lisak, D. 2011. "False Allegations of Rape: A Critique of Kanin." *Sexual Assault Report* 11: 1–2, 6, 9.

Lisak, D., L. Gardinier, S. Nicksa, and A. Cote. 2010. "False Allegations of Sexual Assault: An Analysis of Ten Years of Reported Cases." *Violence Against Women* 12: 1318–1334.

Liveley, G. 2012. "Teaching Rape in Roman Elegy, Part I." In Gold 2012, 541–548.

Long, A. A. and D. N. Sedley, eds. 1987. *The Hellenistic Philosophers*. Cambridge: Cambridge University Press.

Lorde, A. 1981. "The Uses of Anger: Women Responding to Racism." Keynote Address at the National Women's Studies Association Conference, June. Storrs, Connecticut. Published in *Sister Outsider: Essays & Speeches by Audre Lorde* (Berkeley: Crossing Press, 2007), 124–133.

Losemann, V. 1977. *Nationalsozialismus und Antike: Studien zur Entwicklung des Faches Alte Geschichte 1933–1945*. Hamburg: Historische Perspektive.

———. 2007. "Classics in the Second World War." In *Nazi Germany and the Humanities: How German Academics Embraced Nazism*, edited by W. Bialas and A. Rabinbach, 306–340. London: Oneworld.

Lubchansky, M. 2014. *Please Listen to Me*. www.listen-tome.com/save-me/.

Lukianoff, G. and J. Haidt. 2015. "The Coddling of the American Mind." *The Atlantic*, September 2015.

MacKinnon, C. 1987. *Feminism Unmodified: Discourses on Life and Law*. Cambridge: Harvard University Press.

———. 1989. *Toward a Feminist Theory of the State*. Cambridge: Harvard University Press.

"Mailbag: June 2015." 2015. *Illimitable Men*, July 6. https://illimitablemen.com /2015/07/06/monthly-mailbag-june-2015/.

Manning, C. E. 1973. "Seneca and the Stoics on the Equality of the Sexes." *Mnemosyne* 26: 170–177.

Marchand, S. 1996. *Down from Olympus: Archaeology and Philhellenism in Germany, 1750–1970*. Princeton: Princeton University Press.

Max, T. 2006. *I Hope They Serve Beer in Hell*. New York: Citadel Press.

———. 2013. "About *The Mating Grounds*." *The Mating Grounds*. http:// thematinggrounds.com/about-mating-grounds/.

———. 2015. *Mate: Become the Man Women Want*. New York: Little, Brown and Company.

McArdle, M. 2015. "What We Don't Know about False Claims of Rape." *Bloomberg View*, June 4.

McAuley, M. 2012. "Specters of Medea: The Rhetoric of Stepmotherhood and Motherhood in Seneca's *Phaedra*." *Helios* 39: 37–72.

McCoskey, D. 2012. *Race: Antiquity and Its Legacy*. London: I. B. Tauris.

McDermott, E. 2000. "Euripides' Second Thoughts." *Transactions of the American Philological Association* 130: 239–259.

红药丸与厌女症

McDonnell, M. 2006. *Roman Manliness: Virtus and the Roman Republic.* Cambridge: Cambridge University Press.

McGrath, C. 2011. "The Study of Man (or Males)." *The New York Times,* January 7.

Mette-Dittmann, A. 1991. *Die Ehegesetze des Augustus: Eine Untersuchung im Rahmen der Gesellschaftspolitik des Princeps.* Stuttgart: Franz Steiner Verlag.

Moses, D. 1993. "Livy's Lucretia and the Validity of Coerced Consent in Roman Law." In *Consent and Coercion to Sex and Marriage in Ancient and Medieval Societies,* edited by A. Laiou, 39–81. Washington, DC: Dumbarton Oaks Research Library and Collection.

Murnaghan, S. 1988. "How a Woman Can Be More Like a Man: The Dialogue between Ischomachus and His Wife in Xenophon's *Oeconomicus.*" *Helios* 15: 9–22.

Musonius. 2010. *Musonius Rufus: Lectures and Sayings.* Translated by C. King. Edited by W. Irvine. Self-published by William Irvine through Amazon's CreateSpace.

Myerowitz, M. 1985. *Ovid's Games of Love.* Detroit: Wayne State University Press.

Myerowitz-Levine, M. 2007. "Ovid's Evolution." In Gibson, Green, and Sharrock 2007, 252–275.

"The Myth of Female Rationality." 2016. *Illimitable Men,* February 1 and 9. https://illimitablemen.com/2016/02/01/the-myth-of-female-rationality -part-1/and https://illimitablemen.com/2016/02/09/the-myth-of-female -rationality-part-2/.

Nagle, A. 2017. *Kill All Normies: Online Culture Wars from 4chan and Tumblr to Trump and the Alt-Right.* Winchester, UK: Zero Books.

Nashrulla, T. 2015. "These Are the Indian Women Fighting for 'Men's Rights.'" *Buzzfeed,* November 30.

Naso, B. 2014. "Xenophon's 'The Economist' Holds Valuable Lessons on a Woman's Education." *Return of Kings,* November 6. www.returnofkings .com/44698/xenophons-the-economist-holds-valuable-lessons-on-a -womans-education.

Nietzsche, F. 1990. *Unmodern Observations / Unzeitgemasse Betrachtungen.* Translated and edited by W. Arrowsmith. New Haven and London: Yale University Press.

None-Of-You-Are-Real. 2016. "Triggered SJWs Have Successfully Gotten Ovid's 'Metamorphoses' Removed from the Syllabus for a Required Core Course at Colombia [sic] University." *GGFreeForAll*. Reddit.www.reddit.com/r /GGFreeForAll/comments/3tuglm/triggered_sjws_have_successfully _gotten_ovids/.

Noonan, P. 2015. "The Trigger-Happy Generation." *The Wall Street Journal*, May 22.

Nussbaum, M. 1994. *The Therapy of Desire*. Princeton: Princeton University Press.

———. 2002. "The Incomplete Feminism of Musonius Rufus." In *The Sleep of Reason*, edited by M. Nussbaum and J. Shivola, 283–325. Chicago: University of Chicago Press.

O'Connor, M. 2017. "The Philosophical Fascists of the Gay Alt-Right." *New York Magazine*, April 30.

Omitowoju, R. 2002. *Rape and the Politics of Consent in Classical Athens*. Cambridge: Cambridge University Press.

Ortiz, J. 2015. "Hear Them Roar: Meet the Honey Badgers, the Women behind the Men's Rights Movement." *Marie Claire*, October.

Ovid. 1997. *Tales from Ovid*. Translated by T. Hughes. New York: Farrar, Straus and Giroux.

———. 2014. *The Offense of Love:* Ars Amatoria, Remedia Amoris, *and* Tristia 2. Translated by J. Hejduk. Madison: University of Wisconsin Press.

———. 2016. *Ovid on Cosmetics:* Medicamina Faciei Femineae *and Related Texts*. Edited and translated by M. Johnson. Oxford: Oxford University Press.

Packman, Z. 1993. "Call It Rape: A Motif in Roman Comedy and Its Suppression in English-Speaking Publications." *Helios* 20: 42–55.

Padilla Peralta, D. 2015. "From Damocles to Socrates: The Classics in / of Hip-Hop." *Eidolon*, June 8.

Painter, N. 2010. *The History of White People*. New York: Norton.

Parker, H. 2007. "Free Women and Male Slaves, or Mandingo Meets the Roman Empire." In *Fear of Slaves—Fear of Enslavement in the Ancient Mediterranean / Peur de l'esclave—Peur de l'esclavage en Mediterranee ancienne (Discours, représentations, pratiques)*, edited by A. Serghidou, 281–298. Franche-Comté: Presses Universitaires de Franche-Comté.

Patai, D. and N. Koertge. 1994. *Professing Feminism: Cautionary Tales from the Strange World of Women's Studies*. New York: Basic Books.

红药丸与厌女症

Patterson, C. 1991. "Marriage and the Married Woman in Athenian Law." In *Women's History and Ancient History*, edited by S. Pomeroy, 48–72. Chapel Hill: University of North Carolina Press.

Pigliucci, M. 2015. "How to Be a Stoic." *New York Times*, February 2.

PlainEminem. 2015. "Women Today Are Just Like Women in Ancient Rome." *The Red Pill*. Reddit. www.reddit.com/r/TheRedPill/comments/2254lc /women_today_are_just_like_women_in_ancient_rome/.

Pomeroy, S. 1974. "Feminism in Book V of Plato's *Republic*." *Apeiron* 8: 33–35.

Porter, J. 2007. "Adultery by the Book: Lysias 1 (*On the Murder of Eratosthenes*) and Comic *Diegesis*." In *Oxford Readings in Classical Studies: The Attic Orators*, edited by E. Carawan, 60–88. Oxford: Oxford University Press. Revised from *Echos du Monde Classique/Classical Views* 16 (1997): 421–53.

Preston, J. 2010. "Prosthetic White Hyper-Masculinities and 'Disaster Education.'" *Ethnicities* 10: 331–343.

Prins, Y. 2017. *Ladies' Greek: Victorian Translations of Tragedy*. Princeton: Princeton University Press.

Rabinowitz, N. and F. McHardy, eds. 2014. *From Abortion to Pederasty: Addressing Difficult Topics in the Classics Classroom*. Columbus: Ohio State University Press.

"The Rationalization Hamster Is Now Immortal." 2011. *The Private Man*, December 12.

Redfield, J. 1985. "Herodotus the Tourist." *Classical Philology* 80: 97–118.

Rensin, E. 2015. "The Internet Is Full of Men Who Hate Feminism. Here's What They're Like in Person." *Vox*, February 5.

Richlin, A. 2014. *Arguments with Silence: Writing the History of Roman Women*. Ann Arbor: University of Michigan Press.

Riddle, J. 1992. *Contraception and Abortion from the Ancient World to the Renaissance*. Cambridge: Harvard University Press.

———. 1999. *Eve's Herbs: A History of Contraception and Abortion in the West*. Cambridge: Harvard University Press.

Robertson, D. 2010. *The Philosophy of Cognitive Behavioural Therapy: Stoic Philosophy as Rational and Cognitive Psychotherapy*. London: Karnac.

Roche, H. 2013. *Sparta's German Children: The Ideal of Ancient Sparta in the Royal Prussian Cadet-Corps, 1818–1920, and in National-Socialist Elite Schools (the Napolas), 1933–1945*. Swansea: The Classical Press of Wales.

Roisman, H. 1999a. *Nothing Is as It Seems: The Tragedy of the Implicit in Euripides' Hippolytus*. Boston: Rowman & Littlefield.

———. 1999b. "The *Veiled Hippolytus* and Phaedra." *Hermes* 127: 397–409.

———. 2005. "Women in Senecan Tragedy." *Scholia* ns 14: 72–88.

Romm, J. 2014. *Dying Every Day: Seneca at the Court of Nero*. New York: Random House.

Rosati, G. 2007. "The Art of *Remedia Amoris*: Unlearning to Love?" In Gibson, Green, and Sharrock 2007, 143–165.

Rosenmeyer, T. 1986. "Stoick Seneca." *Modern Drama* 29: 92–109.

Rosenstein, N. 2004. *Rome at War: Farms, Families, and Death in the Middle Republic*. Chapel Hill: University of North Carolina Press.

Russ, J. 1980. *On Strike against God: A Lesbian Love Story*. Brooklyn: Out & Out Books.

Rutz, W. and Z. Rihmer. 2007. "Suicidality in Men—Practical Issues, Challenges, Solutions." *Journal of Men's Health and Gender* 4: 393–401.

Saller, R. 1987. "Men's Age at Marriage and Its Consequences in the Roman Family." *Classical Philology* 82: 21–34.

Salway, B. 1994. "What's in a Name? A Survey of Roman Onomastic Practice from c. 700 BC to AD 700." *JRS* 84: 124–145.

Sambursky, S. 1987. *Physics of the Stoics*. Princeton: Princeton University Press.

Sandbach, F. 1989. *The Stoics*. London: Bristol Classical Press.

Sansone, D. 2016. "Herodotus on Lust." *Transactions of the American Philological Association* 146: 1–36.

Saunders, C. 2012. "The Truth, the Half-Truth, and Nothing Like the Truth: Reconceptualizing False Allegations of Rape." *British Journal of Criminology* 52: 1152–1171.

Savage, C. 2016. "6 Ways 'Misogynists' Do a Better Job at Helping Women than Feminists." *Return of Kings*, February 8. www.returnofkings.com/77012/6-ways-misogynists-do-a-better-job-at-helping-women-than-feminists.

Saxton, D. 2015. "An Invitation for SlutHaters to Join the Philosophy of Rape." SlutHate.com, June. http://sluthate.com/viewtopic.php?t=93095.

Schambelan, E. 2016. "Pseudo-Conservatism, the Soldier Male, and the Air Horn." *Los Angeles Review of Books*, April 18.

Scheidel, W. 2007. "Roman Funerary Commemoration and the Age at First Marriage." *CP* 102: 389–402.

红药丸与厌女症

Schmitz, R. and E. Kazak. 2016. "Masculinities in Cyberspace: An Analysis of Portrayals of Manhood in Men's Rights Activist Websites." *Social Sciences* 5, no. 2, 18.

Schofield, M. 1991. *The Stoic Idea of the City*. Cambridge: Cambridge University Press.

———. 2003. "Stoic Ethics." In Inwood 2003, 233–256.

Sealey, R. 1990. *Women and Law in Classical Greece*. Chapel Hill: University of North Carolina Press.

Sedley, D. 2003. "The School, From Zeno to Arius Didymus." In Inwood 2003, 7–32.

Segal, C. 1970. "Shame and Purity in Euripides' *Hippolytus*." *Hermes* 98: 278–299.

Serwer, A. and K. Baker. 2015. "How Men's Rights Leader Paul Elam Turned Being a Deadbeat Dad into a Moneymaking Movement." *Buzzfeed*, February 6.

Sharpe, D. 2014. "The Pros and Cons of Game for Black Men in the West." *Return of Kings*, November 25. www.returnofkings.com/47823/the-pros-and-cons-of-game-for-black-men-in-the-west.

———. 2016. "5 Tips for Non-White Men Who Want to Date White Women." *Return of Kings*, April 27. http://www.returnofkings.com/85719/5-tips-for-non-white-men-who-want-to-date-white-women.

Sharrock, A. 1994. *Seduction and Repetition in Ovid's* Ars Amatoria II. Oxford: Clarendon Press.

———. 2007. "Love in Parentheses: Digression and Narrative Hierarchy in Ovid's Erotodidactic Poems." In Gibson, Green, and Sharrock 2007, 23–39.

Sims, J. 2010. "What Race Were the Greeks and Romans?" *American Renaissance*, October.

Smith, A. [pseudo. Chrysoberyl]. 2012. "Train Game—Fun for Everyone." *Real Social Dynamics*, October 25. Available at http://web.archive.org/web/20130109110015/http:/www.rsdnation.com/node/249698/forum?

Smith, B. 2016. "The Straight Men Who Want Nothing to Do with Women." *MEL Magazine*, September 28.

Smith, J. 2014. "Gone Girl's Recycling of Rape Myths Is a Disgusting Distortion." *The Guardian*, October 6. www.theguardian.com/commentisfree/2014/oct/06/gone-girl-rape-domestic-violence-ben-affleck.

Sommerstein, A., ed. 1994. *Thesmophoriazusae*, by Aristophanes. Warminster: Aris and Phillips.

Strategos_autokrator. 2015. "How to Become Outcome Independent Using a Stoic Trick." *The Red Pill*. Reddit. www.reddit.com/r/TheRedPill/comments/2ruugd/how_to_become_outcome_independent_using_a_stoic/.

Strauss, N. 2005. *The Game: Penetrating the Secret Society of Pickup Artists*. New York: Harper Collins.

———. 2015. *The Truth: An Uncomfortable Book about Relationships*. New York: Harper Collins.

Sulprizio, C. 2015. "Why Is Stoicism Having a Cultural Moment?" *Eidolon*, August 17.

Supremo. 2016. "Why False Rape Is Far Worse than Rape." MGTOW, June 13. www.mgtow.com/forums/topic/why-false-rape-is-far-worse-than-rape/.

Swann, J. 2016. "Pick-Up Artists See a Kindred Spirit in Trump." *MEL Magazine*, November 30.

Taleb, N. N. 2012. *Antifragile: Things That Gain From Disorder*. New York: Random House.

Thakur, S. 2014. "Challenges in Teaching Sexual Violence and Rape: A Male Perspective." In Rabinowitz and McHardy 2014, 152–170.

Theweleit, K. 1977. *Männerphantasien*. Frankfurt: Verlag Roter Stern.

Thorn, C. 2012. *Confessions of a Pickup Artist Chaser: Long Interviews with Hideous Men*. Self-published through Amazon's CreateSpace.

Timberg, S. 2015. "How University Trigger Warnings Will Backfire: Does Fox News Need Any More Ammunition against the Humanities?" *Salon*, May 15.

Tomassi, R. 2013. "Anger Management." *The Rational Male*, November 6. https://therationalmale.com/2013/11/06/anger-management/.

———. 2014. "The Apologists." *The Rational Male*, April 28. https://therationalmale.com/tag/stony-brook-university/.

———. 2017. "The Anger Bias." *The Rational Male*, March 29. https://therationalmale.com/2017/03/29/the-anger-bias/.

Treggiari, S. 1982. "Consent to Roman Marriage: Some Aspects of Law and Reality." *CV/ECM* 26: 34–44.

———. 1991. *Roman Marriage: Iusti Coniuges from the Time of Cicero to the Time of Ulpian*. Oxford: Oxford University Press.

Tuthmosis. 2014. "What Really Happened to Tucker Max?" www.thumotic.com. No longer available online.

Valenti, J. 2014. "Choosing Comfort over Truth: What It Means to Defend Woody Allen." *The Nation*, February 3.

Valizadeh, R. n.d. Promotional page for *Bang* series.

———. 2008. "It Doesn't Matter if She Orgasms or Not." *Roosh V*, July 24. www .rooshv.com/it-doesnt-matter-if-she-orgasms-or-not.

———. 2010. "When No Means Yes." *Roosh V*, June 18. www.rooshv.com/when -no-means-yes.

———. 2011a. "5 Reasons Your Game Sucks." *Roosh V*, October 10. www.rooshv .com/5-reasons-your-game-sucks.

———. 2011b. *Bang Iceland*. Self-published through Amazon's CreateSpace.

———. 2011c. *Don't Bang Denmark*. Self-published through Amazon's CreateSpace.

———. 2011d. "More Book Reviews 9." *Roosh V*, December 28. www.rooshv.com /more-book-reviews-9.

———. 2011e. "You Did This to Me." *Roosh V*, October 19. www.rooshv.com/you -did-this-to-me.

———. 2012a. *30 Bangs: The Shaping of One Man's Game from Patient Mouse to Rabid Wolf*. Self-published through Amazon's CreateSpace.

———. 2012b. *Bang Ukraine*. Self-published through Amazon's CreateSpace.

———. 2013. "10 Reasons Why Heterosexual Men Should Leave America." *Roosh V*, September 16. www.rooshv.com/10-reasons-why-heterosexual-men -should-leave-america

———. 2014a. "All Public Rape Allegations Are False." *YouTube*, December 7. www.youtube.com/watch?v=bySyocJzroE.

———. 2014b. "The Decimation of Western Women Is Complete." *Roosh V*, December 15. www.rooshv.com/the-decimation-of-western-women-is -complete.

———. 2014c. "What Is a Social Justice Warrior (SJW)?" *Roosh V*, October 6. www.rooshv.com/what-is-a-social-justice-warrior-sjw.

———. 2015a. "The Accusation That I'm a Rapist Is a Malicious Lie." *Roosh V*, November 11. www.rooshv.com/the-accusation-that-im-a-rapist-is-a -malicious-lie.

———. 2015b. "How to Stop Rape." *Roosh V*, February 15. www.rooshv.com/how -to-stop-rape.

———. 2015c. "An Introduction to Stoicism with the *Enchiridion* by Epictetus."
   Return of Kings, April 17. www.returnofkings.com/60570/an-introduction
   -to-stoicism-with-the-enchiridion-by-epictetus.

———. 2015d. "Men Should Start Recording Sex with a Hidden Camera." *Roosh
   V*, October 5. www.rooshv.com/men-should-start-recording-sex-with-a
   -hidden-camera.

———. 2015e. "The Principal Tenets of Stoicism by Seneca." *Return of Kings*, June 1.
   www.returnofkings.com/64452/the-principal-tenets-of-stoicism-by-seneca.

———. 2015f. "What Is Neomasculinity?" *Roosh V*, May 6. www.rooshv.com
   /what-is-neomasculinity.

———. 2015g. "Women Must Have Their Behavior and Decisions Controlled by
   Men." *Roosh V*, September 21. www.rooshv.com/women-must-have-their
   -behavior-and-decisions-controlled-by-men.

———. 2016a. "Marcus Aurelius' *Meditations* Is the Best Manual We Have on
   How to Live." *Roosh V*, March 2. www.rooshv.com/marcus-aurelius
   -meditations-is-the-best-manual-we-have-on-how-to-live.

———. 2016b. "What Donald Trump's Victory Means for Men." *Return of Kings*,
   November 11. www.returnofkings.com/100669/what-donald-trumps
   -victory-means-for-men.

———. 2017. "How to Save Western Civilization." *Roosh V*, March 6. www
   .rooshv.com/how-to-save-western-civilization.

Vlastos, G. 1997. "Was Plato a Feminist?" In *Plato's Republic: Critical Essays*,
   edited by R. Kraut, 115–128. New York: Rowman and Littlefield.

Vogt, K. 2006. "Anger, Present Justice and Future Revenge in Seneca's *De Ira*."
   In *Seeing Seneca Whole: Perspectives on Philosophy, Poetry and Politics*,
   edited by K. Volk and G. D. Williams, 57–74. Leiden: Brill.

Volk, K. 2007. "*Ars Amatoria Romana:* Ovid on Love as a Cultural Construct."
   In Gibson, Green, and Sharrock 2007, 235–251.

Von Markovik, E. 2007. *The Mystery Method: How to Get Beautiful Women into
   Bed*. New York: St. Martin's Press.

Wachowski, L. and L. Wachowski. 1999. *The Matrix*. Warner Brothers.

Walcot, P. 1978. "Herodotus on Rape." *Arethusa* 11: 137–147.

Walley-Jean, J. 2009. "Debunking the Myth of the 'Angry Black Woman': An
   Exploration of Anger in Young African American Women." *Black
   Women, Gender + Families* 3: 68–86.

Walters, J. 1997. "Invading the Roman Body: Manliness and Impenetrability in Roman Thought." In *Roman Sexualities*, edited by J. Hallett and M. Skinner, 29–46. Princeton: Princeton University Press.

Ward, C. 1995. *Attitudes toward Rape: Feminist and Social Psychological Perspectives*. London: SAGE.

Ward, I. 2013. "Rape and Rape Mythology in the Plays of Sarah Kane." *Comparative Drama* 47: 225–248.

Ward, J., ed. 1996. *Feminism and Ancient Philosophy*. New York: Routledge.

Watson, L. 2007. "The Bogus Teacher and His Relevance for Ovid's *Ars Amatoria*." *Rheinisches Museum* 150: 337–374.

Weaver, P. 1994. "Epaphroditus, Josephus, and Epictetus." *Classical Quarterly* 44: 468–479.

Weidmann, J. n.d. "Sixteen Commandments of Poon." *Chateau Heartiste*. https://heartiste.wordpress.com/the-sixteen-commandments-of-poon/.

———. 2013. "Recommended Great Books for Aspiring Womanizers." *Chateau Heartiste*, September 4. https://heartiste.wordpress.com/2013/09/04/recommended-great-books-for-aspiring-womanizers/.

———. 2016a. "A Hot White Woman's Gine Is a Terrible Thing to Waste." *Chateau Heartiste*, January 20. https://heartiste.wordpress.com/2016/01/20/a-hot-white-womans-gine-is-a-terrible-thing-to-waste/.

———. 2016b. "The Patented CH 'How normal are you?' Opener." *Chateau Heartiste*, May 23. https://heartiste.wordpress.com/2016/05/23/the-patented-ch-how-normal-are-you-opener/.

———. 2016c. "Shiv of the Week: Choices and Consequences." *Chateau Heartiste*, May 20. https://heartiste.wordpress.com/2016/05/20/shiv-of-the-week-choices-and-consequences/.

———. 2016d. "Tattoos as Maimgeld." *Chateau Heartiste*, May 6. https://heartiste.wordpress.com/2016/05/06/tattoos-as-maimgeld/.

———. 2017a. "Powerlust Moves." *Chateau Heartiste*, April 24. https://heartiste.wordpress.com/2017/04/24/powerlust-moves/.

———. 2017b. "Single White Women Want to Spread Their Legs for the World." *Chateau Heartiste*, May 11. https://heartiste.wordpress.com/2017/05/11/single-white-women-want-to-spread-their-legs-for-the-world/.

Weiner, R. 2016. "Titus in Space." *The Paris Review*, November 29.

Welch, T. 2005. *"Amor* versus Roma: Gender and Landcape in Propertius 4.4."
In Ancona and Greene 2005, 296–317.

Wheatcroft, J. and S. Walklate. 2014. "Thinking Differently about 'False
Allegations' in Cases of Rape: The Search for Truth." *International
Journal of Criminology and Sociology* 3: 239–248.

White, M. 2003. "Stoic Natural Philosophy Physics and Cosmology." In Inwood
2003, 124–152.

Whitmarsh, T. 2015. *Battling the Gods: Atheism in the Ancient World.* New York:
Knopf.

Williams, B. 1993. *Shame and Necessity.* Berkeley: University of California Press.

Wilson, E. 2014. *The Greatest Empire: A Life of Seneca.* Oxford: Oxford University
Press.

Wolfe, T. 1998. *A Man in Full.* New York: Farrar, Straus and Giroux.

Wray, D. 2001. *Catullus and the Poetics of Roman Manhood.* Cambridge:
Cambridge University Press.

———. 2012. "Catullus the Roman Love Elegist?" In Gold 2012, 25–38.

Wyke, M. 1987. "The Elegiac Woman at Rome." *PCPS* 213: 153–178.

———. 2007. *The Roman Mistress.* Oxford: Oxford University Press.

Xenophon. 1994. *Oeconomicus: A Social and Historical Commentary.* Edited and
translated by S. Pomeroy. Oxford: Clarendon Press.

Yates, V. 2015. "Biology Is Destiny: The Deficiencies of Women in Aristotle's
Biology and *Politics.*" *Arethusa* 48: 1–16.

Young, C. 2014. "Woody Allen, Feminism, and 'Believing the Survivor.'" *Time,*
February 12.

Zadrozny, B. 2016. "The Pickup Artist Rape Ring." *The Daily Beast,* September 21.
www.thedailybeast.com/pickup-artists-preyed-on-drunk-women
-brought-them-home-and-raped-them.

Zuckerberg, D. 2015. "He Said, She Said: The Mythical History of the False Rape
Allegation" *Jezebel,* July 30. https://jezebel.com/he-said-she-said-the
-mythical-history-of-the-false-ra-1720945752.

———. 2016. "How to Be a Good Classicist under a Bad Emperor." *Eidolon,*
November 21.

———. 2017. "'Learn Some F*cking History.'" *Eidolon,* October 5.

Zvan, S. 2014. "But How Do You Know the MRAs Are Atheists?" *The Orbit,* April 13.

红药丸与厌女症

致　谢

　　我在 2015 年 8 月发现了"红药丸"圈子对古典学的兴趣，当时我正在调查 *Eidolon* 上一篇文章的流量来源，并碰巧发现了斯多亚主义分版（r/Stoicism）上的一场激烈争论，讨论关于"红药丸"对这一古代哲学的迷恋。随着这一观察变成了一个想法，之后是一本书的计划，最终变成一本书，我从许多老师、同事，以及朋友那里寻求了帮助。几乎他们之中的每个人都告诉我，在得知这个令人不适的材料之后，他们不那么快乐了，而读了我所写的东西，他们想退网。他们不论如何还是给了我帮助，我对此甚为感激。

　　Helen Morales 在整个过程中提供了不可或缺的智慧和鼓励：她为初稿提供了批注，给出了坦诚的建议，以及最为重要的，把我介绍给了 Sharmila Sen，我极好的编辑。Sharmila 和她哈佛大学出版社的团队，尤其是 Heather Hughes，给了我第一次当作者的机会，并在其他人意识到这本书有多合乎时宜之前，对这本书给予信任。他们的协助和指引一直是有帮助的。我同样感激两位匿名审稿人，我在 2016 年大选后修改书稿时，他们的建议是我的宝贵资源。

众人拾柴火焰高，许多出色的人为我整部书稿或者其中的部分提供了建议。Sarah Scullin、David Kaufman、Tara Mulder、Tori Lee，以及 Ali Wunderman 都阅读了本书的各个章节并提供了建议；Sharon James 同样如此，并允许我远程参与她的奥维德研讨课。写作初稿时，Yung In Chae 是我的左膀右臂，同时帮助我编辑稿件并维持 *Eidolon* 运营。太多的人分享了他们的智慧并且帮助我构成了自己的想法，这里很难一一举出他们的名字，但我尤其想提到 Randi Zuckerberg，她慷慨大方地分享了她出版方面的经验，还有 Johanna Hanink 和 Dan-el Padilla Peralta，她们对这本书的重要性的信念一直驱使着我做得更多。

花太多时间阅读和研究互联网上某些最阴暗的角落，这确是会带来负面影响的，我由衷感谢那些使我精神振奋的人：我绝好的朋友们，尤其是 Marina Danilevsky、Karyl Kopaskie，以及 Mallory Monaco；我的心理咨询师，让我在一个疯狂的世界里保持平和；Analisa Naldi 和 Sean Arnold，他们教会我世界上没有比举重和拳击更能改善心情的；我一切事物中最挚爱的伴侣 Harry；以及 Jonah，让我的日子充满快乐，让我们的房子里堆满乐高积木。

当我还在学校的时候，我参加过一门关于 J. R. R. 托尔金作品的课。有一天，谈到托尔金的教育时，我的教授说："如果你想让你父母哭出来的话，就告诉他们你要当语言学家吧。"我无尽

红药丸与厌女症

感激我的父亲 Edward Zuckerberg，在听闻我的职业选择时没有震惊或者流泪。最后，以及最重要的，我愿感谢我的母亲 Karen Zuckerberg，毫无疑问，我所写的东西，她比这个星球上的任何人读得都多而且一直是爱与支持的无尽来源（以及，最近亟须的儿童看护）。她从未停止过对这个项目的支持。这本书就是献给她的。

索　引

红药丸与厌女症

红药丸与厌女症

红药丸与厌女症

Snowflakes Melt upon Contact with Greek Mythology" (*Breitbart News*) 35

《新共和报》*New Republic, The* 37-38

新吉姆·克劳法 New Jim Crow 38, 41

新男性气概观点 Neomasculinity ideology 18-19, 67, 93, 211n11

"新斯多亚"网站 *New Stoa* website 47

新斯多亚主义 Neo-Stoicism 208-209n76

性别平等 Gender equality 13, 48, 87-88, 153, 198n12

性别政治 Gender politics 5-6, 25, 48-50, 70, 74, 106, 147, 175

性伦理 Sexual ethics 64-66

修习者，与斯多亚主义 *Proficiens*, Stoicism and 53, 60, 82, 170

《虚假强奸指控的问题阴魂不散》（利奥尼德）"Problem of False Rape Accusations Is Not Going Away, The" (Leonid) 143-144, 145-146, 164

叙事，作为"红药丸"策略 Narratives, as Red Pill tactic 43

选举权，瓦利扎德论取消女性的选举权 Suffrage, Valizadeh on repeal of women's 177, 179

雪莱，珀西·比希 Shelley, Percy Bysshe 37-38

亚里士多德 Aristotle 25, 32, 203n10, 207-208n63, 221n28

亚马孙之战 Amazonomachy 51

《厌男泡沫》（罕）"Misandry Bubble, The" (Khan) 41

厌女症 Misogyny 77, 185
　　与古典传统 6, 25, 27-29, 31-32, 70, 189
　　与 NAWALT 26
　　与斯多亚派的性别偏见 68-76
　　与社交媒体 3, 14-15

扬，凯西 Young, Cathy 40-41

扬诺普洛斯，米洛 Yiannopoulos, Milo 2, 21, 32-33, 196n1, 198n18, 205n35

"夜巡"与引诱 "Night game," seduction and 113

《一起校园强奸案》（《滚石》杂志）"Rape on Campus, A" (*Rolling Stone*) 150

"一以贯之生活"哲学 "Live consistently" philosophy 51, 81

伊娥，对她的劫掠 Io, abduction of 155, 157

伊卡洛斯 Icarus 98, 211n20

伊拉姆，保罗 Elam, Paul 15-16, 144, 197nn10,11

《伊利亚特》（荷马）Iliad (Homer) 158, 221n36

伊帕夫罗迪 Epaphroditus 58

意识形态上的升华，作为"红药丸"策略 Ideological sublimation, as Red

红药丸与厌女症

文
景

Horizon

社 科 新 知　文 艺 新 潮

红药丸与厌女症

［美］多娜·扎克伯格 著　孟熙元 译

出 品 人：姚映然
策划编辑：朱艺星
责任编辑：朱艺星
特约编辑：季　巧
营销编辑：胡珍珍
装帧设计：山川制本

出　　品：北京世纪文景文化传播有限责任公司
　　　　　（北京朝阳区东土城路8号林达大厦A座4A　100013）
出版发行：上海人民出版社
印　　刷：山东临沂新华印刷物流集团有限责任公司
制　　版：南京展望文化发展有限公司

开 本：890mm×1240mm　1/32
印 张：9.5　字 数：201,000　插页：2
2024年4月第1版　2024年4月第1次印刷
定 价：79.00元
ISBN：978-7-208-18751-1 / C·709

图书在版编目（CIP）数据
红药丸与厌女症 /（美）多娜·扎克伯格
（Donna Zuckerberg）著；孟熙元译. —上海：上海人
民出版社，2024
书名原文：Not All Dead White Men: Classics and
Misogyny in the Digital Age
ISBN 978-7-208-18751-1

Ⅰ.①红… Ⅱ.①多… ②孟… Ⅲ.①女性—社会问
题—研究—世界 Ⅳ.① C913.68
中国国家版本馆 CIP 数据核字 (2024) 第 035488 号

本书如有印装错误，请致电本社更换 010-52187586